21世纪法学系列教材配套辅导用书

环境法练习题集

（第二版）

梁文婷　周　珂　史一舒　编著

中国人民大学出版社
·北京·

编写说明

面对高等法学教育中的种种现象，我们感到困惑，也产生了很多的忧虑：十年前的时候，法学专业是所谓的“热门专业”之一，现在的热门专业排行榜早已不见了“法学”的踪影；法学本来是很“专业”的专业，但在目前法学专业毕业的学生求职的时候，很多用人单位感觉法学专业的学生似乎最没有专业；很多学生学了四年的法学专业，知道了很多法律上的专业名词，在被问到一个案子如何处理的时候，可以侃侃而谈、头头是道，满口专业词汇，甚至德国如何规定、美国有某个新鲜的理论，但是就是不知道中国怎么规定，这个发生在中国的案子究竟该如何解决，等等。这种现象似乎可以称为“专业教育的非专业化”。2005年贺卫方教授在网上宣布停止招收研究生，就是针对现在考研过于注重公共课程、不注重学生对于专业的喜好这种现象而进行的挑战。法学教育中出现的这些现象，可能与整个大的教育背景有关。很多文科的学生进入大学后，“一半时间在学外语，一半时间在打游戏”。因为文科的期末考试都比较简单，学生混个学分顺利毕业是不成问题的，很多学生对专业的学习都是考试前一个月甚至一个星期前死记硬背对付考试，所以有人戏称，有些文科学生大学四年实际上是学了八个月甚至更少。我们在抨击应试教育而强调素质教育的时候，却把专业教育给“晾”了。这种“不专”的现象，已经引起了很多法学教育工作者和从业者的忧虑和不安，长此以往，不仅对我们的法学专业学生会造成不利影响，极而言之，可能对我国的法学教育造成戕害。因此，我们建议，法学专业的学生还是应该学好专业，把这个专业性很强的专业修炼成自己的看家本领，从而能够以专业而谋得生存、谋得尊重。

大学生也做练习？可能有人尤其是一些文科的学生会带着嘲讽的口吻反问。理工科的大学生在学习的过程中做练习、做实验，都是很平常的事情，但是在文科的学校、院系，做练习似乎成了稀奇的事情，有的大学生也因此感到了大学与中学的“根本不同”。但是，我们专门为法学专业的学生组织编写了这套“练习题集”，就是主张法学学生在平时学习的时候也应当同步进行练习自测。这个设想就是基于以上的疑惑和忧虑而来的。我们希望，通过同步练习，帮助和促使同学们切实地掌握本学科的知识，熟悉我国现行法的规定，并对一些学术前沿问题有所了解。说得大一点，我们要为法学教育的“专业教育”作出一点努力。

具体来说，这套书希望达到以下目的：

（1）帮助学生系统掌握本学科知识。修完一门课程，并不是拿到学分了事，要真正掌握本学科的一些“门道”，至少要完成入门的功夫吧。这套“练习题集”设计了“知识逻辑图”栏目，详细勾画了一章内容不同知识点之间的逻辑关系。设计了各种题型的自测题，突出了重点，提供了详细精辟的答案分析，不仅可以开阔学生的眼界，帮助同学们了解不同类型考题的不同形态，掌握其解题方法，而且可以培养和增强学生的适应能力。除了每章的自测题外，全书还专门设计了三套综合测试题，同学们可以在学完本门课程后自己测验一下学习的效果。

（2）帮助学生通过国家司法考试。法学专业的学生系统学习四年过后，通过国家司法考试应当是顺理成章和轻而易举的事情，事实上，情况不是这样，只能表明某些同学平时的专业学习还浮在表面。这套“练习题集”从历年国家司法考试（律师资格考试）的试题中精选了部分经典的试题，帮助学生了解司法考试的难度、角度和形式，并进行有针对性的学习和复习。

（3）帮助学生准备考研。一方面从一些法学名校（如中国人民大学、北京大学、中国政法大学等）历年考研试题中精选了部分试题；另一方面，这套书专门设计了一个“论述题与深度思考题”栏目，以拓展学生学术视野，对考研的同学掌握论述题的答题方法和技巧亦有较大帮助。

我们的思路可归纳为：通过似乎回到“应试教育”模式、进行同步练习这样一种“俗”的方式，来达到我们强化“专业教育”的大而不俗的目的。

这套“练习题集”是“新编21世纪法学系列教材”的配套辅导用书。不得不提的是，“新编21世纪法学系列教材”自出版以来，被全国众多法律院校师生选用，有的教材比如王利明教授的《民法》印销数量已经达到了30万册之巨，核心课的教材平均印销量也在10万册以上。10万册书背后就是10万位甚至更多的读者。这么多读者的厚爱与支持，让我们感到责任重大。我们唯有不断提高服务来作为回报！“新编21世纪法学系列教材”目前已经有了核心课教材、核心课教学参考书、选修课教材、案例分析教材、双语教材等多个子系列，共一百多种，现在又增加了这套“练习题集”。这么多品种，目的就是一个：让使用我们教材的老师、同学有更多的选择，能够满足老师、同学们更多的需求。我们希望，这套大型的“新编21世纪法学系列教材”能够不断补充、完善，让使用这套教材的老师、同学们满意，也为我们国家的法学“专业教育”作出自己应有的努力！

编 者

2019年6月

修订说明

本套练习题集是“21世纪法学系列教材”的配套辅导用书，是按照教材章节安排的同步练习题。《环境与资源保护法练习题集》2009年出版以来，立法机关先后对环境保护基本法《环境保护法》以及多部环境资源单行要素保护法进行修订，尤其是2014年《环境保护法》修订后增加了环境保护公益诉讼等新制度，《水污染防治法》《大气污染防治法》《野生动物保护法》改动也较大。另外，立法机关颁布了新的环境保护相关法律，如2018年的《土壤污染防治法》《环境保护税法》等。为使本书练习题的内容与时俱进，我们结合相关法律条文变化，结合近几年国家统一法律职业资格考试真题和考研试题，对有关章节作了相应修订。具体如下。

1. 章节形式上：调整了本书章节，与教材相配套，删除原第六章破坏环境资源保护罪，重新撰写第九章土壤污染防治法，其他章节也均按照教材章节进行了配套修改。

2. 章节内容上：因近十年环境与资源法律领域的法律法规修订幅度大，删除了相对陈旧过时的题目，按照新修订后的法律重新编写各章节内容，并调整了答案解析中相关法律条文及序号。加入了与新颁布的《土壤污染防治法》《环境保护税法》《自然保护区条例》等相配套的新练习题。

3. 每个章节新增参考案例索引，选择的均是与章节相符合的真实司法审判实践中的案例。本书共22章，并附有三套综合测试题。本版修订也更新了近年来的研究生入学考题以及国家统一法律职业资格考试真题，删减了相对陈旧过时的题目，以更适合学生需要。

编著者

2019年7月

目　　录

第一章　环境问题与环境保护[①]

知识逻辑图[②]

- 环境问题与环境保护
  - 环境与环境问题
    - 环境的定义和分类
    - 人类与环境的关系
    - 环境对发展的作用
    - 环境问题的定义与分类
      - 定义
      - 分类：按发生原因
        - 原生环境问题
        - 次生环境问题
          - 环境破坏
          - 环境污染
  - 环境保护
    - 定义
    - 主要内容
    - 环境保护是我国的一项基本国策
  - 可持续发展、科学发展观与生态文明建设
    - 可持续发展
    - 科学发展观
    - 生态文明建设

名词解释

1. 环境问题（考研）
2. 水土流失（考研）
3. 生态学上的环境定义（考研）
4. 原生环境问题
5. 可持续发展
6. 生态文明

选择题

（一）单项选择题

1. 将环境分为自然环境和社会环境的依据是（　　）。

A. 环境功能的不同

B. 环境范围的大小

C. 环境要素的不同

D. 环境要素形成的原因

2. 人为原因引起的环境问题被称为（　　）。

A. 原生环境问题　　B. 次生环境问题

C. 第一环境问题　　D. 继发环境问题

3. 首次提出“人类环境”这一概念的是（　　）。

A. 1945 年联合国大会

B. 1972 年联合国人类环境大会

C. 1982 年内罗毕峰会

D. 1992 年里约环境与发展大会

4. 按照环境要素不同，可以将环境分为（　　）。

A. 自然环境和人工环境

① 本章对应环境法总论部分内容，对应周珂主编《环境法》教材第一编“环境法学总论”。

② 本书仅列重要知识点的框架。

B. 生活环境和生态环境
C. 室内环境、村内环境、城市环境，区域环境、全球环境和宇宙环境
D. 大气环境、水环境、土壤环境、生物环境、地质环境等

5. 我国宪法中将环境分为（　　）。
A. 城市环境和乡村环境
B. 自然环境和人工环境
C. 生活环境和生态环境
D. 水环境和大气环境

6. 区分了强人类中心主义与弱人类中心主义的是（　　）。
A. 诺顿　　B. 彼得・辛格
C. 雷根　　D. 保尔・泰勒

7. “生态学”的定义由哪位科学家首先提出？（　　）
A. 达尔文　　B. 海克尔
C. 瓦尔明　　D. 辛泊尔

8. “生态系统”的概念由下列哪位科学家于何时提出？（　　）
A. 阿・乔・坦斯利于 1935 年
B. 奥・斯・科尔巴索夫于 1972 年
C. 海克尔于 1866 年
D. 费鸿年于 1937 年

9. PPP 原则的核心要求是（　　）。
A. 所有排污者都必须为其造成的污染直接或间接支付费用
B. 国家应对污染负责
C. 所有的污染者都必须为其造成的污染向受害者支付赔偿
D. 所有可能造成污染的企业都必须接受定期检查

（二）多项选择题

1. 以下属于人工环境的有（　　）。
A. 城市　　B. 名胜古迹
C. 风景游览区　　D. 社会风气
E. 水库

2. 第二环境问题可以分为（　　）。
A. 自然环境的破坏
B. 食物公害
C. 环境污染
D. 自然资源的开采
E. 交通拥挤

3. 下列对人类与环境的关系表述正确的是（　　）。
A. 环境是人类赖以生存和发展的基本条件
B. 人类能够主动地适应和改造环境
C. 随着科学技术的进步，人类可以逐步摆脱环境对人类的限制
D. 人类与环境是相互联系、相互作用和相互制约的关系
E. 人类是环境的产物

4. 对人类环境的下列表述正确的是（　　）。
A. 人类环境这一概念是在 1992 年联合国环境与发展大会上提出的
B. 人类环境是生态学中的一种
C. 人类环境是以人类为中心的外部世界
D. 人类环境是环境科学研究的对象
E. 现阶段环境与资源保护法的保护对象是生态学中的环境

5. 下列既是自然资源又是环境要素的是（　　）。
A. 阳光
B. 土壤、水
C. 草原、森林
D. 野生动植物

简答题

1. 简述第一环境问题和第二环境问题。（考研）

2. 简述环境的分类。

3. 简述科学发展观对实现可持续发展和环境保护的重要意义。

4. 如何正确处理人与自然环境之间的关系？

5. 为何要将环境保护定为我国的一项基本国策？

论述与深度思考题

1. 论环境保护与深化企业改革。（考研）

2. 试述生态文明建设法律保障体系的构建。

参考答案

名词解释

1. 环境问题指因自然变化或人类活动而引起或可能引起的环境破坏和环境恶化，以及由此给人类的生存和发展带来的不利影响。

2. 水土流失指土壤在水的浸润和冲击的作用下，结构发生破坏和松散，随水流动而散失的现象。它主要发生在无良好覆盖物的土壤地区，会使土地面积减少，土地质量恶化。

3. 生态学上的环境是指以整个生物界（包括人类、其他动物、植物和微生物）为中心、为主体的环境，围绕生物界并构成生物生存的必要条件的外部空间和无生命物质（如大气、水、土壤、阳光及其他无生命物等），是生物的生存环境，也称为“生境”。

4. 原生环境问题，又称第一环境问题，是指由于自然原因使环境的结构和状态发生不利于人类生存和发展的现象。这类环境问题在人类出现在地球上以前就有，它的发生，在大多数情况下尚属人类难以预见和预防的事件。在法律上称其为“不可抗力”。

5. 可持续发展是经济社会发展的一项新战略，它既不同于传统的以高投人、高消耗、高污染为特点的经济增长模式，也不是那种停止发展的“零的增长”主张。它是指“既满足当代人需求又不危及后代人满足其需求能力的发展”。可持续发展是从环境和自然资源的角度提出的关于人类长期发展的战略和模式，它关注的是长期的环境承载力，这就使得环境保护成为可持续发展的重要组成部分。

6. 生态文明，是指人类遵循人、自然、社会和谐发展这一客观规律而取得的物质与精神成果的总和，是指人与自然、人与人、人与社会和谐共生、良性循环、全面发展、持续繁荣为基本宗旨的文化伦理形态。

选择题

（一）单项选择题

1. 答案：D

按环境要素形成的原因区分，可分为自然环境和社会环境。自然环境是指环绕于人类周围并对人类的生存和发展产生直接或间接影响的各种天然形成的物质和能量的总体。按其与人类生活关系的密切程度，由近及远依次可分为地理环境、地质环境和星际环境。社会环境是指人为创造的而又作用于人类本身的经济基础和上层建筑的总和。它可分为物质环境和精神环境。严格来说，精神环境不是环境法所要保护的环境。但是社会环境中的物质环境则属于环境法中的环境。这部分环境由聚落环境、生产环境、交通环境和文化环境等组成。在我国的环境保护法中，这部分环境被称为人工环境。

按照环境要素区分，可分为大气环境、水环境、海洋环境、土壤环境、生物环境等。按照环境的功能区分，可分为农业环境、工业环境、交通环境、生产环境、生活环境、旅游环境等。按是否为人类居住区分，可分为生活环境和生态环境，我国1982年宪法中采用了这种分类方法。

2. 答案：B

根据环境问题发生的原因，可把环境问题分为两大类：原生环境问题和次生环境问题。原生环境问题，又称第一环境问题，是指由于自然原因使环境的结构和状态发生不利于人类生存和发展的现象。如火山爆发所造成的大气污染，山洪暴发所造成的水土流失等。这类环境问题在人类出现在地球上以前就有，它的发生，在大多数情况下尚属人类难以预见和预防的事件。在法律上称其为“不可抗力”。次生环境问题，又称第二环境问题，是指由于人类不恰当地开发利用环境而使环境的结构和状态发生不利于人类生存和发展的现象。这类环境问题是随着人类的出现而产生和发展的，并随着人口的增多和人类改造自然能力的增强而逐步加剧。如果能够合理地开发利用自然环境，人类就可以在很大程度上避免或减缓这类环境问题的发生。当代的环境问题主要是指次生环境问题。

3. 答案：B

1972年6月5日，“联合国人类环境大会”在瑞典首都斯德哥尔摩召开。共有113个国家和一些国际机构的1 300多名代表参加了会议，中国也派出了庞大的代表团出席了会议。出席会议的代表，广泛研讨并总结了有关保护人类环境的理论和现实问题，制订了对策和措施，提出了“只有一个地球”的口号，第一次提出“人类环境”这一概念，并呼吁各国政府和人民为维护和改善人类环境，造福全体人民，造福子孙后代而共同努力。这是联合国史上首次研讨保护人类环境的会议，也是国际社会就环境问题召开的第一次世界性会议，标志着全人类对环境问题的觉醒，是世界环境保护史上第一个里程碑。这次会议对推动世界各国保护和改善人类环境发挥了重要作用和影响。为了纪念大会的召开，当年联合国大会作出决议，把6月5日定为“世界环境日”。

4. 答案：D

按照环境要素分，可分为大气环境、水环境、海洋环境、土壤环境、生物环境等。按是否为人类居住区分，可分为生活环境和生态环境。按环境要素形成的原因，可分为自然环境和社会环境，此处的“社会环境”在我国《环境保护法》中被称为“人工环境”。

5. 答案：C

《中华人民共和国宪法》第26条规定：“国家保护和改善生活环境和生态环境，防治污染和其他公害。”分类标准为是否为人类居住。

6. 答案：A

诺顿（Bryan G. Norton）区分了两种人类中心主义：强人类中心主义和弱人类中心主义。他指出，就某种价值理论而言，如果一切价值以满足人类“感觉的偏好”（felt preference）为依据，就是强人类中心主义的；如果一切价值以满足人类“审慎的偏好”（considered preference）为依据，就是弱人类中心主义的。诺顿赞同弱人类中心主义，认为这种观点为评判个人消费需要和在不同需要层次之间进行裁决提供了根据，因而为环境伦理学提供了恰当的基础，无须非人类中心主义者赋予自然内在价值的可疑的本体论承诺。澳大利亚学者彼得·辛格在《纽约书评》上撰文，首次提出“动物解放”（Animal Liberation）一词。1975年，辛格在这篇文章的基础上写成的《动物解放》一书出版，动物解放论崇尚的是边沁的功利主义。美国学者雷根（T. Regan）提出了动物权利理论。他在1975年撰文写道，动物是具有与人类相同的重视自己生命能力的生物，具有其“固有的价值”和“对生命的平等的自然权”。美国学者保尔·泰勒（P. Taylor）在《尊重自然》（1986）一书“生命中心主义的自然观”一节中，对生物中心论思想作了具体的理论阐述。

7. 答案：B

1866年，海克尔（E. Haeckel）提出了ecology一词，并首次给“生态学”下了定义。丹麦植物学家瓦尔明（E. Warming）于1895年发表了具有划时代意义的著作《以植物生态地理为基础的植物分布学》，并于1909年由其本人改写，更名为《植物生态学》（Ecology of Plants），用英文出版。1898年，波恩大学教授辛泊尔（A. F. W. Schimper）出版了《以生理为基础的植物地理学》一书。1859年，达尔文的《物种起源》问世，促进了生物与环境关系的研究，不少生物学家开展了环境诱导生态变异的实验生态学工作。

8. 答案：A

1866年，海克尔（E. Haeckel）提出了ecology一词，并首次给“生态学”下了定义。生态系统（Ecology System）或生态系（Ecosystem）作为与生态相关的一个概念，其最早是由英国生态学者阿·乔·坦斯利于1935年提出的。1972年，前苏联科学院国家与法研究所的研究室主任奥·斯·科尔巴索夫博士在苏联最高法院全体会议“关于法院适用自然保护法的实践”研讨会上，首次提出了“生态违法”的概念。

9. 答案：A

PPP原则是经济合作与发展组织（OECD）环境委员会于1972年首次提出的。这一原则的核心就是要求所有的污染者都必须为其造成的污染直接或者间接支付费用。

（二）多项选择题

1. 答案：ABCE

在我国的环境保护法中，人工环境是指社会环境中的物质环境，这部分环境由聚落环境、生产环境、交通环境和文化环境等组成。严格来说，精神环境不是环境法所要保护的环境。

2. 答案：AC

第二环境问题又称次生环境问题，是指由于人类不恰当地开发利用环境而使环境的结构和状态发生不利于人类生存和发展的现象。这类环境问题是随着人类的出现而产生和发展的，并随着人口的增多和人类改造自然能力的增强而逐步加剧。如果能够合理地开发利用自然环境，人类就可以在很大程度上避免或减缓这类环境问题的发生。当代的环境问题主要是指次生环境问题。次生环境问题又表现为两种形式，一种是环境破坏，另一种是环境污染。

环境破坏，是指由人类活动引起的生态退化及由此而衍生的环境效应。环境污染，是指由于人类活动直接或间接地向环境排入了超过其自净能力的物质或能量，从而使环境的质量降低，以至影响人类及其他生物正常生长和发展的现象。

3. 答案：ABDE

自然环境对人类起码有三方面的作用。首先，一定质量的环境是人类赖以存在和延续的条件。其次，自然环境是人类取得各种生活资料和生产资料的源泉。再次，自然环境为人类提供生产、生活和其他各种活动的场所。但是，不像其他动物那样只是被动地适应自然环境，人类是能够利用自然环境提供的各种条件去能动地改造自然的。这种改造自然的活动对环境的影响可能有两种，即良性的或恶性的。因此，我们在处理人与自然环境的关系时，必须记取前人盲目改造自然的教训，不应再以自然征服者的姿态自居，而应按自然发展的规律去开发利用环境。我们必须时刻记住：我们连同我们的肉、血和头脑都属于自然界，存在于自然界。人类要想长久地生存和发展下去，就必须与环境建立一种和谐的关系。

4. 答案：BCD

“人类环境”这一概念是在 1972 年“联合国人类环境大会”上首次提出的，所以 A 项错。E 项中环境法上的“环境”要受各国环境管理对象和环境立法的制约，不是生态学中的环境。

5. 答案：ABCD

自然资源是指在自然界中经过一系列化学、物理、生物过程而形成的具有一定的时空格局、对人类生活和生存直接或间接产生影响的所有自然因素的总和。广义的自然资源应包括一切具有现实和潜在价值的自然物质。自然资源最有代表性的定义则是由联合国环境规划署于 1972 年提出的：“所谓自然资源，是指在一定时间条件下，能够产生经济价值以提高人类当前和未来福利的自然环境因素的总和”。环境要素，构成人类环境整体的各个独立的、性质不同的而又服从整体演化规律的基本物质组分，也称环境基质。环境要素包括水、大气、生物、阳光、岩石和土壤等要素。

简答题

1. 根据环境问题产生的原因不同可分为：由自然本身某些因素变化造成的第一环境问题（原生环境问题），即人们所称的自然灾害问题；由于人类的生产活动或生活活动的原因造成的第二环境问题（次生环境问题），人们通常称之为环境污染和环境破坏。这两类环境问题是相互关联的，第一环境问题会降低环境对污染物的自然消纳能力，第二环境问题会加剧第一环境问题。我国这两类环境问题都十分严峻，因此环境保护必须综合治理。

2. 为了研究和管理的方便，往往需要对环境进行分类。分类的方法多种多样，常见的有以下几种。

（1）按环境要素形成的原因分，可分为自然环境和社会环境。自然环境是指环绕于人类周围并对人类的生存和发展产生直接或间接影响的各种天然形成的物质和能量的总体。按其与人类生活关系的密切程度，由近及远依次可分为地理环境、地质环境和星际环境。社会环境是指人为创造的而又作用于人类本身的经济基础和上层建筑的总和。它可分为物质环境和精神环境。严格说来，精神环境不是环境法所要保护的环境。但是社会环境中的物质环境则属于环境法中的环境。这部分环境由聚落环境、生产环境、交通环境和文化环境等组成。在我国的环境保护法中，这部分环境被称为人工环境。

（2）按照环境要素分，可分为大气环境、水环境、海洋环境、土壤环境、生物环境等。

（3）按照环境的功能分，可分为农业环境、工业环境、交通环境、生产环境、生活环境、旅游环境等。

（4）按是否为人类居住区分，可分为生活环境和生态环境。我国 1982 年宪法中采用了这种分类方法。

在我国立法和环境管理实践中最常见的是自然环境、生活环境、大气环境、水环境、海洋环境、农业环境和生态环境等名称。

3. 面向可持续发展的科学发展观，其重要内涵就是当代人在创造今世发展和消费的同时，不能自私地剥夺后代人应当享有的同等发展和消费的机会，也就是当代人的发展不能以牺牲后代人的利益为代价。

科学发展观的提出，表明我国政府已经意识到经济建设和环境保护是相辅相成的关系，意识到环境保护本身就是一种生产力。这种意识形态上的转变无疑将把环境保护和生态建设放到更加重要的战略地位上，并且只有切实贯彻以“可持续发展”为内涵的科学发展观，才能在保持经济增长同时，切实控制人口增长，保护自然环境，保持良好的生态环境，真正做到经济效益、社会效益和环境效益三者的相互统一，以全新的生态经济发展模式取代传统的经济增长模式，实现发展经济与环境保护的“双赢”。而大力发展循环型经济又将使得可持续的科学发展观不仅仅是空中楼阁式的构想，而是有了可以支撑的现实基础，同时发展循环型经济将促成我国的环境保护工作实现历史性的跨越，从而在这个继往开来的新世纪真正奏响生态文明的主旋律。

4. 人类与环境的关系主要是指人类与自然环境的关系。人类作为大自然的组成部分，是自然环境长期演化的产物，而人类从诞生的那一天起，就和自然环境处于相互作用和影响的状态中。

自然环境对人类起码有三方面的作用：首先，一定质量的环境是人类赖以存在和延续的条件；其次，自然环境是人类取得各种生活资料和生产资料的源泉；最后，自然环境为人类提供生产、生活和其他各种活动的场所。

人类能够利用自然环境提供的各种条件去能动地改造自然。这种改造自然的活动对环境的影响有两种，即良性的或恶性的。良性的，就是人类利用和改造自然环境的活动符合环境自身的发展规律，使自然环境变得越来越有利于人类的生存和发展。恶性的，则是人类利用和改造自然环境的活动违反了环境自身的发展规律，破坏了生态平衡，使人类的生存环境越来越恶化。

在处理人类与自然环境的关系上，正如恩格斯在《自然辩证法》一书中所指出的那样：“但是我们不要过分陶醉于我们人类对自然界的胜利。对于每一次这样的胜利，自然界都对我们进行报复。每一次胜利，起初确实取得了我们预期的结果，但是往后和再往后却发生完全不同的、出乎预料的影响，常常把最初的结果又消除了。美索不达米亚、希腊、小亚细亚以及其他各地的居民，为了得到耕地，毁灭了森林，但是他们做梦也想不到，这些地方今天竟因此而成为不毛之地，因为他们使这些地方失去了森林，也就失去了水分的积聚中心和贮藏库。阿尔卑斯山的意大利人，当他们在山南坡把在山北坡得到精心保护的那同一种枞树林砍光用尽时，没有预料到，这样一来，他们就把本地区的高山畜牧业的根基毁掉了；他们更没有预料到，他们这样做，竟使山泉在一年中的大部分时间内枯竭了，同时在雨季又使更加凶猛的洪水倾泻到平原上。”因此，在处理人类与自然环境的关系时，应按自然发展的规律去开发和利用环境，人类要想长久地生存和发展下去，就必须与环境建立一种和谐的关系。

5. 基本国策是一国经济社会发展的战略性对策，是确定国家发展方向的立国之策。环境保护继计划生育之后被确立为基本国策。《中华人民共和国环境保护法》第 4 条规定：“保护环境是国家的基本国策。”把环境保护作为我国的基本国策，是由环境保护在我国经济社会发展中的地位、作用以及我国环境状况的现实所决定的。

自然界有着不以人的意志为转移的发展规律，人类也有着开发和利用自然的巨大能力。人类开发和利用自然的活动只有符合自然发展的规律，才能与环境和谐相处，也才能使环境变得越来越有利于人类的生存和发展。否则，违反自然发展规律，盲目地改造自然，就必然遭到大自然的惩罚。按照自然发展规律开发和利用自然最起码的要求就是维护和保持自然界应有的平衡，恢复和改善业已被人类活动破坏了的自然环境。我国把环境保护确定为一项基本国策是历史的必然选择。

改革开放以来，我国经济快速发展，经济总量目前已居世界第二位，但与此同时，许多地方、不少领域没有处理好经济发展同生态环境保护的关系，以无节制消耗资源、破坏环境为代价换取经济发展，导致能源资源、生态环境问题越来越突出。发达国家一两百年出现的环境问题，在我国三十多年来的快速发展中集中显现。环境问题的特殊性在于：环境受到破坏往往一定时期内难以察觉，受到破坏难以恢复。总之，我国人口众多，环境资源压力大，公众环境意识水平程度，环境问题与贫困等其他社会问题交叉重叠等因素，也决定了我国环境保护必须采用基本国策这一特殊规范形式。

论述与深度思考题

1.（1）企业改革面临的环保新问题。

第一，由于制度不配套，强化环境管理存在一些障碍。企业的改革对政府与企业来说都是全面的革新，会对原有的环保理念、管理模式、运行机制等产生长期影响。目前相关的法律仍然局限于对企业的末端治理和单项污染控制，缺乏有效的市场刺激政策手段，难以鼓励企业实施污染预防与全过程控制的计划；环境资源的优化利用和可持续利用未能始终确定为企业改革的重要目标，片面注重改革的短期经济效益，环境管理部门针对企业改制中环境管理缺乏更新的整体计划，加上其人员整体素质低，对改制企业环保问题认识不足，习惯于侧重污染纠纷事件的处理；企业缺乏先进的环境管理手段、可操作的环境方针，缺乏与环境宏观管理层的信息沟通，缺乏技术与资金支持，缺乏有效的内控机制等。这些法律机制上的障碍在不同程度上制约了企业改革与环境管理创新的同步进行。

第二，企业仅局限于产权结构改革影响了环境管理制度的实施效果。有的部门与企业认为企业转制只是产权结构（所有制形式）的转变，未将企业转制作为新项目建设对待，故环保审批手续、环评程序可免去；甚至有企业借改革之机新增属于取缔范围的污染严重的项目，逃避环保部门的监管，或先建设后环评，致使原有治理设施与现有生产能力不匹配，出现超标排放或违法偷排现象，加剧了污染问题。还有的企业改制变更了名称，项目环境管理台账没连续性，引起“三同时”管理困难。

第三，环保未达标企业在改革中容易造成环保责任不明。这主要针对一些未能达标排放的企业而言，改制前治理任务未完成，改制中对整改懈怠甚至放松了日常环境管理，结果导致改制前后责任不清，而企业自发的趋利性，使得一些企业可能不择手段将污染转嫁给社会，增加了环境管理持续进行的难度。

（2）深化企业改革对环保管理的促进作用。

第一，产业结构调整将缓解结构性污染矛盾与促进绿色产业的发展。事实表明，传统产业结构和布局方面存在缺陷，不仅直接影响国有企业的发展，从环保角度看，也是造成严重污染，难以实现生态性循环的一个重要原因。

第二，企业改制将促进环境管理的规范化、法制化。企业改制的目标是建立“产权清晰、权责明确、政企分开、管理科学”的现代企业制度。“产权清晰、权责明确、政企分开”后，现代企业不再是政府的附属物，政府管理模式与管理职能将发生变革——由以行政命令直接管制为主导转变为突出宏观调控、行政指导，侧重于对企业的服务、经济刺激、协助和引导；而环保部门也因原企业主管部门和地方政府干预的减少和减弱，而可以加大执法力度，严格环境执法，制裁环境违法行为，环境管理之“依法行政”程度趋于加强。

第三，产品结构调整与技术更新将促进企业绿色发展战略的实施。

第四，企业管理制度的科学化包含优化企业环境管理的思想。企业管理制度的科学化是国企改革的一项基本要求。环境管理作为现代企业管理的重要组成部分，顺应国际环保与竞争的新形势，必然要与国际接轨。

（3）在企业改革中持续强化环境管理的基本对策。

国有企业是我国国民经济的支柱和社会主义制度的重要经济基础，是我国经济竞争力的主要代表；国有企业也是我国工业污染防治和环境管理的重点对象，国有企业应在推动我国经济发展和生态环境改善方面发挥主导作用。为适应入世和国际环保要求，我们必须将深化企业改革和强化环境保护与管理协调统一起来，即通过国企改革推动环境保护，通过强化环境管理促进国企改革，将环境保护融入企业改革中，树立起环保是企业发展的动力和活力，依靠环保优势来赢得参与国际市场竞争新优势的理念。

第一，重视环保规划，积极调整国有企业产

业和产品的结构。国有企业改革和发展，要同产业结构的优化升级和产品结构调整结合起来，逐步改变国有经济布局分散、分布不合理且规模过小、重复建设而浪费资源的传统格局。

第二，完善环境管理模式、监控机制和运作程序。强化环保参与综合决策机制，贯彻落实“预防为主，防治结合”的方针，坚持与完善行政首长总负责与统一管理相结合的管理体制，继续推行目标管理责任制。对国有企业的环境管理应当由原来的以行政手段、计划手段为主逐步转向以经济手段、法律手段为主，由微观和直接的管理转向主要通过制定合理政策、优化市场环境、提供服务、强化监督等进行宏观和间接管理，并且要注重长效管理，激发环保部门、企业的环境管理与保护工作的积极性、主动性。完善和规范环境管理程序，包括规范环境调查、环境预测、环境决策、环境规划、环境控制、环境评价之系列管理程序，积极指导国有企业开展 ISO14000 认证，帮助企业建立国际标准化的环境管理体系。

第三，强化对改制企业的日常环境监督管理。

2. 生态文明，是指人类遵循人、自然、社会和谐发展这一客观规律而取得的物质与精神成果的总和，是指人与自然、人与人、人与社会和谐共生、良性循环、全面发展、持续繁荣为基本宗旨的文化伦理形态。

三百多年来的工业文明以人类征服自然为主要特征。世界工业化的发展使征服自然的文化达到极致，一系列全球性生态危机说明地球已没有能力支持工业文明的继续发展，因此需要开创一个新的文明形态来延续人类的生存，这就是生态文明。如果说农业文明是“黄色文明”，工业文明是“黑色文明”，那生态文明就是“绿色文明”。生态文明应成为社会主义文明体系的基础。社会主义的物质文明、政治文明和精神文明离不开生态文明，没有良好的生态条件，人不可能有高度的物质享受、政治享受和精神享受。没有生态安全，人类自身就会陷入不可逆转的生存危机。良好的生态环境是最公平的公共产品，是最普惠的民生福祉。简而言之，没有生态文明，一切文明就没有享受的前提。

党的十七大报告提出了实现全面建设小康社会奋斗目标的新要求，其中提到要建设“生态文明”。这是这个概念首次被写入党代会的政治报告，其中提出要“建设生态文明，基本形成节约能源资源和保护生态环境的产业结构、增长方式、消费模式”。这是我党执政兴国理念的新发展，是党的科学发展、和谐发展执政理念的一次升华，表明了党和政府把环境保护从实践行动转变为从理论和伦理的高度进行认识。

党的十八大报告指出，建设生态文明，是关系人民福祉、关乎民族未来的长远大计。面对资源约束趋紧、环境污染严重、生态系统退化的严峻形势，必须树立尊重自然、顺应自然、保护自然的生态文明理念，把生态文明建设放在突出地位，融入经济建设、政治建设、文化建设、社会建设各方面和全过程，努力建设美丽中国，实现中华民族永续发展。党的十八大报告首次单篇论述生态文明，把“美丽中国”作为未来生态文明建设的宏伟目标，把生态文明建设摆在“五位一体”的高度来论述，体现了党和国家对生态文明的高度重视以及生态文明在国家战略层面的重要意义。生态文明与可持续发展、科学发展观是一脉相承的，是对可持续发展观、科学发展观在人类文明形态认识高度上的理论升华。

对于生态文明的理念，虽然表述各有不同，但最基本的理念应当是“尊重自然、顺应自然、保护自然”，在此基础上获得人类物质文明、精神文明、制度文明的进步。这一基本理念进一步表现为：在人与自然的关系上，强调同构性，尊重并认同自然的内在价值；在生态系统各个组成部分的关系上，强调整体性，尊重并保护整个生态系统的完整和良好状态；在世代间的生态关系上，强调可持续性，尊重并保护后代人的生态利益；在法律制度的建立上，强调规律约束性，要把环境资源的立法建立在符合生态基本规律、环境要素整体演化规律和社会发展规律的基础之上。

党的十八届三中全会指出，建设生态文明，必须建立系统完整的生态文明制度体系。加强生态文明制度建设、保护生态环境必须依靠制度。要把资源消耗、环境损害、生态效益纳入经济社会发展评价体系，建立体现生态文明要求的目标体系、考核办法、奖惩机制。建立国土空间开发保护制度，完善最严格的耕地保护制度、水资源管理制度、环境保护制度。深化资源性产品价格和税费改革，建立反映市场供求和资源稀缺程度、体现生态价值和代际补偿的资源有偿使用制度和生态补偿制度。积极开展节能量、碳排放权、排污权、水权交易试点。加强环境监管，健全生态环境保护责任追究制度和环境损害赔偿制度。加强生态文明宣传教育，增强全民节约意识、环保意识、生态意识，形成合理消费的社会风尚，营造爱护生态环境的良好风气。

参考文献：王灿发．论生态文明建设法律保障体系的构建．中国法学，2014（3）.

第二章　环境法概述

知识逻辑图

- 环境法概述
  - 环境法的概念和特征
    - 环境法的概念
      - 特殊的目的性
      - 特定的调整对象
      - 新型的规范机制
    - 环境法的特征
      - 生态环境科技与法的结合
      - 社会法
      - 综合部门法
      - 以可持续发展为价值的法
  - 环境法的目的和价值
    - 目的
    - 价值
      - 环境法的工具性价值
        - 确认性价值
        - 分配性价值
        - 衡量性价值
        - 保护性价值
        - 认识性价值
      - 环境法本身的价值
        - 国家进行环境管理的依据
        - 实施可持续发展战略的重要法律手段
        - 防治污染和其他公害，保护环境的法律武器
        - 增强全民环境意识的精神准则
        - 加强国际环境保护合作的重要手段
  - 环境法的调整对象和环境法律关系
    - 环境法的调整对象：社会关系
      - 基于国家行政管理
      - 平等主体之间基于环境和自然资源
      - 社会公众参与环保与管理
      - 基于国家环境权益保障
    - 环境法律关系
  - 环境法的体系
    - 我国环境法的体系和渊源
      - 宪法性规定
        - 生态文明的国家目标
        - 国家环境保护职责
        - 公民环境权利义务
        - 环境保护的基本政策和原则
        - 国家生态文明建设职责
      - 综合性环境基本法
      - 环境保护单行法
      - 其他部门法中的环境保护规范
      - 环境保护行政法规
      - 环境保护地方性法规、行政规章
      - 国际法中的环境保护规范
  - 环境法的基本原则
    - 保护优先原则
    - 预防为主原则
    - 综合治理原则
    - 公众参与原则
    - 损害担责原则

名词解释

1. 预防为主原则（考研）
2. 环境法
3. 环境法律关系
4. 公众参与原则
5. 保护优先原则

选择题

（一）单项选择题

1. 在日本，环境与资源保护法一般称为（　　）。

A. 公害法　　B. 污染控制法
C. 环境保护法　　D. 自然保护法

2. 在环境保护的综合调整机制中，属于市场调整机制主体的有（　　）。

A. 政府组织　　B. 营利性企业
C. 非政府组织　　D. 非营利性组织

3. 首先提出了“预期的环境政策”的是（　　）。

A.《联合国气候变换框架公约》
B.《内罗毕宣言》
C.《里约环境和发展宣言》
D.《世界自然资源保护大纲》

4. 标志着我国的污染防治工作已经从末端治理为主进入从源头预防、综合治理的阶段的事件是（　　）。

A. 1973年《关于保护和改善环境的若干规定（试行草案）》的出台
B. 1983年第二次全国环境保护会议的召开
C. 1989年《环境保护法》的颁布实施
D. 2002年《清洁生产促进法》的制定

5. 环境与资源保护法的特征不包括（　　）。

A. 环境法是生态环境科技与法的结合
B. 环境法是社会法
C. 环境法是私法
D. 环境法是综合部门法

（二）多项选择题

1. 下列属于环境基本法的是（　　）。

A. 美国《国家环境政策法》
B. 日本《公害对策基本法》
C. 英国《污染控制法》
D. 加拿大《环境保护法》
E. 德国《自然保育法》

2. 国际上一般认为“污染者负担原则”中污染者应当承担的费用是（　　）。

A. 消除污染费用　　B. 损害赔偿费用
C. 污染预防费用　　D. 防止公害费用

3. 环境与资源保护单行法的法律法规不包括（　　）。

A. 污染防治法
B. 自然环境与资源保护法
C. 野生动物保护法
D. 民法的环境保护条款
E. 宪法的环境保护条款

4. 我国环境法上的“三种效益的统一”包括哪三种效益？（　　）

A. 经济效益　　B. 社会效益
C. 环境效益　　D. 文化效益
E. 政治效益

5. 全面体现预防为主、防治结合、综合治理的原则的法律法规是（　　）。

A.《环境保护法》
B.《海洋环境保护法》
C.《清洁生产促进法》
D.《环境影响评价法》

（三）不定项选择题

1. 公众参与原则的内容包括（　　）。

A. 环境知情权　　B. 环境决策参与权
C. 环境监督权　　D. 司法救济权

2. 提出预防为主、防治结合、综合治理的原则的原因是（　　）。

A. 环境污染和环境破坏一旦出现就难以消除与恢复
B. 治理环境污染和破坏的成本高昂，往往要投入巨额资金
C. 环境污染和环境破坏所造成的危害具有缓释性、难以预见性和不确定性
D. 环境污染和破坏所造成的后果往往比较严重，对人体健康危害极大

3. 以下是美国环境法体系特点的是（　　）。

A. 以宪法规定为最根本的基础

B. 以环境保护基本法为中心

C. 注重公害法

D. 大量的环境法律法规为主体

4. ISO14000 属于（　　）。

A. 国家标准　　B. 企业标准

C. 国际标准　　D. 行业标准

5. 下列权利中，属于国家享有的权利是（　　）。

A. 生存权　　B. 自决权

C. 国家环境权　　D. 发展权

简答题

1. 简述可持续发展观对环境保护的影响。（考研）

2. 简述法国环境法的体系模式。（考研）

3. 简述我国环境保护的宪法性规定。（考研）

案例分析题

1. 山东鲁抗医药集团有限公司（以下简称“鲁抗”）作为我国抗生素生产基地之一，多年来，坚持发展和环保两手抓的经营方针，取得了持续稳定的发展。2001 年，完成销售收入 13.4 亿元，实现利税 1.8 亿元，连续多年保持在我国制药行业前列。鲁抗自 20 世纪 80 年代初期以来，投资逾亿元资金，建设了一系列废气、废液、废渣处理工程。公司先后被评为“全国工业污染普查工作先进企业”“山东省医药环保先进单位”，2001 年，顺利通过了 ISO14001 环保体系认证。制度是信念落实的有力保障。鲁抗的每一位员工在进入生产岗位前，都要接受环保法规和防治污染知识的教育。公司按照清洁生产的要求，对生产过程进行全面监控，严格按 GMP 标准和 ISO14001 标准组织生产，尽可能地把污染消灭在生产过程之中。公司建立了“五不准”原则，即：不准清浓污水混流；不准菌渣冲入下水道；不准废炭、废油、废溶媒冲入下水道；不准包装物、杂物冲入水池；不准擅自停用环保设备和装置。凡违反“五不准”的员工，查出一个，下岗一个。1998 年，公司成立了环保检查小组，协助监督生产单位推行清洁生产。整个集团公司建立起了科学高效的环保管理网络，对提炼、发酵、溶媒等重点排污岗位设置警示牌，生产实现微机自控，发动全员开展节能降耗，减轻环保压力。同时，公司还开展了环保学习月活动，对各单位的环保情况进行现场检查和评比。在工程建设中，公司提出了“预防为主、防治结合”，实施了环保“三同时”制度。1995 年，公司承建的国家重点工程——年产 1 000 吨青霉素工业钾盐及半合成系列产品项目，引进了具有国际先进水平的 CASS 污水综合处理系统，进一步夯实了公司在国内化学制药企业中的强势地位。鲁抗的主要废水是有机废水和半合成废水。1983 年起公司投资 2 400 万元，相继建成了生物流化床、深井曝气、氧化沟和厌氧好氧等一系列废水处理装置，其中，厌氧生化处理青霉素丝体残渣中式，通过了国家医药管理局组织的成果鉴定，填补了国内空白，并在实际应用中取得了良好的效果。90 年代后期，国家对淮河流域企业提出了很高的环保要求。公司审时度势，高瞻远瞩，果断投资 5 000 万元，在南区引进建成了一套 CASS 污水综合处理系统，使南区的日污水处理能力达到 1.8 万吨，COD 去除率超过 95%，1999 年，通过了山东省环保局废水排放全面达标验收。在解决废水污染的同时，鲁抗先后对 6 台锅炉的除尘系统进行了改造，选用全硫含量低于 0.5%的低硫煤及新型除尘器，保证了烟气、粉尘、二氧化硫排放指标低于国家规定的标准限值。公司还加大了生产过程中的废气治理力度，如在青霉素提炼岗位增加洗涤真空泵冷凝器，既减少了丁醇外排量，提高了经济效益，又收到了良好的环保和社会效益。新上的废甲醛气体回收装置，采用了氨水喷淋吸收技术，使生产岗位的环境质量得到明显改善。在抗生素生产中，会产生大量废菌渣等固体废弃物，公司成立了负责菌渣处理部门，上马了一套工艺设备，提取有益成分，生产出富含多种维生素和微量元素的农用肥料。对可回收废物进行再利用，使公司每年回收废旧物资创利近百万元，固体废弃物的有效利用率和无害化处理率均达 100%。为了提高水的综合利用能力，在已有两座循环水站的基础上，2001 年，公司又新建了三期循环水站，该系统正式运行后，每年可节约用水近百万吨。公司还把经过环保处理后的“中水”进行回收利用，实施了“中水管道贯通工程”，使公司的锅炉冲渣、环保污泥榨干机洗布、部分真空泵降温和卫生间冲洗及花草树木灌溉等，都采用“中水”。（中国环境报，2002-07-03）

请问：本案体现了环境法的什么原则？

2.2001年3月13日，江西省吉安市重点文物保护单位“毛泽东旧居”被一家房屋开发商拆毁。引人注意的是，有关部门在拆迁过程中“大开绿灯”，在当地引起强烈反应。吉安市“毛泽东旧居”于1982年被确定为“吉安市重点文物保护单位”。随着四周不断建造起商品房，当地房屋开发商认为旧居的存在影响了连片开发。2001年3月，吉安市政府开会决定拆除“毛泽东旧居”。3月14日，当江西省文物局领导赶到吉安时，“毛泽东旧居”已成废墟。

请问：（1）该案中政府部门有权决定拆除文物保护单位吗？（2）违背了环境法的什么原则？

论述与深度思考题

1. 论环境法的特征。（考研）

2. 论环境法的立法目的。

参考答案

名词解释

1. 预防为主原则指国家在环境保护工作中采取各种预防措施，以防止环境问题的产生和恶化，或者把环境污染和破坏控制在能够维持生态平衡、保护人体健康和社会物质财富及保障经济、社会持续发展的限度内，而对已造成的环境污染和破坏积极治理的原则。

2. 环境法是由国家制定或认可、并以国家强制力保障和推动的，为实现经济和社会可持续发展目的，调整有关保护和改善环境、合理利用自然资源等社会关系的法律规范的总称。

3. 环境法律关系是指环境法律规范在确认和调整人们与环境有关的行为过程中产生的以环境权利和环境义务为内容的社会关系。

4. 公众参与原则（亦称依靠群众保护环境原则，环境民主原则）是指生态环境的保护与自然资源的开发利用必须依靠公众的广泛参与，环境法通过各种法定的形式和途径确立公众参与环境管理与保护的资格，鼓励公众积极参与环境保护事业，保护公众对污染环境和破坏环境的行为依法进行监督的权利。公众参与原则是保障环境正义、提高环境效益的具体要求。

5.2014年环保法规定，环境保护坚持保护优先。该原则狭义上是指在环境保护管理活动中应当把环境保护放在优先的位置加以考虑，在环境利益和其他利益发生冲突的情况下，应当优先考虑环境利益，作出有利于环境保护的决定。广义上是指，国家按照环境保护基本国策的要求和经济社会发展与环境保护相协调的要求，在处理经济社会发展与生态和环境保护的关系时，要把生态和环境保护放在较优先的位置予以考虑和对待。

选择题

（一）单项选择题

1. 答案：A

日本有《公害对策基本法》，一般称为公害法，1993年日本颁布了《环境基本法》。

2. 答案：B

要贯彻预防为主、防治结合、综合治理的原则，需要健全以政府组织为主的行政调整机制、以营利性企业为主的市场调整机制和非政府、非营利性组织为主的社会调整机制，并将这三种机制有机地结合起来。

3. 答案：D

1980年联合国环境规划署起草的《世界自然资源保护大纲》首先提出了“预期的环境政策”，要求任何可能引起环境的重大决定都能在其最早阶段就充分考虑到资源保护及其他的要求。由此，预防为主的原则越来越受到各国的重视，并逐步成为国家环境管理和立法中的重要指导原则。第19条规定：“编制有关开发利用规则，建设对环境有影响的项目，应当依法进行环境影响评价”，体现了这一原则的要求。此外，各环境保护单行法中也有相关内容的规定。规定这条原则，主要是通过环境影响评价制度，三同时制度、排污许可证制度、土地利用总体规划制度、清洁生产和循环经济制度等来体现。

4. 答案：D

2002年制定的《清洁生产促进法》对从源头上预防污染、实行清洁生产作了具体规定，标志着我国的污染防治工作已经从末端治理为主进入从源头预防、综合治理的阶段。

5. 答案：C

环境法作为现代社会法律体系的一个独立法律部门，除了具有一般法律的本质和功能以外，也具有其自身的特点，可概括为以下几个方面：(1) 环境法是生态环境科技与法的结合。环境是以生态为重心，而生态必须以自然科学为控制和管理的依据，因此，环境保护包括法律对环境保护社会关系的调整，必须与环境科学技术相结合，必须体现自然规律特别是生态科学规律的要求。(2) 环境法是社会法。环境法除了具有法的一般性质外，还具有比较明显的社会法特征。环境法的社会性首先表现在它与阶级性和政治职能较强的一些立法如宪法、刑法等不同，它并非阶级矛盾不可调和的产物，而是人与自然矛盾的产物。环境法所关注和规范的是社会公共利益和保障基本人权，它反映了全体社会成员的共同愿望和要求，代表人类的共同利益，侧重于社会领域的法律调整。其次，环境作为全人类的共同生存条件，并不能为某个人或某国所私有或独占，它必须符合整个社会和整个人类的利益，是以社会利益为本位的法。而社会利益是公民对社会文明状态的一种愿望和需要。(3) 环境法是综合部门法。(4) 环境法是以可持续发展为价值的法。

（二）多项选择题

1. 答案：ABCD

德国的《自然保育法》是环境法各论的一部分，德国的环境基本法是《德国环境法典》。

2. 答案：AB

国际上一般认为“污染者负担原则”中污染者应当承担的费用有消除污染费用、损害赔偿费用、治理污染源费用、恢复被污染环境的费用，而不包括污染预防费用、分担国内综合治理费用和防止公害费用。

3. 答案：DE

环境保护单行法是以宪法和环境保护基本法为依据，针对特定的保护对象或特定的污染防治对象而制定的单项法律法规。在法律层次上可分为法律、法规、部门规章、地方法规和规章；在内容上可分为以下几个组成部分：(1) 污染防治法；(2) 自然资源保护法；(3) 环境管理行政法规。

4. 答案：ABC

环境保护同经济、社会持续发展相协调原则，简称协调发展原则，是指环境保护与经济建设和社会发展统筹规划，人与自然和谐发展，实现经济发展与人口资源、环境相协调，实现经济效益、社会效益和环境效益相统一。

5. 答案：CD

2002年制定的《清洁生产促进法》《环境影响评价法》对从源头上预防污染、实行清洁生产作了具体规定，全面体现了预防为主、防治结合、综合治理的原则。

（三）不定项选择题

1. 答案：ABCD

公众参与原则的内容具体包括：(1) 环境知情权，即每个公民都有权获得行政机关所掌握的环境资料，对环境状况、政府决策、工程项目等信息享有知情权，有权就相关问题向政府咨询并及时得到答复。(2) 环境决策参与权，即保证给每个公民参加环境决策的机会，保证公民有权参与环境法律法规的制定，参与环境管理决策的作出，参与环境科技的研究、示范和推广。(3) 环境监督权，即公众有权监督政府的环境管理活动，监督环境政策的实施，监督重大工程建设项目的环境保护情况。(4) 司法救济权，公民的环境权益受到侵害时，应当能及时有效地诉诸司法，获得司法上的救济。

2. 答案：ABCD

环境法确定这一原则主要是由环境问题本身的特点决定的：(1) 环境污染和环境破坏一旦出现就难以消除与恢复，甚至具有不可逆性，如重金属污染、地下水污染等。(2) 治理环境污染和破坏的成本高昂，往往要投入巨额资金。(3) 环境污染和环境破坏所造成的危害具有缓释性，在时间和空间上可变性很大，具有难以预见性和不确定性，加之科学技术的局限，人类对破坏环境的活动所造成的影响和最终后果往往难以及时发现。(4) 环境污染和破坏所造成的后果往往比较严重，对人体健康危害极大，会导致一系列疾病的发生，而且这些疾病不易被发现也不易治疗。

3. 答案：ABD

美国环境法体系有以下特点：(1) 以宪法规定为最根本的基础；(2) 以环境保护基本法为中心；(3) 大量的环境法律法规为主体。这种环境法体系结构的优点在于：权威性高、适应性强、系统化。因此这种环境法律体系从形式上看比较适宜解决范围广泛、影响深远的环境问题。

4. 答案：C

ISO 是 International Organization for Standardization 的缩写，是国际标准化组织制定的环境管理标准，该系列标准体现了国际环境保护领域由“末端控制”到“污染预防”的发展趋势，体现了可持续发展战略思想，该系列标准应用领域广泛，涵盖了企业的各个管理层次。

5. 答案：ABCD

目前，国际社会已经普遍承认或确认国家的生存权、发展权、自决权等权利，对于环境权，不同国家、不同法律和国际条约对国家环境权有不同的表达方式。如《各国经济权利和义务宪章》《里约环境与发展宣言》等都对国家环境权作出了规定。

简答题

1. 可持续发展的观点，其出发点是：为了确保人类的持续生存和发展，必须把环境保护与社会经济活动全面、有机地结合起来，并按照生态持续性、经济持续性和社会持续性的基本原则来组织和规范人类的一切活动。其核心思想是：既满足当代人的需要，又不对后代人满足其需要的能力构成危害。其基本内容是：强调人类的发展权利、环境权利和保护环境的义务的统一，当代人和后代人发展机会的平等，环境保护是发展进程的重要组成部分，以及放弃传统发展的方式。这一观点为人们所普遍接受，并对各国的环境保护工作产生了深刻的影响：第一，在污染控制战略上，由以往的“末端控制”向“源头控制”转移，即由原来的着重对污染物产生后的排放限制或废物产生后的处理、处置等方面的控制，转向着重对污染源的源头控制，即推行清洁生产的预防污染战略；第二，在环境保护内容上，把合理开发利用自然资源、保护自然环境、维护生态平衡作为环境保护中相互联系的组成部分，坚持污染防治与自然保护并重的原则，改变以往重污染防治轻自然保护的做法；第三，在环境保护与经济发展的相互关系上，将二者有机地结合起来，把环境保护规划纳入社会经济发展的整体规划中去，建立符合生态规律的生产方式和生活方式，全面协调人类同环境的关系，改变以往片面追求经济优先或环境优先的做法。

2. 法国环境保护的范围较广，以法典化为立法传统的法国却没有环境基本法，也没有将环境法规编纂为法典。法国的环境法在理论上主要由两大部分组成：一是各种公害的防治法规（狭义上的环境保护法），这类法规一直以单行法规独立并行，并另行制定各种命令或专门立法分别予以补充，在体例上并未由一部基本法加以统率或整合为一个法群；二是自然保育法，它主要源于民法的相关规定（如所有权、相邻权、地役权、损害赔偿等），并由此派生出农业、森林、渔业、矿业等专业法规及国有土地法、都市计划法、海港法等（这相当于一些国家的自然资源法和国土整治法），而且刑法的相关条文可直接纳入准用，1976 年法国将这类规定整合为《自然保育法》。

3. 宪法中关于环境保护的规定是环境法体系的基础，是各种环境法律、法规、制度的立法依据。我国宪法中这类规定主要包括：(1) 生态文明的国家目标。2018 年 3 月 11 日第十三届全国人民代表大会将宪法“序言”中的“推动物质文明、政治文明和精神文明协调发展，把我国建设成为富强、民主、文明的社会主义国家”修改为“推动物质文明、政治文明、精神文明、社会文明、生态文明协调发展，把我国建设成为富强民主文明和谐美丽的社会主义现代化强国，实现中华民族伟大复兴”，以国家目标的方式将生态文明写入宪法。(2) 国家环境保护职责。规定保护环境和维护生态平衡是国家的一项基本职责。《宪法》第 26 条规定：“国家保护和改善生活环境和生态环境，防治污染和其他公害。”这一规定为国家环境保护活动和环境立法奠定了宪法基础。(3) 公民环境权利义务。许多国家的宪法中均规定公民有在良好的生活环境中生活的权利和保护环境的义务。我国《宪法》中虽然没有直接规定公民的环境权利和义务，但其第 51 条规定："中华人民共和国公民在行使自由和权利的时候，不得损害国家的、社会的、集体的利益和其他公民的合法的自由和权利。"这一规定既是公民主张环境权的基础，也是防止滥用个人权利造成环境污染和破坏的基本环境义务规范。（4）环境保护的基本政策和原则。如我国《宪法》规定："国家保障自然资源的合理利用，保护珍贵的动物和植物。禁止任何组织或者个人利用任何手段侵占或者破坏自然资源"（第 9 条）；"一切使用土地的组织和个人必须合理地利用土地"（第 10 条）。该两条规定为自然资源的保护提供了宪法依据。（5）国家生态文明建设职责。2018 年 3 月 11 日第十三届全国人民代表大会将宪法第 89 条"国务院行使下列职权"中的"（六）领导和管理经济工作和城乡建设"修改为"（六）领导和管理经济工作和城乡建设、生态文明建设"，明确了国家在生态文明建设中的职权与责任。

案例分析题

1. 本案体现了环境法的预防为主、防治结合、综合治理的原则。

预防为主、防治结合、综合治理的原则是指国家在环境保护工作中采取各种预防措施，防止环境问题的产生和恶化，或者把环境污染和破坏控制在能够维持生态平衡，保护人体健康和社会物质财富及保障经济、社会持续发展的限度之内，并对已造成的环境污染和破坏积极治理的原则。

环境法确定这一原则主要是由于环境问题本身的特点决定的：（1）环境污染和环境破坏一旦出现就难以消除与恢复，甚至具有不可逆性，如重金属污染、地下水污染等。（2）治理环境污染和破坏的成本高昂，往往要投入巨额资金。（3）环境污染和环境破坏所造成的危害具有缓释性，在时间和空间上可变性很大，具有难以预见性和不确定性，加之科学技术的局限，人类对破坏环境的活动所造成的影响和最终后果往往难以及时发现。（4）环境污染和破坏所造成的后果往往比较严重，对人体健康危害极大，会导致一系列疾病的发生，而且这些疾病不易被发现也不易治疗。贯彻这一原则的具体要求是，根据我国环境法的有关规定，建立以预防为主的环境保护责任制度，采取有效措施，防止造成各种环境污染和破坏；严格控制新的环境污染和破坏，严格执行环境影响评价制度和"三同时"制度，加强对建设项目的环境管理；积极治理已经产生的环境污染和破坏，实行城市环境综合整治，把环境保护规划纳入城市总体发展规划，调整城市产业结构和经济布局，改善城市能源结构，减少污染物排放总量，加强环境监测，对可能发生重大污染的企业事业单位采取加强防范措施等。

2.（1）"毛泽东旧居"作为依法向江西省人民政府备案的吉安市重点文物保护单位，受国家法律保护，在管理上受省级人民政府监督。很明显，根据原《文物保护法》（2002 年修正）第 13 条的规定："国务院文物行政部门在省级、市、县级文物保护单位中，选择具有重大历史、艺术、科学价值的确定为全国重点文物保护单位，或者直接确定为全国重点文物保护单位，报国务院核定公布。省级文物保护单位，由省、自治区、直辖市人民政府核定公布，并报国务院备案。市级和县级文物保护单位，分别由设区的市、自治州和县级人民政府核定公布，并报省、自治区、直辖市人民政府备案。尚未核定公布为文物保护单位的不可移动文物，由县级人民政府文物行政部门予以登记并公布。"该法第 20 条规定："建设工程选址，应当尽可能避开不可移动文物；因特殊情况不能避开的，对文物保护单位应当尽可能实施原址保护。实施原址保护的，建设单位应当事先确定保护措施，根据文物保护单位的级别报相应的文物行政部门批准，并将保护措施列入可行性研究报告或者设计任务书。无法实施原址保护，必须迁移异地保护或者拆除的，应当报省、自治区、直辖市人民政府批准；迁移或者拆除省级文物保护单位的，批准前须征得国务院文物行政部门同意。全国重点文物保护单位不得拆除；需要迁移的，须由省、自治区、直辖市人民政府报国务院批准。依照前款规定拆除的国有不可移动文物中具有收藏价值的壁画、雕塑、建筑构件等，由文物行政部门指定的文物收藏单位收藏。"吉安市政府只有核定公布市、县级文物保护单位的权利，而绝没有拆除或迁移市、县级文物保护单位的权利。吉安市政府开会决定拆除市级重点文物保护单位“毛泽东旧居”是明显的违法行为。

(2) 该案违背了保护优先原则。该原则狭义上是指在环境保护管理活动中应当把环境保护放在优先的位置加以考虑，在环境利益和其他利益发生冲突的情况下，应当优先考虑环境利益，作出有利于环境保护的决定。广义上是指，国家按照环境保护基本国策的要求和经济社会发展与环境保护相协调的要求，在处理经济社会发展与生态和环境保护的关系时，要把生态和环境保护放在较优先的位置予以考虑和对待。

论述与深度思考题

1. 环境法作为现代社会法律体系的一个独立法律部门，除了具有一般法律的本质和功能以外，也具有其自身的特点，可概括为以下几个方面：(1) 环境法是生态环境科技与法的结合。环境是以生态为重心的，而生态必须以自然科学为控制和管理的依据，因此，环境保护包括法律对环境保护社会关系的调整，必须与环境科学技术相结合，必须体现自然规律特别是生态科学规律的要求。这些要求往往通过一系列技术规范、环境标准、操作规程等形式体现出来：首先，环境法在立法中经常大量、直接地对技术名词和术语赋予法律定义，并将环境技术规范作为环境法律法规的附件，使其具有法律效力。其次，环境执法和环境司法也同样需要科学技术的保证。但是，环境法律规范与环境技术规范也不能等同，更不能以环境技术规范代替环境法律规范。在这个问题上，要防止所谓的环境法机械观，防止“法律沦为科技之工具，法律受科技所界限”。虽然环境法律规范起源于环境学和生态科学，但环境法的目的在于“超越此一科技限界，而追求实证技术外之人文价值”。(2) 环境法是社会法。环境法除了具有法的一般性质外，还具有比较明显的社会法特征。社会法，按美国学者海伦·古拉克在其所著 *Social Legislation* 一书中的解释为“为一般社会福利而立法”。环境法也属于这种社会立法的范畴。环境法的社会性首先表现在它与阶级性和政治职能较强的一些立法如宪法、刑法等不同，它并非阶级矛盾不可调和的产物，而是人与自然矛盾的产物。环境法所关注和规范的是社会公共利益和保障基本人权，它反映了全体社会成员的共同愿望和要求，代表人类的共同利益，侧重于社会领域的法律调整。其次环境作为全人类的共同生存条件，并不能为某个人或某国所私有或独占，它必须符合整个社会和整个人类的利益，是以社会利益为本位的法。而社会利益是公民对社会文明状态的一种愿望和需要。环境与生态是人类经济和社会发展的基础，与社会、经济发展的秩序密切相关，因而成为社会利益的重要组成部分。(3) 环境法是综合部门法。环境法保护的对象相当广泛，包括自然环境、人为环境和整个地球的生物圈；法律关系主体不仅包括一般法律主体的公民、法人及其他组织，也包括国家乃至全人类，甚至包括尚未出生的后代人；环境法调整的内容也相当广泛，不仅要防止大气污染、水污染、海洋污染、环境噪声污染、放射性污染、有毒化学品污染等，而且还要保护土地资源、森林资源、草原资源、水资源、矿产资源、物种资源、风景名胜资源和文化遗迹地等。由于环境法调整的范围相当广泛，涉及的社会关系复杂，运用的手段多样，从而决定了其所采取的法律措施的综合性。它不仅可以适用诸如宪法、行政法、刑法等公法予以解决，也可以直接适用民法予以私法救济，甚至还可以通过国际法予以调整，不但包括上述部门法的实体法规范，而且也包括程序法规范。2014 年新修订的《环境保护法》规定了财政、教育、农业、公安、监察机关、任免机关、人民法院等有关部门和机关都负有环保职责。(4) 环境法是以可持续发展为价值的法。环境法的价值是指环境法能促进主体的何种价值需要。环境法除了具有一般法律的公平、正义、效率、秩序等价值以外，还具有自身特有的价值。环境法的特殊价值集中体现在现代环境法的立法目的上。我国《环保保护法》把“促进经济社会可持续发展”规定为立法目的。各个国家有不同的立法目的，即使同一国家，在不同时期的立法目的也有所不同。现代环境法是以可持续发展为基本价值取向的，其核心内容是要求既满足当代人的需要，又不对后代人满足其需要的能力构成危害。这个内涵不是传统公法、私法所能真正包容的。公法是以国家利益为本位，其对政权稳固与安全的关心超过对社会发展的关心，私法则以个人利益为本位，其对自身利益的关心是第一位的，只有存在独立的社会利益并且形成公共社会力量，才会以社会的持续发展为最大关怀，因此，只有环境法才是持续发展最有力的法律保障。

2. 环境法的立法目的分为价值性立法目的和工具性立法目的。环境法的价值性立法目的，反映了一国有关环境保护的长远目标、理念和价值观。综其内容，价值性立法目的具有多维度和多层次，而且随着各国环境保护的认识水平、环境保护的基本理念和发展观的发展而发展。环境法的工具性立法目的，往往是通过制定该法提出国家在近期需要落实的、重要的、紧迫的任务。

环境法价值性立法目的的主要内容包括：（1）宣示环境及环境保护的重要性。20世纪60年代到90年代，人们对于环境和环境保护的认识有两次质的飞跃。第一次飞跃发生在60年代，受到一系列公害事件的触动，许多国家已经认识到环境污染和生态破坏对人体健康、社会福利和健全发展的危害，通过环境基本法将环境保护上升为国家重要政策。如上述美国1969年颁布的《国家环境政策法》第1条之规定。第二次飞跃发生在90年代，受到更为严重的环境危机的影响，人们认为环境问题已经全方位地对国家安全和经济社会健全发展构成威胁，必须建立新的发展战略和重新确定人与自然的关系来应对危机。（2）宣示人们的环境权益。环境问题引起广泛关注的最初原因是它对人体健康的损害，所以早期环境基本法所关注的人的权益是健康权，反映在立法目的上，通过保护环境从而保护国民健康、明确人人享有一个无害于健康的环境的权利是最常见的目的。随着人们生活质量的提高，人们希望环境能够满足其更高层次需要，于是环境基本法对人们环境权益的保护从“健康权”扩展到“文化、精神和美学等方面上的权益”，如日本《环境基本法》在立法目的中规定“确保现在和未来的国民享有健康、文化的生活”。（3）定位发展与环境的关系。环境冲突反映了各种各样的矛盾，包括私人之间的矛盾、不同利益群体之间的矛盾、地区之间的矛盾、一个特定地区甚至一国经济社会发展与环境之间的矛盾。法律要解决环境问题，就必须建立机制解决以上矛盾，微观领域的矛盾冲突尚可以利用传统私法的现有机制解决。但是宏观领域的矛盾冲突需要国家建立新的法律机制来应对，而作为国家最高层次的环境立法《环境基本法》应承担起这一使命，在立法目的条款上更为关注环境与发展的相互关系。许多国家是从促进平衡地考虑环境与发展的各要素的角度来定位两者之间的关系。俄罗斯《环境保护法》规定：“本联邦法确立环境保护领域国家政策的法律基础，以保证平衡地解决各项社会经济任务，保持良好的环境、生物多样性和自然资源，其目的是满足当代人和未来世世代代的需要，加强环境保护领域的法律秩序和保障生态安全。”（4）明确生态的固有价值和生物多样性的价值。环境法以人为绝对中心的立法考虑在20世纪70年代后受到诸多批判，对人与自然的关系重新进行审视及环境自身价值认识的提高使得环境法进一步强调对生态系统结构和功能的维护。美国、俄罗斯、瑞典、加拿大等环境基本法的立法目的都提到对生物多样性、生物圈价值、生态系统的保护。（5）明确环境公平和环境民主理念。环境危机也暴露了深刻的社会问题。人们认识到环境问题与社会公平、正义相关，解决环境问题需要建立环境公平、环境正义和环境民主的理念。（6）确定可持续发展战略。20世纪90年代后制定或者修改的环境基本法都将其立法的最终目的定位为实现可持续发展。如加拿大《环境保护法》在前言部分规定：“在此仅宣布，保护环境是加拿大人民福利的基础，本法的首要目的在于通过污染预防以有助于实现可持续发展。”“可持续发展”战略已成为迄今为止国际社会最广为接受的指导发展的总体战略，其理念正在全面深刻地影响着环境立法。

环境法的工具性立法目的的主要内容包括：（1）确定国家基本环境政策。环境危机已经对一国的国民健康和经济社会发展造成重大损害时，各国不得不重新制定、整合并提升其环境政策，而环境基本法成了各国宣布国家环境政策的最佳法律载体。所以美国《国家环境政策法》规定该法的目的之一是“宣示国家政策”。俄罗斯的《环境保护法》规定“本联邦法确立环境保护领域国家政策的法律基础”。日本的《公害对策基本法》规定：“本法是为了明确企业、国家和地方公共团体对防治公害的职责，确定基本的防治措施。”（2）建立环境保护协调和管理机制。国家环境保护职能必须要有相应的机制来履行，协调和管理机制包括机构、职责、运行程序和手段等内容。许多国家的环境基本法立法目的包括建立国家级环境管理、协调机构、计划和框架等。如美国的《国家环境政策法》规定“设立国家环境质量委员会”为立法目的之一。菲律宾的《环境法典》将建立国家环境保护委员会、制定综合的环境保护管理计划作为立法目的。（3）明确社会各方环境保护的责任。环境危机导致国家环境保护职责的产生和企业、公民权利义务的再分配，环境基本法是明确国家、企业和社会组织、公民环境权利义务的主权法律形式。（4）确定环境保护原则。一些国家，特别是英美法系国家，往往会在立法目的条款中确定或者重申国家的环境保护基本原则。（5）推动公众参与。如南非的《环境管理法》立法目的包括：“法律应该建立相应的程序和制度以帮助和推动公众参与环境管制；法律应该被国家实施以及法律应该帮助公民社会实施环境法。”

参考文献：（1）李挚萍．环境基本法立法目的探究．中山大学学报（社会科学版），2008（6）．（2）竺效．环境资源法之法律目的探究．环境资源法论丛，2004．（3）王曦，陈维春．浅论环境基本法的立法目的．华东政法大学学报，2004（5）．

第三章　环境法的主要制度

知识逻辑图

- 环境法的主要制度
  - 环境影响评价与“三同时”制度
    - 环境影响评价制度
      - 概念和沿革
      - 主要内容
        - 分类
          - 规划环评
            - 综合性规划
            - 专项规划
          - 建设项目环评
        - 内容
      - 程序
        - 评价形式筛选
        - 评价报告编写和审批
        - 环境影响评价中的公众参与
      - 法律效力及法律责任
        - 规划编制机关的法律责任
        - 规划审批机关的法律责任
        - 建设单位的法律责任
    - “三同时”制度
      - 概念
        - 同时设计
        - 同时施工
        - 同时投产使用
      - 适用范围
      - 实施要求
      - 法律后果
  - 环境行政许可制度
    - 概述
    - 设定与实施
      - 设定原则
      - 设定事项
      - 设定权分配
    - 实施主体
    - 实施程序
      - 申请与受理
      - 审查与决定
      - 听证
      - 监督检查与处理
    - 法律责任

- 环境法的主要制度
  - 环境标准制度
    - 环境标准概述
      - 我国环境标准发展沿革
      - 分类
        - 依职权范围
          - 国家环境标准
          - 地方环境标准
          - 环保部标准
        - 依据内容
          - 环境质量标准
          - 污染物排放标准
          - 环境基础标准
          - 环境监测方法标准
          - 环境标准样品标准
        - 依是否有强制性
          - 强制性标准
          - 推荐性环境标准
    - ISO14000环境管理标准
      - 主要内容
      - 特点
        - 以市场驱动为前提
        - 标准的预防性
        - 标准的可操作性
        - 标准的广泛适用性
        - 标准的自愿性原则
  - 清洁生产与循环经济制度
    - 清洁生产
      - 概述
        - 概念
        - 主要内容
          - 自然资源的合理利用
          - 经济效益最大化
          - 环境危害最小化
      - 国外立法
      - 我国清洁生产的主要法律规定
        - 立法宗旨
        - 调整范围
        - 基本措施及管理体制
        - 推行责任
        - 实施机制及法律责任
    - 循环经济
      - 概念
      - 三大原则
        - Reduce
        - Reuse
        - Recycle
      - 实施机制和法律责任
      - 循环经济与清洁生产的关系
  - 环境税费制度
    - 概念和作用
    - 环境税的征收
      - 纳税人
      - 征税对象和范围
      - 税负
      - 税收优惠
      - 税收征管

- 环境法的主要制度
  - 环境事故报告制度
    - 概念和意义
    - 内容
      - 突发环境事件分级
      - 国家突发环境事件应急组织体系
      - 预警及措施
      - 报告的时限和方式
  - 源头和特定区域保护制度
    - 概念和意义
    - 目标识别
      - 重点生态功能
      - 生态环境敏感区和脆弱区
    - 环境资源承载能力监测预警机制
    - 生态保护红线
      - 概念与意义
      - 划定生态红线的基本原则
        - 重要性原则
        - 系统性原则
        - 等级性原则
        - 协调性原则
        - 可操作性原则
        - 动态性原则

名词解释

1. 环境质量标准（考研）
2. 清洁生产（考研）
3. 环境事故报告制度（考研）
4. 环境资源承载能力监测预警机制
5. 污染物排放标准（考研）

选择题

（一）单项选择题

1. 下列有关环境质量标准的说法哪一个是正确的？（　　）（司考）

A. 环境质量标准包括国家环境标准和各级地方政府制定的地方环境标准

B. 对国家污染物排放标准已作规定的项目，不得制定地方标准

C. 凡是向已有地方污染物排放标准的区域排污的，应当执行该地方标准

D. 地方污染物排放标准必须报国务院环境保护行政主管部门批准

2. 根据《国家突发环境事件应急预案》，突发环境事件的报告实行多少小时报告制？（　　）

A. 半小时　　B. 一小时

C. 两小时　　D. 三小时

3. 根据《中华人民共和国环境保护法》的规定，环境影响报告书应在建设项目的哪一阶段报批？（　　）

A. 设计阶段

B. 可行性研究阶段

C. 竣工验收阶段

D. 投入使用阶段

4. 对突发环境事件的报告不包括（　　）。

A. 初报　　B. 续报

C. 处理结果报告　　D. 确报

5. 根据《环境保护法》的规定，下列哪一项是省、自治区、直辖市人民政府的职权？（　　）

A. 对国家环境质量标准中未作规定的项目，不得制定地方环境质量标准

B. 对国家环境质量标准中已作规定的项目，可以制定低于国家环境质量标准的地方环境质量标准

C. 对国家污染物排放标准中已作规定的项目，可以制定低于国家污染物排放标准的地方污染物排放标准。

D. 对国家污染物排放标准中已作规定的项目，可以制定严于国家污染物排放标准的地方污染物排放标准。

（二）多项选择题

1. 我国对环境影响评价制度作了规定的法律、法规有（　　）。

A. 1979年《环境保护法（试行）》

B. 1986年《建设项目环境保护管理办法》

C. 1998年《建设项目环境保护管理条例》

D.《海洋环境保护法》

E.《大气污染防治法》

2. 根据《国家突发环境事件应急预案》，突发环境事件可分为（　　）。

A. 特别重大环境事件

B. 重大环境事件

C. 较大环境事件

D. 一般环境事件

E. 轻微环境事件

3.《环境影响评价公众参与办法》规定：生态环境主管部门受理建设项目环境影响报告书后，应当通过其网站或者其他方式向社会公开下列哪些信息？（　　）

A. 公众提出意见的方式

B. 公众提出意见的途径

C. 环境影响报告书全文

D. 公众参与说明

4. 循环经济的3R原则为（　　）。

A. 再生产原则　　B. 减量化原则

C. 再利用原则　　D. 再循环原则

5. ISO14000特点有（　　）。

A. 以市场驱动为前提

B. 标准的预防性

C. 标准的可操作性

D. 标准的广泛适用性

E. 标准的自愿性原则

（三）不定项选择题

1. 省级人民政府和环境保护部应当立即向国务院报告的突发环境事件信息是（　　）。

A. 初判为特别重大或重大突发环境事件

B. 可能或已引发大规模群体性事件的突发环境事件

C. 可能造成国际影响的境内突发环境事件

D. 境外因素导致或可能导致我境内突发环境事件

2. 目前在环境管理中使用最广泛的许可证是（　　）。

A. 规划许可证　　B. 开发许可证

C. 建设许可证　　D. 排污许可证

3. 环境资源行政许可的申请方式有（　　）。

A. 信函　　B. 传真

C. 电子数据交换　　D. 电子邮件

4. 建设单位在环评文件报送审查之前征求公众意见的期限不能少于（　　）。

A. 10日　　B. 5日

C. 15日　　D. 30日

5. "清洁生产"的概念最早产生于（　　）。

A. 美国

B. 英国

C. 中国

D. 欧盟（欧共体）

简答题

1. 简述环境保护税制度。

2. 简述环境污染事故报告制度的内容。（考研）

3. 简述生态保护红线。

案例分析题

2004年4月13日早晨，汉川市环保局接到群众投诉，反映田家村一塑料厂4月11日收购的废旧塑料桶在加工过程中产生大量有毒刺激性气体。市环保局迅速派人进行现场调查。监察人员刚到田家村口，刺鼻气味扑面而来，在厂房处更加浓烈，早已等在路旁的村民们纷纷诉说闻过刺鼻气味出现了头晕、呕吐等症状。监察人员还看到，接触过厂内碎塑废水的村民身上出现红斑点，废水流入鱼塘后死鱼浮出水面。监察人员对业主进行了询问，而业主仅知供货人为李某，货重两吨，对塑料桶来源及盛装的化学品品名竟不知情，而绝大多数塑料桶的标识全无。

为防止事态扩大，同时为消除污染争取时间，监察人员果断采取应急措施，迅速督促生产人员全部撤离，划定警戒区域，设立警示标志，并对塑料桶进行密封包装。经过两个多小时的紧张搜寻，终于弄清桶内化学品为邻甲基苯腈，来源厂家为武汉有机实业有限公司。邻甲基苯腈为无色透明液体，遇明火、高热、氧化剂能燃烧，并散发有毒气体。武汉有机实业有限公司具有独立销毁塑料毒桶的能力。

汉川市环保局迅速按规定向汉川市人民政府和孝感市环保局汇报了情况；并向武汉市环保局求援，在武汉市环保局敦促下，武汉有机实业有限公司主动配合，派出车辆，回收处理全部毒桶。汉川市环保局还将进一步追查业主的法律责任，加强该厂现场环境监察力度。

其后，在湖北省汉川市环保局的监督下，严重威胁该市城关镇田家村村民身体健康的塑料毒桶悉数启运到武汉市销毁。而环保人员从接到电话到妥善处理完毕仅仅用了28个小时。

请问：本案反映了环境法的什么制度？请谈谈这一制度的分类及意义？

论述与深度思考题

1. 试述环境影响评价制度的产生和我国关于该项制度的主要法律规定。

2. 试述我国《清洁生产促进法》关于清洁生产的主要法律规定。

3. 试述我国环境标准制度存在问题及对策。

参考答案

名词解释

1. 环境质量标准是对一定区域环境在限定时间内各种污染物的最高允许浓度所作的综合规定。它是衡量环境质量的依据、环境政策的目标、环境管理的依据，也是制订污染物排放标准的基础。

2. 联合国环境规划署（UNEP）在1989年把“清洁生产”定义为：将综合预防的环境策略持续地应用于生产过程和产品中，以便减少对人类和环境的风险。《中国21世纪议程》将清洁生产定义为：既可满足人们的需要又可合理使用自然资源和能源，并保护环境的实用生产方法和措施。

3. 环境事故报告制度又称环境污染与破坏事故报告及处理制度，或环境污染事故和环境紧急情况的报告及处理制度，这项制度是指当发生事故或者其他突然事件，使环境受到或者可能受到严重污染或破坏，事故或事件的当事人必须立即采取措施处理，及时向可能受到环境污染与破坏危害的公众通报，并向当地环境保护行政主管部门和有关部门报告，接受调查处理的法律制度。

4. 环境资源承载能力监测预警机制是指建立在对环境资源状况进行调查和评价基础上的预先发布警告的制度，旨在通过及时提供警示的机构、制度、网络、举措等构成的预警系统，为实现环境资源信息的超前反馈，为及时布置、预防环境资源风险奠定基础。2014年《环境保护法》第18条规定：“省级以上人民政府应当组织有关部门或者委托专业机构，对环境状况进行调查、评价，建立环境资源承载能力监测预警机制。”

5. 污染物排放标准指为了实现环境质量标准，结合技术经济条件或环境特点而制定的，规定污染源容许排放的污染物的最高限额。其目的是为了控制污染物的排放量，保护人群健康和生态良性循环，同时也要根据目前的工艺水平和技术水平，在经济上合理、技术上可行的情况下，达到技术上的先进性。

选择题

（一）单项选择题

1. 答案：C

《环境保护法》第15条：“国务院环境保护主管部门制定国家环境质量标准。省、自治区、直辖市人民政府对国家环境质量标准中未作规定的项目，可以制定地方环境质量标准；对国家环境质量标准中已作规定的项目，可以制定严于国家环境质量标准的地方环境质量标准。地方环境质量标准应当报国务院环境保护主管部门备案。国家鼓励开展环境基准研究。”由以上规定可知，A项错在只有对国家环境质量标准中未作规定的项目，才可以制定地方标准；B项明显错误；D项错在地方标准必须报国务院环境保护行政主管部门备案，而不是批准。

2. 答案：B

《国家突发环境事件应急预案》规定：突发环

境事件责任单位和责任人以及负有监管责任的单位发现突发环境事件后，应在1小时内向所在地县级以上人民政府报告，同时向上一级相关专业主管部门报告，并立即组织进行现场调查。紧急情况下，可以越级上报。负责确认环境事件的单位，在确认重大（Ⅱ级）环境事件后，1小时内报告省级相关专业主管部门，特别重大（Ⅰ级）环境事件立即报告国务院相关专业主管部门，并通报其他相关部门。地方各级人民政府应当在接到报告后1小时内向上一级人民政府报告。省级人民政府在接到报告后1小时内，向国务院及国务院有关部门报告。重大（Ⅱ级）、特别重大（Ⅰ级）突发环境事件，国务院有关部门应立即向国务院报告。

3. 答案：B

环境影响评价是指在一定区域内进行开发建设活动，事先对拟建项目可能对周围环境造成的影响进行调查、预测和评定，并提出防治对策和措施，为项目决策提供科学依据。建设项目的环境影响报告书应在建设项目可行性研究阶段报批；铁路、交通等建设项目，经环保部门同意，可以在初步设计完成前报批。B选项是最佳答案。

4. 答案：D

《国家突发环境事件应急预案》规定：突发环境事件的报告分为初报、续报和处理结果报告三类。初报从发现事件后起1小时内上报；续报在查清有关基本情况后随时上报；处理结果报告在事件处理完毕后立即上报。

初报可用电话直接报告，主要内容包括：环境事件的类型、发生时间、地点、污染源、主要污染物质、人员受害情况、捕杀或砍伐国家重点保护的野生动植物的名称和数量、自然保护区受害面积及程度、事件潜在的危害程度、转化方式趋向等初步情况。

续报可通过网络或书面报告，在初报的基础上报告有关确切数据，事件发生的原因、过程、进展情况及采取的应急措施等基本情况。

处理结果报告采用书面报告，处理结果报告在初报和续报的基础上，报告处理事件的措施、过程和结果，事件潜在或间接的危害、社会影响、处理后的遗留问题，参加处理工作的有关部门和工作内容，出具有关危害与损失的证明文件等详细情况。

5. 答案：D

《环境保护法》第15条规定：“国务院环境保护主管部门制定国家环境质量标准。省、自治区、直辖市人民政府对国家环境质量标准中未作规定的项目，可以制定地方环境质量标准；对国家环境质量标准中已作规定的项目，可以制定严于国家环境质量标准的地方环境质量标准。地方环境质量标准应当报国务院环境保护主管部门备案。国家鼓励开展环境基准研究。”第16条规定：“国务院环境保护主管部门根据国家环境质量标准和国家经济、技术条件，制定国家污染物排放标准。省、自治区、直辖市人民政府对国家污染物排放标准中未作规定的项目，可以制定地方污染物排放标准；对国家污染物排放标准中已作规定的项目，可以制定严于国家污染物排放标准的地方污染物排放标准。地方污染物排放标准应当报国务院环境保护主管部门备案。”

（二）多项选择题

1. 答案：ABCDE

我国1979年颁布的《环境保护法（试行）》中首次确立了环境影响评价制度；其后，在1982年颁布的《海洋环境保护法》、1984年颁布的《水污染防治法》，1987年颁布的《大气污染防治法》，1988年颁布的《水法》《野生动物保护法》，1998年国务院审议通过的《建设项目环境保护管理条例》，2021年颁布的《噪声污染防治法》等专项立法中，都对环境影响评价制度有进一步具体的规定。2002年10月第九届全国人大常委会第三十次会议通过并于2003年9月1日起施行的《环境影响评价法》，历经2016年7月2日、2018年12月29日两次修改，是我国针对环境影响评价制度的内容和程序专门制定的重要法律，它标志着这项制度在我国正日臻成熟。

2. 答案：ABCD

按照突发事件严重性和紧急程度，突发环境事件分为特别重大环境事件（Ⅰ级）、重大环境事件（Ⅱ级）、较大环境事件（Ⅲ级）和一般环境事件（Ⅳ级）四级。

3. 答案：ABCD

《环境影响评价公众参与办法》自2019年1月1日起施行。该法第22条规定：“生态环境主管部门受理建设项目环境影响报告书后，应当通过其网站或者其他方式向社会公开下列信息：（一）环境影响报告书全文；（二）公众参与说明；（三）公众提出意见的方式和途径。公开期限不得少于10个工作日。”

4. 答案：BCD

循环经济有三大经济活动的行为准则，又称3R原则，分别是减量化（Reduce）原则、再利用（Reuse）原则、再循环（Recycle）原则。

减量化原则意在减少生产源头的资源投入，要求用尽可能少的原料与能源达到既定的生产目的或消费目的。常常表现为要求产品体积小型化，产品重量轻型化。再利用原则旨在延长产品或服务的使用时间。也就是说，尽可能多次或以多种方式使用物品，避免其过早地成为垃圾，抵制一次性用品的泛滥。在生产中制造商使用标准尺设计，再循环原则要求生产出来的产品在完成其使用功能后能重新变成可以利用的资源而不是无用的垃圾，也就是说废弃物可以再次变成资源为人所用，一般指我们所说的废品回收利用和废物的综合利用。作为消费者来说，也应增强购买再生物品的意识，为促进循环经济的实现贡献一份力量。

5. 答案：ABCDE

ISO14000系列标准的特点主要有：（1）以市场驱动为前提。以往各国政府为了迫使企业进行环境保护制定了大量具有强制性的环境标准和法规。（2）标准的预防性。这一系列标准为各类组织提供的是完整的管理体系，强调管理，正是预防环境问题的重要手段和措施。（3）标准的可操作性。标准提供了一整套环境管理方法，具有较强的可操作性。（4）标准的广泛适用性。在标准的引言中指出该体系适用于任何类型与规模的组织并适用于各种地理文化和社会条件。（5）标准的自愿性原则。国际标准的应用都是基于自愿的原则，国际标准只能转化为各国的国家标准，而不等同于各国所制定的法律、法规，不可能要求组织强制实行，因而也不会增加或改变一个组织的法律责任。

（三）不定项选择题

1. 答案：ABCD

《国家突发环境事件应急预案》规定：对以下突发环境事件信息，省级人民政府和环境保护部应当立即向国务院报告：（1）初判为特别重大或重大突发环境事件；（2）可能或已引发大规模群体性事件的突发环境事件；（3）可能造成国际影响的境内突发环境事件；（4）境外因素导致或可能导致我境内突发环境事件；（5）省级人民政府和环境保护部认为有必要报告的其他突发环境事件。

2. 答案：D

排污许可证是各国广泛使用的许可证件，较早实行排污许可证的国家有澳大利亚、美国等。

3. 答案：ABCD

《行政许可法》第29条规定：公民、法人或者其他组织从事特定活动，依法需要取得行政许可的，应当向行政机关提出申请。申请书需要采用格式文本的，行政机关应当向申请人提供行政许可申请书格式文本。申请书格式文本中不得包含与申请行政许可事项没有直接关系的内容。

申请人可以委托代理人提出行政许可申请。但是，依法应当由申请人到行政机关办公场所提出行政许可申请的除外。

行政许可申请可以通过信函、电报、电传、传真、电子数据交换和电子邮件等方式提出。

4. 答案：A

《环境保护行政许可听证暂行办法》第17条规定：“环境保护行政主管部门对本办法第五条第（一）项和第（二）项规定的环境保护行政许可事项，决定举行听证的，应在听证举行的10日前，通过报纸、网络或者布告等适当方式，向社会公告。公告内容应当包括被听证的许可事项和听证会的时间、地点，以及参加听证会的方法。”

5. 答案：D

“清洁生产”概念最早可以追溯到1976年，当时的欧共体“无废工艺和无废生产国际研讨会”提出了应当着眼于从根源上避免污染而不是仅注重消除污染所引起的后果这一思想。1979年4月，欧共体理事会宣布推行清洁生产制度。

简答题

1. 环境税（Environmental Taxation），是国家通过税收，把环境污染和生态破坏的社会成本，内化到生产成本和市场价格中去，再通过市场机制来分配环境资源的一种经济手段。随着可持续发展理论得到国际社会日益广泛的认同，环境保护问题备受各国政府的重视。税收作为政府用以调节社会经济生活的一种重要工具和手段，在保护环境方面发挥着越来越重要的作用。我国长期实行的排污收费制度，虽然对于防治环境污染发挥了重要作用，但与税收制度相比，排污费制度存在着执法刚性不足、地方支付与部门干预等问题，因而有必要进行环境保护费改税。《中华人民共和国环境保护税法》于 2016 年 12 月 25 日第十二届全国人民代表大会常务委员会第二十五次会议通过，自 2018 年 1 月 1 日起施行。2017 年 12 月 25 日国务院公布了《中华人民共和国环境保护税法实施条例》，自 2018 年 1 月 1 日起施行。自此，我国实现了排污费支付向环境保护税制度的平稳转移。环境税收的社会经济意义在于环境税收的产生拓宽了税收的调节领域，不仅在保护人类生存环境方面发挥了重作用，而且充分体现了税收的“公平”和效率原则，具有重要的社会经济意义。

2. 环境污染事故报告制度主要涉及以下几个方面。

（1）环境事故报告制度的概念和意义

环境事故报告制度又称环境污染与破坏事故报告及处理制度，或环境污染事故和环境紧急情况的报告及处理制度，这项制度是指当发生事故或者其他突然事件，使环境受到或者可能受到严重污染或破坏，事故或事件的当事人必须立即采取措施处理，及时向可能受到环境污染与破坏危害的公众通报，并向当地环境保护行政主管部门和有关部门报告，接受调查处理的法律制度。

环境污染事故报告制度的意义在于：首先，它可以使政府和环境保护监督管理部门及时掌握环境污染与破坏事故的情况，查明事故原因、确定危害程度，便于采取有效措施，防止事故的蔓延和扩大。其次，它可以使受到环境污染和破坏威胁的公众提前采取防范措施，避免或减少损失，最大限度地降低事故的危害程度。

（2）我国环境污染事故报告制度的内容

第一，造成环境污染与破坏事故的单位，必须在事故发生后 48 小时内，向当地环境保护部门报告，事故查清后，还应向其作出书面报告，并附有关证明文件；

第二，事故发生后，当地环境保护部门应当立即赴现场调查，并对事故的性质和危害作出恰当的认定，一般或较大事故，由县级以上环境保护部门确认，重大或特大事故，由地、市级以上环境保护部门确认；

第三，凡属重大环境污染与破坏事故，地、市环境保护部门除应及时报告同级人民政府外，还应同时报告省级环境保护部门，凡属特大环境污染与破坏事故，还应同时报告国家环境保护部；

第四，重大或特大环境污染与破坏事故的报告，分为三类：速报从发现事故后起 48 小时以内上报；确报在查清有关基本情况后立即上报；处理结果报告在事故处理完后立即上报。

3. “红线”一般是指不可逾越的界限，同时也包含了管控事物数量、比例或限值等方面的管理要求。基于生态红线提出的特定时代背景和最新形势需求，生态红线可定义为：为维护国家生态安全，在提升生态功能、改善环境质量、促进资源高效利用等方面必须实行严格保护的空间边界与管理限值。生态保护红线具体包括生态功能红线、环境质量红线和资源利用红线。生态功能红线是指在涵养水源、保持水土、防风固沙、调蓄洪水、保护生物多样性等方面具有重要作用，支撑经济社会发展的自然生态空间；环境质量红线是指为维护人居环境与人体健康的基本需要，必须严格执行的环境管理限值；资源利用红线是指为促进资源能源节约，保障能源、水、土地等资源高效利用的最高要求。

生态红线是最基本的生态环境保护要求，是维护一定生态环境质量所必须坚持的防护底线，一般有三种形式：一是特定地理区域红线，如主体功能区规划、环境功能区规划等。被列为限制开发和禁止开发的地区主要发挥生态屏障和生态效益的功能。二是自然资源使用上限，如煤炭使用量现在以每年 2 亿吨的速度增长，煤炭使用量不能这样无限制地增长下去，必须控制使用总量；另外，有些大城市的机动车数量增长也必须进行总量控制。三是污染物排放总量上限，现在四种主要污染物的排放总量都在下降，但一些其他污染物的排放总量还在增加，温室气体也在增加，对此必须限定一个上限。这三条线综合起来就构成一个完整的生态红线。根据 2014 年新环保法第 29 条第 1 款的规定，国家在重点生态功能区、生态环境敏感区和脆弱区等区域划定生态保护红线，实行严格保护。

案例分析题

本案反映了环境法的环境事故报告制度。

环境事故报告制度又称环境污染与破坏事故报告及处理制度，或环境污染事故和环境紧急情况的报告及处理制度，这项制度是指发生事故或者其他突然事件，使环境受到或者可能受到严重污染或破坏，事故或事件的当事人必须立即采取措施处理，及时向可能受到环境污染与破坏危害的公众通报，并向当地环境保护行政主管部门和有关部门报告，接受调查处理的法律制度。

环境污染与破坏事故是指因事故或意外事件等因素，致使环境受到污染或破坏，公众的生命健康和财产受到危害或威胁的紧急情况。根据事故的类型可分为水污染、大气污染、噪声与振动危害、固体废物污染、农药与有毒化学品污染、放射性污染事故和国家重点保护的野生动植物及自然保护区破坏事故等；根据事故危害的程度，可分为一般、较大、重大和特大环境污染与破坏事故。环境污染事故报告制度的意义在于：首先，它可以使政府和环境保护监督管理部门及时掌握环境污染与破坏事故的情况，查明事故原因、确定危害程度，便于采取有效措施，防止事故的蔓延和扩大。其次，它可以使受到环境污染和破坏威胁的公众提前采取防范措施，避免或减少损失，最大限度地降低事故的危害程度。

论述与深度思考题

1. 环境影响评价，亦称环境质量预断评价、环境质量评估。我国《环境影响评价法》第 2 条规定："本法所称环境影响评价，是指对规划和建设项目实施后可能造成的环境影响进行分析、预测和评估，提出预防或者减轻不良环境影响的对策和措施，进行跟踪监测的方法与制度。"环境影响评价制度则是有关环境影响评价的范围、内容、程序、法律后果等事项的法律规则系统。这项制度与"三同时"制度一起，在环境法律关系的调整中处于最初始的阶段，充分体现了预防为主的目的。

环境影响评价，一般认为是由美国学者柯德威尔教授于 1964 年在加拿大召开的国际环境质量评价学术会议上首次提出来的。1966 年 10 月，在美国众议院所属科学研究开发小组委员会进行的进展报告中，首次正式采用了"环境评价"这一术语。1969 年美国制定了《国家环境政策法》（National Environmental Policy Act，NEPA），首次以法律形式规定了环境影响评价（EIA）制度。这项制度被视为预见性环境政策的支柱，它对转变环境管理思想起关键作用，是实施预防为主方针的基石，因此它在全世界范围得以迅速而广泛地传播，为许多国家环境立法所确立。如日本于 1984 年 8 月由议会通过的《环境影响评价实施纲要》规定了环境影响评价条例或纲要；联邦德国的《联邦污染控制法》中也有类似环境影响评价的规定。

我国 1979 年颁布的《环境保护法（试行）》中首次确立了环境影响评价制度；其后，在 1982 年颁布的《海洋环境保护法》（2023 年修订）、1984 年颁布的《水污染防治法》（2017 年修正）、1987 年颁布的《大气污染防治法》（2018 年修正）、1988 年颁布的《水法》（2016 年修正）、1988 年颁布的《野生动物保护法》（2022 年修订）、1998 年国务院审议通过的《建设项目环境保护管理条例》（2017 年修订）、2021 年颁布的《噪声污染防治法》等专项立法中，都对环境影响评价制度有进一步具体的规定。2002 年 10 月第九届全国人大常委会第三十次会议通过，2003 年 9 月 1 日起施行，2016 年 7 月 2 日、2018 年 12 月 29 日修改的《环境影响评价法》，是我国针对环境影响评价制度的内容和程序专门制定的重要法律，它标志着这项制度在我国正日臻成熟。

（1）环境影响评价的分类

我国环境影响评价（简称环评）有规划环评和建设项目环评两种。

第一，规划环评，即关于规划的环境影响评价，《环境影响评价法》第二章对此作出了专门规定。第 11 条规定，专项规划的编制机关对可能造成不良环境影响并直接涉及公众环境权益的规划，应当在该规划草案报送审批前，举行论证会、听证会，或者采取其他形式，征求有关单位、专家和公众对环境影响报告书草案的意见。但是，国家规定需要保密的情形除外。编制机关应当认真考虑有关单位、专家和公众对环境影响报告书草案的意见，并应当在报送审查的环境影响报告书中附具对意见采纳或者不采纳的说明。

规划环评的对象包括两类：一是综合性规划，包括土地利用规划和区域、流域、海域的建设、开发利用规划。二是专项规划，指工业、农业、畜牧业、林业、能源、水利、交通、城市建设、旅游等部门的专项规划，包括国务院有关部门的专项规划和设区的市级以上人民政府及有关部门的专项规划。

关于规划环评的程序，《环境影响评价法》第13条规定，设区的市级以上人民政府在审批专项规划草案，作出决策前，应当先由人民政府指定的生态环境主管部门或者其他部门召集有关部门代表和专家组成审查小组，对环境影响报告书进行审查。审查小组应当提出书面审查意见。参加前款规定的审查小组的专家，应当从按照国务院生态环境主管部门的规定设立的专家库内的相关专业的专家名单中，以随机抽取的方式确定。

第二，建设项目环评。建设项目环评，指一切对环境有影响的工业、交通、水利、农林、商业、卫生、文教、科研、旅游、市政等基本建设项目、技术改造项目、区域开发建设项目及引进的建设项目（包括“三资企业”的建设项目），都必须编制环境影响报告书或填报环境影响报告表。《环境影响评价法》根据建设项目对环境影响的程度，将建设项目环评分类进行管理。

《环境影响评价法》第27条规定，在项目建设、运行过程中产生不符合经审批的环境影响评价文件的情形的，建设单位应当组织环境影响的后评价，采取改进措施，并报原环境影响评价文件审批部门和建设项目审批部门备案；原环境影响评价文件审批部门也可以责成建设单位进行环境影响的后评价，采取改进措施。此外，我国2014年《环境保护法》第14条规定：“国务院有关部门和省、自治区、直辖市人民政府组织制定经济、技术政策，应当充分考虑对环境的影响，听取有关方面和专家的意见。”表明我国对政策性环境影响评价已进入起步阶段。

（2）环境影响评价的内容

第一，综合性规划有关环境影响的篇章或者说明，应当对规划实施后可能造成的环境影响作出分析、预测和评估，提出预防或者减轻不良环境影响的对策和措施，作为规划草案的组成部分一并报送规划审批机关。

第二，专项规划的环境影响报告书应当包括下列内容：实施该规划对环境可能造成影响的分析、预测和评估；预防或者减轻不良环境影响的对策和措施；环境影响评价的结论。

第三，建设项目环境影响评价书的内容包括以下七个方面：一是建设项目基本情况。包括建设项目的地点、建设规模、产品方案和主要工艺方法、主要原料、燃料、用水量和来源、各种废物的排放量和排放方式、废弃物回收利用和处理方案、占地面积和土地利用情况、发展规划等。二是建设项目周围地区的环境状况调查。包括地质水文情况、气象情况、自然资源情况、人文环境情况等。三是建设项目对周围地区的环境影响的分析、预测和评估。四是建设项目环境保护措施及其技术、经济论证。五是建设项目对环境影响的经济损益分析。六是对建设项目实施环境监测的建议。七是环境影响评价的结论。此外，涉及水土保持的建设项目，还必须有经水行政主管部门审查同意的水土保持方案。

2. 我国《清洁生产促进法》关于清洁生产的主要法律规定如下。

第一，立法宗旨。

从《清洁生产促进法》的名称上，可以看出其立法宗旨是促进实施清洁生产，由此决定了它不同于单纯的行政管理法，而是兼具了政策法与行政管理法的双重性质，是对清洁生产的政策性法律规制和管理性法律规制的结合。

第二，调整范围。

《清洁生产促进法》第2条和第3条规定了我国清洁生产立法的调整范围，即包含了全部生产和服务领域。

第三，基本措施和管理体制。

《清洁生产促进法》对清洁生产促进的基本措施作出了规定。国务院和县级以上地方人民政府应将清洁生产纳入国民经济和社会发展计划以及环境保护、资源利用、产业发展、区域开发等规划。另外，国家鼓励开展这方面的科研、技术开发与国际合作，组织宣传、普及清洁生产知识，推广清洁生产技术，并鼓励社会团体和公众参与清洁生产的宣传、教育、推广、实施与监督。

在管理体制方面，《清洁生产促进法》规定：一是国务院经济贸易行政主管部门负责组织协调全国的清洁生产促进工作；县级以上地方人民政府负责领导本行政区域内的清洁生产促进工作；县级以上地方人民政府经济贸易行政主管部门负责组织协调本行政区域内的清洁生产促进工作。二是国务院和县级以上地方人民政府环境保护、计划、科学技术、农业、建设、水利和质量技术监督等行政主管部门，按照各自的职责负责相关事务。

第四，推行责任。

《清洁生产促进法》第二章规定了各级政府及其有关部门对推行清洁生产的责任。

（1）各级政府在促进清洁生产中的责任为：各级政府在清洁生产的推行中主要负责政策制定、规划布局与清洁产品的采购与使用。

（2）政府有关部门在促进清洁生产中的责任：经济贸易行政主管部门是负责组织、协调清洁生产促进工作的行政主管部门，因此在相关职责上以经贸部门为主。

（3）其他有关部门的职责为：指导、支持清洁生产技术的示范和推广工作；将清洁生产技术和管理课程纳入有关的教育技术培训体系；加强对清洁生产实施的监督；在主要媒体上定期公布污染严重企业名单，方便公众参与监督；批准设立节能、节水、废物再生利用等环保产品标志，并制定相应标准；组织开展清洁生产的宣传和培训等。

第五，实施要求及相关法律责任。

《清洁生产促进法》第三章规定了清洁生产的实施要求，分为三类：指导性要求、自愿性要求和强制性要求。针对违反强制性要求的行为规定了相应的法律责任。

第六，激励机制。

《清洁生产促进法》专门设立“鼓励措施”一章，以确保清洁生产促进工作得以顺利有效地开展，具体体现在：一是奖励制度。国家建立清洁生产表彰奖励制度。二是资金支持。在所有鼓励措施中最能起到直接作用的是对清洁生产技术改造的资金支持。三是税收优惠。该法还在税收减免和成本列支两方面规定了相应的鼓励措施。

3. 我国环境标准制度存在问题如下。

第一，环境标准的科学性不强。（1）新型环境损害缺乏判定标准。我国已形成“两级五类”环境标准体系，标准分类细，涉及范围广，但在很多领域仍然缺乏标准管制，例如光、热、土壤等污染类型及其损害尚未出台相应标准。而已出台的环境标准中也未见诸如重金属、持久有机污染物等物质的标准项目，这可能也反映出与PM2.5一样“难以控制，无法解决”的困惑。（2）总量控制标准较少。我国污染物排放（控制）标准中，浓度控制标准多，关于总量控制的标准少。环境污染的产生主要是排放的污染物质超过了环境的自净能力，从而造成生态系统的失调。

第二，环境标准的法律性质不明确。环境标准是由相关领域专家在科学认知基础上进行判断制定而成的，由一系列符号、代码、编号和其他技术规定组成的技术性规范，本身并不属于法的规范，具体适用需要依附于法定环境行政决定即公法上的判断。然而，对标准法律性质的研究不属于科学家研究的范畴，相关立法及政策也未给出明确答案，以至于出现纠纷时在司法适用上出现争议。环境标准模糊不清的性质和效力正是阻碍我国环境标准制度顺利实施的根源所在，也造成实践中标准制定不规范、适用随意等一系列问题。

第三，环境标准的编制程序正当性不足。草案编制机构不中立。国务院生态环境主管部门是国家环境标准的制定机关。通常环境标准草案通过下达课题的方式，在主管部门的主持下由各大科研机构、高等院校、行业协会以及相关事业单位起草。

对策与建议如下。

第一，明确环境标准的性质和效力。明确环境标准的性质和效力，是确保环境标准制度顺利实施的前提。从标准的外在名称、形式、结构和内容以及制定和颁布程序看，都不符合法律规范的外形。环境标准是环境行政的手段或工具，必须经过环境立法的确认并由环境保护部门决定适用后才具有相应的法律效力，是判断行为人是否承担环境行政责任的依据。

第二，区分污染防治标准和公众健康标准。我国应当借鉴美、日区分保护人体健康和公共生活环境的目标，制定不同环境质量标准的做法。在制定有关人体健康的环境标准时，应区分人体健康保护和财产保护的不同目标，根据环境医学的要求，运用环境毒理学实验和流行病学调查等方法，按照最敏感的原则，设定更为严格的人体健康环境标准，为保护人体免受污染的有害影响提供更为充分保障。这在目前修订《环境空气质量标准》的过程中已有所改进。

第三，建立环境标准制定和修改的规则。环境标准制定和修改的过程应当是公众和专家运用各自所掌握的关于环境风险的事实和价值进行沟通、反思和选择的过程。在环境标准的制定过程中，应当广泛吸引公众参与，确保决策的民主化、科学化。环境标准的编制机关应尽可能选用涉及专业广泛的专家，确保能够从不同的角度对环境标准进行审查。如在制订有关水环境质量标准时所选专家不能仅限于水污染防治专家，还要考虑健康卫生、水利方面的专家和法学专家等。在以“专家论证会”为主的情况下，还应辅以“公众座谈会”的形式，邀请相关利害关系人，如相关企业、组织或公民个人代表参加座谈，以弥补专家代表性的不足。

第四，确立环境标准的适用原则和条件。对我国现行的环境标准应当进行梳理和规范，在《行业标准管理办法》（2023 年）和《国家质量技术监督局、国家环境保护总局关于环境标准管理的协调意见》（2001 年）的基础上进一步明确各种标准的适用条件。应当改变我国对于环境标准“重制定、轻执行”的现状，建立一定的标准选择适用原则，以规范标准的适用。在环境标准适用过程中，应当明确在环境标准滞后或者空白时的适用规则，协调好环境保护部门和其他部门颁发标准之间的关系，避免标准冲突现象的发生，提高公众对环境标准的认可、接受程度。

第四章　环境法治

知识逻辑图

- 环境法治
  - 环境立法
    - 概念
    - 我国的环境立法体制
    - 环境立法程序
      - 制定环境法律的基本程序
        - 法律案的准备
        - 法律案的提出
        - 法律案的审议
        - 法律案的表决
        - 法律案的公布
      - 制定环境行政法规的基本程序
        - 立项
        - 起草
        - 审查
        - 决定
        - 公布
      - 制定地方性环境法规的基本程序
      - 制定环境规章的基本程序
  - 环境行政
    - 环境管理体制
      - 概念
        - 内容
        - 核心
        - 目的
        - 对象
      - 环境管理机构及其职能
        - 国外
        - 中国
    - 环境行政程序
      - 概念特征
      - 分类
        - 据行政程序所规范的行政行为效力范围
          - 内部行政程序
          - 外部行政程序
        - 据行政行为的时间位置
          - 事前行政程序
          - 事后行政程序
        - 据行政行为对象的不同特点
          - 抽象行政行为：后溯性
          - 具体行政行为
            - 行政执法程序
            - 行政司法程序
        - 据行政职能和法律关系的特点
          - 行政立法程序
          - 行政执法程序
          - 行政司法程序
      - 设定
      - 构成及主要制度
        - 普通程序
        - 简易程序
    - 环境行政执法：合法性原则、合理性原则、效率性原则、公正性原则

- 环境法治
  - 环境司法
    - 概述
    - 环境刑事司法
    - 环境民事司法
    - 环境行政诉讼
  - 环境教育
    - 兴起、内涵及价值
    - 中国环境教育的发展
    - 中国环境教育立法的主要内容

名词解释

1. 环境立法
2. 立法体制
3. 环境管理体制
4. 环境司法
5. 环境行政程序
6. 环境公益诉讼
7. 环境执法（考研）

选择题

（一）单项选择题

1. 下列立法活动属于狭义环境与资源保护立法的是（　　）。

A. 全国人大常委会制定、修改或废止环境与资源保护法律的活动

B. 国务院制定环境与资源保护行政法规

C. 国家环保总局制定环境与资源保护行政规章

D. 地方性环境与资源保护法规

2. 1971 年到 1972 年，美、日、英、法、加等国政府，分别在中央设立和强化了（　　）。

A. 协调机构　　B. 环境专门机构

C. 咨询机构　　D. 环境法实施机构

3. 确立“环境教育”名称的是（　　）。

A.《人类环境宣言》

B.《贝尔格莱德宪章》

C.《21 世纪议程》

D.《希瓦宣言》

4. 全国人大常委会审议法律案实行（　　）。

A. 一审制　　B. 二审制

C. 三审制　　D. 四审制

5. 根据环境行政程序所规范的行政行为的效力范围，环境行政程序可分为（　　）。

A. 事前行政程序和事后行政程序

B. 内部行政程序和外部行政程序

C. 抽象行政行为和具体行政行为

D. 行政立法程序、行政执法程序和行政司法程序

（二）多项选择题

1. 以下纠纷不属于环境行政诉讼受理范围的是（　　）。

A. 处理环境权属纠纷的行政行为

B. 处理环境污染纠纷的行政决定

C. 不同行政区域之间发生水事纠纷

D. 环境行政处罚

2. 环境行政执法应当遵循（　　）。

A. 合法性原则　　B. 合理性原则

C. 效率性原则　　D. 公正性原则

3. 下列属于环境执法的特征的是（　　）。

A. 环境执法活动具有单向性

B. 环境执法主体具有多部门性

C. 环境执法活动具有双向性

D. 环境执法往往具有超前性

（三）不定项选择题

1. 提出“环境问题不仅是一个技术问题，也是一个重要的社会经济问题”是在（　　）。

A. 1972 年人类环境会议

B. 1979 年经济与发展组织第二次环境部长会议

C. 1982 年人类环境特别会议

D. 1992 年联合国环境与发展大会

2. 属于环境行政诉讼特征的是（　　）。

A. 环境行政诉讼是因公民、法人或其他组织

不服环境行政管理机关在实施环境管理职能时的具体行政行为而引起的

B. 环境行政诉讼的原告是环境行政行为的相对人，而其被告则是特定的

C. 环境行政诉讼的标的是环境行政争议

D. 被认为侵犯了环境行政相对人合法权益的具体行政行为，必须是法律、法规规定了可诉行为

3. 我国环境教育发端于（　　）。

A.《全国环境宣传教育行动纲要》

B. 全国首届环境教育工作会议

C.《中国环境保护 21 世纪议程》

D. 第一次全国环境保护工作会议

简答题

1. 简述环境执法的原则。
2. 简述我国现行的环境立法体制。
3. 简述环境教育的内涵及其价值。

案例分析题

1. 河南省某县农民张某，承包水库水面，用网箱养鱼，并租了一条船，雇用两个工作人员在水库中看护。一天早晨，张某起床后，看到很多死鱼漂浮在水面上，且水面散发出难闻的气味。张某意识到可能是水体受到某化工厂污染所致，于是马上到县环保局要求其查看死鱼现场。县环保局的工作人员说：根据《水污染防治法》的规定，渔业水污染事故应由渔政管理机构调查处理。于是张某又到负责渔政管理的水库管理局渔政管理站要求其调查处理死鱼事故。但渔政管理站的站长说，不可能是污染致鱼死亡，所以既不组织对水库水质进行监测，也不到现场调查死鱼情况。为了固定证据，张某只好让县公证处对其死鱼的情况进行公证，证明死鱼损失达 40 多万元。死鱼事件后不久，某化工厂就受到渔政管理站发出的因渔业污染事故罚款 15 万元的决定。由于缺乏渔政管理站的现场调查监测资料，张某无法向排污者索赔，于是便以渔政管理站不履行法定职责为由，向法院提起以渔政管理站为被告的行政诉讼，要求其赔偿死鱼损失 40 余万元。法院以渔政管理站不具有法人资格为由，让张某变更被告，张某拒绝变更，于是法院裁定驳回张某的起诉。

请问：法院的裁定是否正确？为什么？张某应当通过什么途径解决死鱼损害赔偿问题？

2. 北京市 A 公司酒楼改建工程于 2005 年 12 月进行了建设项目环境影响评价，并于 2005 年 12 月 28 日获得了北京市海淀区环保局的批准。A 公司酒楼客流量非常大，产生的噪声、油烟、垃圾污染周围环境，侵扰了 B 小区 1 号楼和 3 号楼居民的日常生活和休息。经营者 A 公司向居民保证会搞好小区的环境卫生，但是酒楼的营业仍然给小区居民带来了侵扰，问题一直没有得到彻底地解决。于是 1 号楼和 3 号楼的居民刘某等六人于 2006 年 12 月 29 日向海淀区人民政府申请行政复议，请求撤销海淀区环保局对 A 公司环境影响的审批文件，并责令停止营业，赔偿经济损失。2007 年 3 月 13 日北京市海淀区人民政府作出了维持北京市海淀区环保局对 A 公司项目环境影响报告表的批复的复议决定。居民刘某等六人于 2007 年 5 月以海淀区环境保护局为被告向北京市海淀区人民法院提起了行政诉讼，请求撤销海淀区环保局对 A 公司环境影响审批文件。

请问：本案中刘某等六人是否具备行政诉讼原告的资格？

3. 原告刘某于 1998 年 2 月购买了一台化油器捷达轿车。1998 年 12 月，他为了响应北京市人民政府治理汽车尾气污染、改善大气质量的号召，自费安装了韩国生产的“马哥马—3000”尾气净化器。经检测，其尾气排放明显低于北京市技术监督局发布的 DB11/044—1999《汽油双怠速污染物排放标准》。但北京市环保局、交通局、公安交通管理局联合发布的《关于对具备治理条件的轻型小客车执行新的尾气排放标准的通告》（以下简称“513 通告”）规定：1995 年 1 月 1 日以后领取牌照的桑塔纳、富康、捷达等小客车必须安装电控补气和三元催化器，经验收达标并取得绿色环保标志后，方准予年检。显然，原告私车如未安装通告指定的产品，无论采取何种尾气治理措施、无论治理是否达标，市环保局都不予尾气复检，也不准许参加年检。自 1998 年 8 月起，原告就上述通告相关规定的合法性，向北京市环保局提出质疑，并多次与其联系参加当年年检事宜但未果。

因此原告于同年 12 月 24 日依法申请行政复议。国家环保局于 2000 年 2 月对本案作出行政复议决定后，原告对其有关内容仍不服，故向法院起诉，要求法院撤销“513 通告”。

请问：法院能否受理该案件？为什么？

论述与深度思考题

1. 论述环境损害赔偿案件中的证据制度。
2. 试论环境执法方式问题。
3. 试述我国环境公益诉讼制度的发展历程。

参考答案

名词解释

1. 环境立法，是指法定的国家机关，依照法定的职权和程序，创制、认可、修改和废止各种有关保护和改善环境的法律和规范性文件的活动的总称。

2. 立法体制，主要是指立法权限划分的制度。包括两个方面：一是中央与地方立法权限的划分，二是中央各机关之间立法权限的划分。立法权限的划分，由宪法和立法法以及有关法律加以规定。

3. 环境管理体制是指一国设立的用以对损害环境质量的人的活动施加影响，协调发展与环境的关系，达到既要发展经济、满足人类的基本需要，又不超过环境容许极限的管理制度及其管理机构。

4. 环境司法是指国家有关司法机关按照法定权限和程序，具体应用环境法律处理环境案件的一种专门活动，也是国家有关司法机关将一部分环境法律规范适用于具体环境法主体的过程。

5. 环境行政程序是指环境行政主体在实施环境行政行为时必须遵守的方法、步骤、空间和时限。

6. 环境公益诉讼，一般是指个人和组织根据法律的授权，对遭受或者存在遭受损害危险的国家环境权益、社会公共环境权益，向法院起诉，追究违法者法律责任的诉讼行为。从司法的角度来说，环境公益诉讼是法院在当事人及其他参与人的参加下，按照法定程序，依法对于个人或组织提起的违法损害国家环境权益、社会公共环境权益的诉讼进行的审判活动。

7. 环境执法是国家执法活动的一个组成部分，它是指有关国家机关按照法定权限和程序将环境法律规范中抽象的权利义务变成环境法主体的具体的权利义务的过程，或者说是国家有关机关将环境法规范适用于具体环境法主体的过程。

选择题

（一）单项选择题

1. 答案：A

在全国人大立法方面，全国人大有权修改宪法；有权制定和修改国家的基本法律（如刑事、民事、国家机构的和其他的基本法律）；有权改变或者撤销全国人大常委会不适当的决定。因此，在中国的立法体制中，全国人大居于最高的地位，除了宪法是国家的根本法之外，全国人大制定的基本法律在效力上仅次于宪法。现行宪法以及刑法、民法总则等基本法律确立了环境和自然资源保护的基本规范。目前，社会各界很多人士建议，全国人大应当尽快制定环境法，将环境法确立为国家的基本法律。

2. 答案：B

1971 年到 1972 年，美、日、英、法、加等国政府，分别在中央设立和强化了环境专门机构。

3. 答案：A

1972 年联合国在斯德哥尔摩召开的“人类环境大会”是环境教育发展史上的里程碑，会议通过的《人类环境宣言》正式将“环境教育”（Environmental Education）的名称确定下来。1975 年在贝尔格莱德召开的国际环境教育研讨会则使环境教育得以确立。会议通过了《贝尔格莱德宪章》，提出了全球规模环境教育的基本理念和框架，即环境教育的目的、目标、对象和指导原则。1977 年在第比利斯召开的世界第一次国际环境教育大会则使环境教育趋于完善和成熟。1992 年联合国环境与发展大会发布的《21 世纪议程》强调环境教育的重点在于促使人们树立可持续发展观念，提高有效参与的技能。伴随上述过程，一个在世界范围内普遍重视环境教育的热潮勃然兴起。

4. 答案：C

全国人大常委会审议法律案的一个重要特点，是一般实行三审制，即一个法律案一般应当经过三次常委会会议审议后，才能交付表决。实践证明，实行三审制，对于充分发扬民主，保证常委会组成人员有充分的时间对法律案进行深入审议，提高立法质量，具有重要意义。同时，根据实际情况，立法法又规定了三种例外情况：一是，如果各方面对法律案的意见比较一致的，可以经过两次会议审议后交付表决；二是，对属于部分修改的法律案，如果各方面意见比较一致的，也可以经一次会议审议后即交付表决；三是，如果法律案经常委会三次会议审议后，仍有重大问题需要进一步研究的，由委员长会议提出，经联组会议或者全体会议同意，可以暂不付表决，交法律委员会和有关的专门委员会进一步审议。

5. 答案：B

根据不同的标准，可将环境行政程序作不同的分类：（1）根据环境行政程序所规范的行政行为的效力范围，可分为内部行政程序和外部行政程序。内部行政程序是规范内部行政行为的程序。外部行政行为是行政主体基于行政权对社会公共事务进行处理的行为，其基本特征是行政主体与行政相对人之间存在着行政法上的管理与服从的关系，而且行政行为的内容涉及了行政相对人在法律上的权利义务。（2）根据行政行为的时间位置，可分为事前行政程序和事后行政程序。（3）根据行政行为对象的不同特点，可分为抽象行政行为和具体行政行为。抽象行政行为的对象具有不特定性，效力具有后溯性，它包括行政法规制定程序、行政规章制定程序和一般性行政规范性文件制定程序。后者的对象具有特定性，效力具有前溯性，它包括行政执法程序和行政司法程序。（4）根据行政职能和法律关系的特点，可分为行政立法程序、行政执法程序和行政司法程序。

（二）多项选择题

1. 答案：ABD

根据我国现行的环境法律、法规，因以下行政行为引起的争议属于环境行政诉讼的受理范围：（1）环境行政处罚。（2）处理环境权属纠纷的行政行为。（3）处理环境违法行为所引起的纠纷的行政行为。（4）处理环境污染纠纷的行政决定。（5）性质不明确的环境行政行为。（6）环境法律、法规排除的环境行政行为。但目前我国有个别法规规定一些环境行政行为不能向法院提起行政诉讼。如《水法》第56条规定："不同行政区域之间发生水事纠纷的，应当协商处理；协商不成的，由上一级人民政府裁决，有关各方必须遵照执行。"该规定虽然没有明确规定这类纠纷可否进行行政诉讼，但如果结合《水法》的其他相关规定，这类纠纷不属于行政诉讼的受理范围。

2. 答案：ABCD

环境行政执法应遵循以下原则：（1）合法性原则。即环境执法主体必须是依法组成的或依法授权执法的机关；环境执法机构必须在法定权限内执法；执法内容与执法程序必须合法。（2）合理性原则。即环境执法机关的执法行为必须公允适当、具有合理性，只能根据违法行为的情节轻重、后果大小，选择合理的处罚标准，合理使用自由裁量权。（3）效率性原则。即环境执法机构的执法行为应讲求效率，在行使执法权时要以尽快的时间，尽可能少的人员，办理尽可能多的事务。（4）公正性原则。即环境执法机构必须对任何单位和个人所享有的环境权利给予同等的保护，同时对任何单位和个人的环境违法行为都要无一例外地加以追究和制裁。

3. 答案：ABD

环境执法的特征是：第一，环境执法活动具有单向性，即环境执法机构可自行决定或直接实施执法行为，而无须与环境执法相对人协商或征得相对人的同意。第二，环境执法主体具有多部门性，有权从事环境执法的部门，除了各级人民政府及其环境行政主管部门外，还有许多相关行政管理部门，诸如土地、林业、水利、能源、资源综合利用、草原、海洋、气象、渔业、海事、城乡建设规划等诸多部门。正因为环境执法具有多部门性的特点，所以环境执法特别强调各部门之间的协调和配合。第三，环境执法手段具有多样性，既包括说服教育性质为主的申诫罚，又包括经济制裁性质的财产罚和能力罚，对严重的行政违法行为甚至可处以人身罚。另一方面，由环境法的科学技术性的特点所决定，环境执法手段具有很高的技术性要求，因此环境执法要求执法人员应当具有一定的环境科学技术知识。第四，环境执法往往具有超前性，即环境执法在许多情况下不是在环境被污染或被破坏的危害结果发生之后进行，而是在环境危害结果发生之前进行的，即环境执法的事前行政行为，通过行政制裁及时制止危害或者可能危害环境的后果发生。

（三）不定项选择题

1. 答案：A

联合国人类环境会议于 1972 年 6 月 5 日至 16 日在瑞典斯德哥尔摩举行，于 6 月 16 日通过了《联合国人类环境会议宣言》，提出“环境问题不仅是一个技术问题，也是一个重要的社会经济问题”。

2. 答案：ABCD

环境行政诉讼具有如下特征：（1）环境行政诉讼是因公民、法人或其他组织不服环境行政管理机关在实施环境管理职能时的具体行政行为而引起的。（2）环境行政诉讼的原告是环境行政行为的相对人，即参与环境行政行为的除行政机关以外的所有人都可以成为原告；而其被告则是特定的，即被告只会是具有环境行政管理职能，并实施了具体环境行政行为的环境管理行政机关。在法律地位上，原、被告双方大体上是平等的。（3）环境行政诉讼的标的是环境行政争议，即环境行政机关在实施环境行政管理权时与相对人发生的争议。（4）被认为侵犯了环境行政相对人合法权益的具体行政行为，必须是法律、法规规定了可诉行为。

3. 答案：D

我国的环境教育发端于 1973 年的第一次全国环境保护工作会议。1992 年，全国首届环境教育工作会议的召开标志着我国已初步形成了具有中国特色的环境教育体系。1995 年国家环保局制定的《中国环境保护 21 世纪议程》指出，保护环境是中国的一项基本国策，加强环境教育是贯彻基本国策的基础工程。该议程提出了“环境保护、教育为本”的基本理念。1996 年，国家环保局、中宣部、国家教委颁布了《全国环境宣传教育行动纲要（1996—2010）》，为环境教育的全面普及提供了重要保障。

简答题

1. 环境执法应遵循以下原则。

（1）合法性原则。即环境执法主体必须是依法组成的或依法授权执法的机关；环境执法机构必须在法定权限内执法；执法内容与执法程序必须合法。

（2）合理性原则。即环境执法机关的执法行为必须公允适当、具有合理性，只能根据违法行为的情节轻重、后果大小，选择合理的处罚标准，合理使用自由裁量权。

（3）效率性原则。即环境执法机构的执法行为应讲求效率，在行使执法权时要以尽快的时间，尽可能少的人员，办理尽可能多的事务。

（4）公正性原则。即环境执法机构必须对任何单位和个人所享有的环境权利给予同等的保护，同时对任何单位和个人的环境违法行为都要无一例外地加以追究和制裁。

2. 根据宪法、立法法和有关法律的规定，我国现行的环境立法体制是：

（1）全国人大及其常委会行使国家立法权，制定法律

按照全国人大的组织形式，我国的国家立法权又分为全国人大立法和全国人大常委会立法两类。

在全国人大立法方面。全国人大有权修改宪法；有权制定和修改国家的基本法律（如刑事、民事、国家机构的和其他的基本法律）；有权改变或者撤销全国人大常委会不适当的决定。因此，在中国的立法体制中，全国人大居于最高的地位，除了宪法是国家的根本法之外，全国人大制定的基本法律在效力上仅次于《宪法》。现行《宪法》以及《刑法》《民法典》等基本法律确立了环境和自然资源保护的基本规范。

在全国人大常委会立法方面。全国人大常委会行使仅次于全国人大的广泛立法职权，其地位仅次于全国人大。目前我国的《环境保护法》以及有关污染防治和自然资源保护管理的单行法律都是由全国人大常委会制定的。

（2）国务院根据宪法和法律制定行政法规

行政法规是我国最高行政机关，即中央人民

政府——国务院，根据宪法和法律或者全国人大常委会的授权决定，依照法定权限和程序制定发布的有关行政管理的规范性文件。行政法规在我国立法体制中具有重要地位，是仅次于法律的重要立法层次。

根据《立法法》的规定，行政法规可以就下列事项作出规定：一是为执行法律的规定需要制定行政法规的事项；二是《宪法》第 89 条规定的国务院行政管理职权的事项。

根据《宪法》和《立法法》的规定，应当由全国人民代表大会及其常务委员会制定法律的事项，如果由国务院根据全国人民代表大会及其常务委员会的授权决定先制定了行政法规，经过实践检验，制定法律的条件成熟时，国务院应当及时提请全国人民代表大会及其常务委员会制定法律。

行政法规的制定必须依据宪法和法律，其内容不得同宪法和法律的规定相抵触。

（3）有权的人大及其常委会制定地方性法规

地方性法规，是指法定的地方国家权力机关依照法定的权限，在不同宪法、法律和行政法规相抵触的前提下，制定和颁布的在本行政区域范围内实施的规范性文件。《立法法》第 80 条规定，省、自治区、直辖市的人民代表大会及其常务委员会根据本行政区域的具体情况和实际需要，在不同宪法、法律、行政法规相抵触的前提下，可以制定地方性法规。第 81 条规定：设区的市的人民代表大会及其常务委员会根据本市的具体情况和实际需要，在不同宪法、法律、行政法规和本省、自治区的地方性法规相抵触的前提下，可以对城乡建设与管理、生态文明建设、历史文化保护、基层治理等方面的事项制定地方性法规，法律对设区的市制定地方性法规的事项另有规定的，从其规定。设区的市的地方性法规须报省、自治区的人民代表大会常务委员会批准后施行……

自 1979 年以来，我国地方性法规的制定工作经历了探索起步、逐步完善和不断发展、提高的阶段，取得了巨大的成就。这些地方性法规的内容涉及地方政治、经济、文化、环境和资源保护等社会生活各个方面。地方性环境保护法规对于保证宪法和环境法律在本地方的实施，对于补充国家立法以及帮助各地因地制宜自主解决本地方的环境和资源保护事务发挥了重要作用。

（4）民族自治地方制定自治条例和单行条例

我国宪法规定，各少数民族聚居的地方实行民族区域自治，设立自治机关，行使自治权。制定自治条例和单行条例是自治机关行使自治权的重要方式。自治条例是民族自治地方的人民代表大会依照当地民族的政治、经济和文化的特点制定的全面调整本自治地方事务的综合性规范性文件。单行条例是民族自治地方的人民代表大会依照当地民族的政治、经济、文化特点制定的调整本自治地方某方面事务的规范性文件。自治条例集中体现民族自治地方的自治权，具有民族自治地方总章程的性质。单行条例是民族自治地方行使某一方面自治权的具体规定，单行条例应当遵循自治条例的规定。

（5）经济特区人大及其常委会制定经济特区法规

经济特区法规是经济特区所在地的省、市的人大及其常委会根据全国人大的授权决定制定的在经济特区范围内实施的法规。经济特区法规是我国地方立法的一种特殊形式。

《立法法》规定，经济特区所在地的省、市的人民代表大会及其常务委员会根据全国人民代表大会的授权决定制定法规，在经济特区范围内实施。多年来，深圳、珠海等经济特区，制定了一批环境与资源保护的经济特区法规，不仅推动了特区的环境与资源保护事业，而且对于全国的环境与资源保护立法，发挥了“立法试验田”的作用。

（6）有权的人民政府或者部门制定行政规章

规章通常称行政规章，是国家行政机关依照行政职权所制定、发布的针对某一类事件或某一类人的一般性规定，是抽象行政行为的一种。规章包括部门规章（也称部委规章）和地方人民政府规章。

部门规章是指国务院各部门（包括具有行政管理职能的直属机构）根据法律和国务院的行政法规、决定、命令在本部门的权限内按照规定的程序所制定的规定、办法、细则、规则等规范性文件的总称。《立法法》第 91 条规定：“国务院各部、委员会、中国人民银行、审计署和具有行政管理职能的直属机构，可以根据法律和国务院的行政法规、决定、命令，在本部门的权限范围内，制定规章。”“部门规章规定的事项应当属于执行法律或者国务院的行政法规、决定、命令的事项。没有法律或者国务院的行政法规、决定、命令的依据，部门规章不得设定减损公民、法人和其他组织权利或者增加其义务的规范，不得增加本部门的权力或者减少本部门的法定职责。”

地方政府规章是指由省、自治区、直辖市和较大的市的人民政府根据法律和法规，并按照规定的程序所制定的普遍适用于本行政区域的规定、办法、细则、规则等规范性文件的总称。《立法法》第 93 条规定：“省、自治区、直辖市和设区的市、自治州的人民政府，可以根据法律、行政法规和本省、自治区、直辖市的地方性法规，制定规章。”“地方政府规章可以就下列事项作出规定：（一）为执行法律、行政法规、地方性法规的规定需要制定规章的事项；（二）属于本行政区域的具体行政管理事项。”“设区的市、自治州的人民政府根据本条第一款、第二款制定地方政府规章，限于城乡建设与管理、生态文明建设、历史文化保护、基层治理等方面的事项。已经制定的地方政府规章，涉及上述事项范围以外的，继续有效。”“除省、自治区的人民政府所在地的市，经济特区所在地的市和国务院已经批准的较大的市以外，其他设区的市、自治州的人民政府开始制定规章的时间，与本省、自治区人民代表大会常务委员会确定的本市、自治州开始制定地方性法规的时间同步。”“应当制定地方性法规但条件尚不成熟的，因行政管理迫切需要，可以先制定地方政府规章。规章实施满两年需要继续实施规章所规定的行政措施的，应当提请本级人民代表大会或者其常务委员会制定地方性法规。”“没有法律、行政法规、地方性法规的依据，地方政府规章不得设定减损公民、法人和其他组织权利或者增加其义务的规范。”

在我国行政管理活动中，规章作为法律、法规的补充形式，占有重要地位。进入改革开放时期以来，国务院生态环境主管部门和自然资源管理部门制定了大量的有关环境与资源保护的部门规章，如《全国环境监测管理条例》（已失效）、《电磁辐射环境保护管理办法》（已失效）、《秸秆禁烧和综合利用管理办法》（已失效）等。省、自治区、直辖市和较大的市的人民政府根据法律和法规，也制定了大量的环境与资源保护方面的地方政府规章。以上规章，对于实施环境法律，发挥了重要的作用。

3. 现代环境教育的内涵是通过深刻理解人与环境的关系，提高全体社会成员的环境意识，使人类社会的生产和发展模式符合可持续发展理念的社会性教育活动。

基于上述环境教育的基本内涵，环境教育的价值主要在于普及环境科学知识，培养公民的环境意识和环境道德、法律规范，进而提高利用、改造、调控和优化环境的能力。培养公民的环境意识是环境教育的核心价值，也是开展环境教育的基础。

案例分析题

1. 法院的裁定是正确的。因为渔政管理站是水库管理局的下属单位，不具有独立的法人资格，张某应当根据法院的要求变更被告。张某可以通过下列途径解决：其一，以行政机关不履行法定职责为由，向法院提起以渔政管理站的上级单位水库管理局为被告的行政诉讼，要求其赔偿因不履行法定职责给张某造成的损失。其二，对向水库排放废水的化工厂提起民事诉讼，要求其赔偿污染损失。

2. 原告是指以自己的名义提起行政诉讼请求法院保护其合法权益的公民、法人或者其他组织。根据《行政诉讼法》的规定：依照该法提起诉讼的公民、法人或者其他组织是原告；有权提起诉讼的公民死亡，其近亲属可以提起诉讼；有权提起诉讼的法人或者其他组织终止，承受其权利的法人或者其他组织可以提起诉讼。作为环境具体行政行为的直接相对人当然可以提起行政诉讼。而《最高人民法院关于适用〈中华人民共和国行政诉讼法〉的解释》（2018 年）第 12 条规定，有下列情形之一的，属于《行政诉讼法》第 25 条第 1 款规定的“与行政行为有利害关系”：被诉的行政行为涉及其相邻权或者公平竞争权的。其中，“被诉的行政行为涉及其相邻权或者公平竞争权的”与环境保护有密切联系，许多环境污染发生在不动产相邻各方之间。因此，不仅直接相对人，而且法律上利害关系人也有权提起环境行政诉讼。在环境行政诉讼中，常见的由法律上利害关系人提起行政诉讼的情形有：第一，因为环境具体行政行为导致公民、法人或者其他组织环境权益受到影响的，该公民、法人或者其他组织可以提起行政诉讼。例如，环境保护局审批通过某酒楼提交的环境影响报告表，该酒楼周围的居民对该审批行为不服的，尽管居民不是审批行为的直接相对人（直接相对人是酒楼），但是由于该审批行为涉及其相邻权，因此居民有权提起行政诉讼。第二，因为环境行政机关没有对违法的环境污染人予以行政处罚，受害人不服的，可以提起行政诉讼。例如，环境保护局没有对造成污染事故的企业进行行政处罚，事故的受害人有权起诉环境保护局。第三，因为对环境行政机关对环境污染人作出的行政处罚不服，受害人可以提起行政诉讼。例如，污染事故的受害人认为环境保护局对造成污染事故的企业作出的处罚过轻，可以起诉环境保护局。因此，本案刘某等六人具备提起环境行政诉讼的资格。

3. 答：法院不应受理该案件。根据我国 1990 年 10 月实施的《行政诉讼法》第 12 条第 2 款规定：对于因行政法规、规章或者行政机关制定、发布的具有普遍约束力的决定、命令而提起的诉讼，人民法院不予受理。1999 年 4 月 29 日通过的我国《行政复议法》第 7 条规定："公民、法人或者其他组织认为行政机关的具体行政行为所依据的下列规定不合法，在对具体行政行为申请行政复议时，可以一并向行政复议机关提出对该规定的审查申请：（一）国务院部门的规定；（二）县级以上地方各级人民政府及其工作部门的规定；（三）乡、镇人民政府的规定。前款所列规定不含国务院部、委员会规章和地方人民政府规章。规章的审查依照法律、行政法规办理。"由上述规定可知，我国《行政诉讼法》将部分抽象行政行为排除在受案范围之外。抽象行政行为，是一个学理概念，是指行政机关针对非特定主体制定的，对后发生法律效力并具有反复适用力的规范性文件的行为。其范围包括行政立法行为和制定其他一般规范性文件的行为，具体是指制定行政法规、规章以及其他具有普遍约束力的决定、命令的行为。从特征上说，非特定人是相对特定人而言的；对后发生法律效力是指其效力及于未来；可以反复适用是指可以不止一次地适用该规范性文件，同时符合上述三个条件才能称为抽象行政行为。本案中北京市环保局、交通局、公安交通管理局联合发布的"513 通告"是针对北京市所有 1995 年 1 月 1 日以后领取牌照的小客车，并非仅针对原告一个人，而且能够反复适用。所以，被告所实施的是一个抽象行政行为，而非具体行政行为。因此，法院不应受理该案件。

论述与深度思考题

1. 环境损害赔偿案件的证据制度主要涉及以下几方面问题。

（1）环境损害赔偿案件证据的性质及特征。环境损害赔偿案件证据的性质属于民事法律侵权赔偿案件证据的一种，具有一般民事诉讼证据的特征，即具有一般民事诉讼证据所具有的客观性和关联性（有些学者认为还包括法律性）的特征。但又有别于一般民事诉讼证据，具有间接证据多、取得证据的鉴定程序多及易变化等特征。间接证据多，是指由于环境损害行为需要一定时间才会出现损害结果，这就决定了对这类行为与损害结果之间的因果关系的认定，需要经过一定的时间，所以证明污染行为即损害结果的证据以间接证据居多。鉴定多，是指环境损害赔偿案件，不论是损害事实，还是污染事实，以及污染行为与损害结果存在因果关系及因果关系大小的事实，都需要依据鉴定机构和鉴定技术作出的结论来作出判定，鉴定是环境损害赔偿案件取得证据的各个环节中不可缺少的内容。易变化，是指由于污染物对于环境的污染过程要不断地发生物理变化或者化学变化，因而这种真实的证据具有隐蔽性，人们不易发现真实的证据，而表象的证据会根据进一步的发现而被否定，因而使证据表现为易变性。尽管环境损害赔偿案件的证据有上述这些特征，但就其根本性质来说，仍然不能改变其作为民事诉讼证据的一般特征。

（2）环境损害赔偿案件证据的证明对象。环境损害赔偿案件证据的证明对象属于民事侵权纠纷案件证据证明对象的范畴，与一般民事侵权纠纷案件证据的证明对象一样，是指能引起所争议的法律关系发生、变更、消灭的实体法方面的事实以及影响诉讼法律关系发生、变更、消亡的程序法方面的事实，包括实体方面的证明和程序方面的证明两部分。只是不同类型的案件证据证明的对象有所不同。环境损害赔偿案件证据的证明对象以污染事实为核心内容，其所要证明的实体方面的证明对象又主要包括三个部分：第一是行为人污染环境的行为及其方式和有无采取防污染的措施，第二是环境损害的事实及由于这个事实所导致的受害人人身或财产的损害事实，第三是环境损害和由此导致的人身及财产的损害是否由不可抗力或者受害人、第三人的故意或过失行为所致。其所要证明的程序性质的事实，主要包括法院管辖范围、法院受案范围及管辖权、前置程序以及其他程序性的证明对象等。这些一般民事侵权案件证据的程序性证明对象，也是环境损害赔偿案件证据的证明对象。环境损害赔偿案件的证明对象与一般民事侵权案件证据证明对象的不同则在于它需要运用较多的科学技术鉴定来确定证明对象。因此，建立环境损害赔偿法律制度，需要对证明对象作出特定的规范。

(3) 环境损害赔偿案件的举证责任。环境损害赔偿案件的举证责任源于《民事诉讼法》第 67 条第 1 款的规定，即“当事人对自己提出的主张，有责任提供证据”。这一规定，确立了我国民事诉讼证据责任“谁主张，谁举证”的一般原则。最高人民法院《关于生态环境侵权民事诉讼证据的若干规定》第 6 条第 1 款规定，“被告应当就其行为与损害之间不存在因果关系承担举证责任”。这一规定，对因环境引发的损害赔偿诉讼实行举证责任倒置作出了明确的规定，对受害人的保护更为有利。

环境损害赔偿案件中加害人的举证责任如下。

一是举证证明加害人行为与损害事实之间没有因果关系。关于这一点，加害人对其行为与损害事实之间没有因果关系的举证到什么样的程度和标准，才能算作已经完成应承担的举证责任，法律和司法解释没有具体地说明，学术界也少见有这方面的学理解释。这是未来立法应当考虑的问题。

二是对免责事由的举证。我国《环境保护法》《海洋环境保护法》等法律均作出了规定，加害人对这些免责事由的存在需承担举证责任。包括：对不可抗力的举证，对因受害人自身导致污染损害责任的举证，对因第三人过错导致污染损害责任的举证，对因政府有关部门疏忽与过失导致污染损害的举证，对因战争行为导致污染损害的举证等。

环境损害赔偿案件中，受害人按照《民事诉讼法》《海洋环境保护法》等法律的规定，也需要承担举证责任，包括：第一，证明有客观的污染损害事实，包括对生态系统污染损害的事实，对人身损害的事实，对财产损害的事实等。第二，证明加害人存在污染损害行为，在这一举证责任中对于受害人要举证到什么样的程度和标准，法律和司法解释尚未作出十分明确的规定。

(4) 环境损害赔偿案件的举证范围。科学确定环境损害赔偿案件的证据范围，对于案件事实是至关重要的。环境损害赔偿案件的举证范围主要包括如下内容。

第一，污染损害事实，包括：污染损害行为，主要是行为人实施污染损害行为的时间、地点、方式等；如果是连续排污的，需要弄清污染源的位置、污染物的种类、数量等；此外还应当考虑污染事实发生的外部环境状况，诸如污染事实发生时的潮、流和风向的状况，气候状况等。

第二，受污染损害的事实，主要包括受污染损害的生态状况，包括物种的损害状况及连带的生态系统的损害状况，资源损害状况，因污染损害导致的人身损害状况及财产损害状况，因污染造成的其他相关行业的损失状况等。

第三，与污染损害相关的其他条件，包括被污染对象污染前的状况，如被污染海域或滩涂的本底状况和污染前后的比较；用于恢复海洋自然原貌的费用等。

第四，污染损害与污染结果的因果关系，这是最主要的举证范围，是准确界定责任的基础。

第五，免责事由，包括我国有关法律规定的作为不可抗力的自然灾害、战争行为、政府主管部门在执行职务时的疏忽或其他过失行为、第三者责任等。

2. 环境执法方式，包括环境行政处理、环境行政处罚、环境行政许可、环境行政强制执行、环境行政监督检查等。这些执法方式并不是各自独立、互不关联的。相反，它们之间的联系是相当紧密的。

第一，环境行政处理和环境行政处罚。(1) 环境行政处理，是指环境执法机关依法针对特定的环境行政管理相对人所作的具体的、单方面的、能直接发生行政法律关系的决定。(2) 环境行政处罚，是指有权行使环境行政处罚权的行政主体，对实施了违反环境法律法规行为的相对人实施的一种行政制裁。它是环境执法中最常采用的一种执法方式。有权行使环境行政处罚权的行政主体是各级环境执法行政主管部门。环境行政处罚是对环境违法相对人的一种行政制裁措施，它既是一种环境执法方式，又是一种环境行政法律责任形式。环境行政处罚权的行使必须遵循《行政处罚法》以及其他法律、法规规定的处罚程序，包括简易程序、一般程序、听证程序和执行程序。(3) 关于环境行政处罚中的自由裁量权。在环境行政处罚中，自由裁量权是指有权行使环境行政处罚权的机关在处理环境行政违法案件时，对具体的违法行政相对人在环境法律法规规定的范围内，根据情节轻重，选择与违法行为相适应的处罚形式及处罚幅度。

第二，环境行政许可。环境许可由有权许可的环境执法机关作出。环境行政管理相对人的申请，是实施环境行政许可的前提，如果没有相对人的申请，环境行政主体不能主动破坏环境法律规定而任意作出许可行为；同时，环境行政管理相对人要从事某一为环境法一般禁止的事项，必须向有关行政主体递交许可申请以取得批准。环境行政许可是以环境法律的一般禁止为前提的，是对禁止的解除，没有法律的一般禁止，就没有环境行政许可的存在。环境行政许可是在相对人普遍没有资格和权利从事某种特定活动的情况下，允许一部分相对人从事这种特定活动。正因为相对人普遍没有资格和权利，才使得被允许的这一部分相对人在环境法律一般禁止的情况下从事被禁止的活动而不违反环境法律。但环境行政主体赋予特定相对人权利和资格，必须依法进行，既不能把资格和权利赋予不合格的相对人，也不能赋予相对人不合法的资格和权利。另外，环境行政主体有权在作出许可决定时，依法附加一定的义务或责任。

第三，环境行政强制执行。环境行政强制执行作为环境执法的一种方式，只能由环境行政机关或授权的组织来行使，环境执法权是环境行政机关的主要职权。环境行政机关强制执行或申请强制执行应具备的条件：(1) 法定环境义务的存在，即首先要有环境行政相对人依照环境法律、法规承担某种义务的前提，如果不存在这样的法定义务，也就不存在环境行政强制执行问题。(2) 不履行法定环境义务，即环境行政相对人在法定期限内没有履行应尽的法定环境义务，但不履行是出于故意，而非客观上不能履行。如果客观上不能履行法定环境义务，也不存在强制执行问题。(3) 所采取的强制执行措施须有法律的明确规定。(4) 采取强制执行措施的环境行政机关，必须享有该项行政强制执行权。环境行政强制执行可分为两种类型：一种是间接强制执行，另一种是直接强制执行。

第四，环境行政监督检查。环境行政监督检查是环境执法机关为实现环境管理的职能，对环境行政管理相对人是否遵守环境保护法律法规、是否执行环境行政处理决定或环境行政处罚决定所进行的监督检查。

环境行政监督检查与其他环境执法方式的区别在于：后者是对相对人的权利、义务进行设定、取消或确认，也就是说对相对人的实体权利义务产生法律上的效力和后果；而环境行政监督检查不具有这样的功能，它只对相对人行使权利和承担义务的情况依职权进行了解。环境行政监督检查既是一项环境执法方式，又是环境执法的一个重要步骤，它与其他环境执法手段有着密切的联系。环境行政监督检查依据内容的不同可作不同的分类：依监督检查的对象是否具有特定性，分为一般监督检查与特定监督检查；依监督检查所处的时间阶段的不同，分为事先监督检查、事中监督检查与事后监督检查；依监督检查的目的不同，分为环境守法监督检查与环境执行监督检查；依监督检查的方法不同，分为实地环境监督检查与全面环境监督检查，其中，现场检查与执法性的环境监测是环境执法中两种常用的实地环境监督检查的方式。

3. 我国环境公益诉讼制度的建立得益于理论和实践的共同推动。在 2002 年召开的“环境资源法学高级研讨会”上，学者们提出要进一步突破现有利害关系，使社会公益团体或检察院可以代表公众提起行政或民事公益诉讼。2003 年至 2007 年间，学界对环境公益保护和环境公益诉讼制度的关注日益加强，对环境公益诉讼的基础理论进行了广泛的研究和探讨，为环境公益诉讼制度的发展奠定了良好的理论基础。在实践方面，2005 年《国务院关于落实科学发展观加强环境保护的决定》提出要“推动环境公益诉讼”。从 2007 年开始，各地开始探索建立环境公益诉讼制度，贵阳市、无锡市、昆明市等相继制定了地方性法规或规范性文件，明确规定检察机关、环境保护管理机构以及环保公益组织可以为环境公共利益提起环境公益诉讼。例如贵阳市中级人民法院于 2007 年发布了《关于贵阳市中级人民法院环境保护审判庭、清镇市人民法院环境保护法庭案件受理范围的规定》，无锡市中级人民法院和无锡市人民检察院于 2008 年出台了《关于办理环境民事公益诉讼案件的试行规定》等。在地方性法规及规范性文件的推动下，各地相继出现了一些环境公益诉讼案件，例如 2007 年 12 月，贵阳市“两湖一库”管理局向清镇市人民法院起诉贵州天峰化工有限责任公司，请求判令被告立即停止对贵阳市红枫湖及其上游河流羊昌河的环境的侵害，并排除妨碍、清除危险。

在总结和肯定地方司法实践经验的基础上，2012 年 8 月 31 日，全国人大常委会通过修改后的《民事诉讼法》，设立了环境民事公益诉讼制度。该法第 55 条规定，“对污染环境、侵害众多消费者合法权益等损害社会公共利益的行为，法律规定的机关和有关组织可以向人民法院提起诉讼”。此后，经过反复讨论，2014 年 4 月 24 日修订的《环境保护法》对环境民事公益诉讼的起诉资格作了进一步规定。该法第 58 条规定：“对污染环境、破坏生态，损害社会公共利益的行为，符合下列条件的社会组织可以向人民法院提起诉讼：（一）依法在设区的市级以上人民政府民政部门登记；（二）专门从事环境保护公益活动连续五年以上且无违法记录。符合前款规定的社会组织向人民法院提起诉讼，人民法院应当依法受理。提起诉讼的社会组织不得通过诉讼牟取经济利益。”

依据《民事诉讼法》（2012 年修正）和《环境保护法》的规定，最高人民法院、民政部、环境保护部于 2014 年 12 月 26 日下发了《最高人民法院、民政部、环境保护部关于贯彻实施环境民事公益诉讼制度的通知》，对三部门在环境民事公益诉讼中的职能分工和衔接配合作出规定。最高人民法院于 2015 年 1 月又出台了《最高人民法院关于审理环境民事公益诉讼案件适用法律若干问题的解释》，对环境民事公益诉讼的具体程序以及相关问题进行了详细的规定，为环境民事公益诉讼设计了较为详细、具体、可操作的程序。至此，我国的环境民事公益诉讼制度得以确立。按照上述法律、司法解释和规范性文件的规定，我国环境民事公益诉讼制度在设计上基本模仿普通民事诉讼制度。2015 年 1 月 1 日，由民间环保组织“自然之友”和“福建绿家园”作为共同原告提起的“福建南平生态破坏案”获得立案，成为新环保法实施后的首例环境公益诉讼案件，环境民事公益诉讼制度正式启动。

参考文献：王明远．论我国环境公益诉讼的发展方向——基于行政权与司法权关系理论的分析．中国法学，2016（1）.

第五章　环境侵权与环境民事责任

知识逻辑图

- 环境侵权与环境民事责任
  - 环境侵权
    - 概念
      - 污染、破坏：环境⟹侵害他人的（人身权益、财产权益、环境享受）等民事权益的行为
    - 特征
      - 主体
        - 不平等
        - 当代人＋后代人
      - 客体
      - 内容
        - 宏观上环境侵权行为具有价值双重性
        - 环境侵害具有持续性、潜在性及不明确性
  - 环境民事责任的归责原则
    - 过错责任原则及其调整
    - 无过错责任原则在环境法中的适用
      - 高危性
      - 复杂科技
      - 民法公平原则的要求
  - 环境民事责任的构成要件和免责事由
    - 构成要件
      - 环境损害的事实
        - 财产损害
        - 人身损害
        - 环境享受损害
      - 因果关系
    - 免责事由
      - 不可抗力
      - 受害人的过错
      - 第三人的过错
      - 战争行为
  - 环境民事责任的承担
    - 承担方式
      - 排除危害
        - 排除妨碍
        - 消除危险
        - 停止侵害
      - 赔偿损失
        - 直接
        - 间接
    - 共同侵权
  - 环境侵权的救济途径
    - 自行协商
    - 调解
    - 仲裁
    - 诉讼

名词解释

1. 环境侵权
2. 环境法上的排除危害
3. 共同环境侵权
4. 无过错责任
5. 环境侵权免责事由
6. 盖然性因果关系（考研）

选择题

（一）单项选择题

1. 某工厂向附近一小河排放工业污水，已取得排污许可证，并向环保行政部门交纳排污费。某日，厂技术人员赵某错误操作，致使一次排出污水中的有害化学物质含量超标。以下是对随后发生的各种事件的责任判断，哪个是正确的？（　　）（司考）

A. 附近某村民甲因自己看管不严，其养的牛越过围栏至河边饮此水而亡，该厂不承担赔偿责任

B. 数日后，该河段水质渐趋恢复正常，附近某村民乙的一头牛因饮此河水后患病，致丧失耕作能力，该厂须承担赔偿责任

C. 该厂超标污染的河水流入村民某丙承包的农田，造成秧苗损失 2 000 元，丙欲起诉，应将该厂与赵某列为共同被告

D. 该厂超标排污致附近丁村农作物大面积死亡及牲禽大量伤亡，由此只发生民事赔偿责任而不发生刑事责任

2. 无过错责任在德国称为（　　）。

A. 严格责任　　B. 无过失责任
C. 危险责任　　D. 结果责任

3. 关于环境污染赔偿责任和赔偿金额的纠纷解决，下列哪一项表述是符合法律规定的？（　　）（司考）

A. 先请求环保部门进行处理，对处理不服才可以提起行政诉讼

B. 先请求环保部门进行处理，对处理不服才可以提起民事诉讼

C. 可以先请求环保部门进行调解，对调解不服的，可提起行政诉讼；也可以直接向人民法院起诉

D. 可以先请求环保部门进行处理，对处理决定不服的，可以向人民法院起诉；也可以直接向人民法院起诉

4. 从环境法的历史看，下列哪一项是环境领域最早应用的法律责任？（　　）

A. 民事责任　　B. 刑事责任
C. 行政责任　　D. 政治责任

5. 我国《环境保护法》对环境污染损害赔偿案件所规定的诉讼时效是（　　）。

A. 1 年　　B. 2 年
C. 3 年　　D. 5 年

（二）多项选择题

1. 下列关于环境损害赔偿纠纷处理的说法，哪些是正确的？（　　）（司考）

A. 解决环境损害赔偿纠纷，必须先经过环境保护行政主管部门的调解处理，这是向人民法院起诉之前的必经程序

B. 对环境保护行政主管部门的调解处理决定不服的，既可以提起行政诉讼，也可以提起民事诉讼

C. 因环境污染损害赔偿提起诉讼的时效期间为三年

D. 因环境污染引起的损害赔偿诉讼，对原告提出的侵权事实，被告否认的，由被告负举证责任

2. 下列选项中不属于环境民事责任无过错责任构成要件的是（　　）。

A. 环境损害的事实

B. 因果关系

C. 行政责任

D. 政治责任

3. 某化工厂将废水直接排入河道，流入秦某的鱼塘，造成鱼塘的鱼全部死亡。该厂承认其侵权，但对秦某提出的赔偿数额不接受。对此，下列哪些选项是正确的？（　　）（司考）

A. 秦某可以请求环境保护行政主管部门处理

B. 秦某对环境保护行政主管部门的处理决定不服的，可以向法院起诉

C. 秦某可以不经过环境保护行政主管部门处

理而直接向法院起诉

D. 秦某要求损害赔偿的诉讼时效为 2 年

4. 2013 年 8 月，由于天气干旱，农民甲的农作物缺水，甲便将某化肥厂排放的污水引入自己的农田灌溉，结果造成农作物死亡，甲要求化肥厂承担赔偿责任。下列关于此案的说法哪些是正确的？（　　）

A. 根据无过错原则，化肥厂应承担赔偿责任

B. 甲可以直接以化肥厂为被告提起诉讼

C. 化肥厂须举证证明损害是由甲自己的行为造成的方可免责

D. 甲提起诉讼的最后期限为 2016 年 8 月

（三）不定项选择题

1. 农民甲将化肥厂排放的污水引入自己的农田灌溉，造成农作物死亡，甲要求化肥厂承担赔偿责任。下列关于此案的说法何者为正确？（　　）

A. 造成环境污染危害的，其行为违法与否，不影响民事责任的确定

B. 农民甲无须承担任何举证责任

C. 化肥厂如否认自己侵权，必须负举证责任

D. 化肥厂如能证明自己排放的污水没有超标，可免于承担责任

2. 从现有的法律规定来看，我国环境侵权免责事由主要有以下哪几种情形？（　　）

A. 不可抗拒的自然灾害

B. 受害人过错

C. 第三人过错

D. 战争行为

3. 以下属于仲裁的特征的是（　　）。

A. 自愿性

B. 自主性

C. 灵活性和便捷性

D. 民间性

简答题

1. 环境侵权的特征。

2. 简述环境侵权的救济途径。

3. 简述环境损害的事实。

案例分析题

1. 1996 年四川省武胜县张明学自筹资金购买了 100 吨铁船 1 只，船内设养鱼舱 5 个，养鱼水面积 93.5 万平方米，于同年 5 月投入嘉陵江养鱼，船体距上游武胜县冷冻厂排污口 100 米左右。1997 年 10 月 17 日上午 9 时许，县冷冻厂检修机器，清洗高压储液氨桶，清洗的污水直接流入嘉陵江，进入张明学的养鱼舱内。10 时左右，鱼开始跳动、死亡。12 时许，舱内鱼大部分死亡，共约 5 570 斤。张明学获知情况，立即请县环保局卫生防疫站、公安局派员现场察看，经环保监测人员采集水样化验：县冷冻厂排污口处污水每升含氨氮 1 737.374 毫克，张明学船舱内养鱼水每升含氨氮 129.30 毫克，其中，非离子氨浓度每升水 1.62 毫克，超过国家《地面水环境质量标准》规定的非离子氨浓度应当小于每升水 0.02 毫克的 80 倍。武胜县法院审理认为：县冷冻厂超标排污使部分江水变质，变质江水进入养鱼舱内，是张明学饲养的鱼类死亡的直接原因，应当依法赔偿张明学的经济损失。为此，依照《环境保护法》《水污染防治法》和《民法通则》（已失效——编辑注）等有关法律之规定，作出前述判决。

请问：作出此判决的法律依据是什么？

2. 浙江省平湖师范农场特种养殖场（以下简称“养殖场”）位于平湖市钟隶镇西，原属校办企业，1991 年 4 月，经批准成立独立法人企业。同年，该养殖场建成 1 万平方米的养殖场，并且申领了河道取水证，开始了该场两年试养成功的美国青蛙的养殖与育种。至 1993 年春，该养殖场被中国特种经济动植物协会定为全国美国青蛙育种基地，面向全国供种，当年养蛙净收入 25 万元。但是，从 1993 年冬季开始，该养殖场发现，取水河道被工业废水污染，而且，污染状况越来越严重。后经嘉兴市环保局监测查明：该养殖场取水河道的污染物来自位于取水河道上游的嘉兴市步云染化厂、步云染料厂、步云印染厂、向阳化工厂和高联丝绸印染厂 5 家企业（以下简称“5 企业”），该 5 企业不经处理将含有有毒有害物质的染化废水直接排入河道，特别是 1993 年和 1994 年的染化废水比上年增加 1 万吨，导致下游 7 个

乡约135万平方公里的水域受到污染，水质由我国《地面水环境质量标准》（GB3838—88）中的Ⅱ～Ⅲ类下降为Ⅴ类；其中，约53平方公里的水域受到严重污染，水质远远劣于Ⅴ类。因此，该重污染区域内的河道水体，已因该河COD严重超标而丧失了工业用水、养殖用水和村民生活用水的功能，并对农田灌溉用水构成威胁。1994年春，处于严重污染水域内的养殖场和其他受害人开始到处上访，数十次的向有关部门反映情况，强烈要求5企业尽快治理，停止肆意排放。但是由于5企业一直没有停止污染物排放行为，1994年4月，养殖场存育的美国青蛙蝌蚪和正在变形的幼蛙（计270多万尾）开始出现死亡，同年7～8月间大量死亡，至同年9月，几乎全部死亡。按当时的市场价计算，养殖场因此而遭受的直接经济损失为48.3万元。事后，司法部门的司法鉴定科学技术研究所在其针对本事件所作的微量物证鉴定中表明，养殖场饲养的蝌蚪死亡与步云染化厂等排放的废水造成的附近水域水质污染有直接的不可推卸的因果关系。鉴于此，1995年4月，嘉兴市环保局分别对5企业的超标排污行为作出罚款5 000元的行政处罚决定，同时，试图对养殖场与5企业之间的环境污染损害赔偿纠纷进行协调。但是，最终仅就“5企业在污染排放未达标之前，应补给养殖场6万元，用于1995年生产自救用水费”达成调解，却未能解决养殖场1994年的污染损害赔偿问题。1995年12月，养殖场以5企业为被告，向平湖市人民法院提起民事诉讼，请求判令被告赔偿养殖场经济损失48.3万元，并排除污染危害，停止侵权。

请问：（1）无过错责任原则的含义是什么？（2）达标排放造成环境污染是否要承担民事责任？

3. 原告王某是甲公司职工，甲公司与乙公司签订联建住宅楼协议，在海淀区六里屯某地建设住宅楼，甲公司将其所分到的一套楼房分给王某。入住后，王某发现生活用水泵房建在她家居住的楼下，水泵产生的噪声严重影响其正常生活，经多次与有关部门交涉，一直未能解决。于是王某便把物业管理公司和两家建筑单位告上法庭，要求他们立即停止侵害、排除妨碍，并鉴于噪声无法排除，要求调整住房。同时，要求被告赔偿由于噪声污染给她造成的经济损失16万余元。法院经审理查明，王某居住的房屋地下设有水泵，水泵工作时发出声响，经环保部门监测噪声超标排放。

请问：本案中王某是否有权提出赔偿损失的要求？

论述与深度思考题

1. 论环境民事责任的归责原则。（考研）

2. 试论环境民事责任的承担方式。

参考答案

名词解释

1. 环境侵权是指污染或破坏环境，从而侵害他人的人身、财产权益和环境享受等民事权益的行为。

2. 环境法上的排除危害，是指国家强令已造成或者可能造成环境危害者，排除可能发生的危害或者停止已经发生的危害，并消除其影响的民事责任形式。

3. 共同环境侵权是指两个以上民事主体的排污行为共同致人损害或有共同致人损害的危险发生，又可称为复合污染或复合公害。

4. 无过错责任又称无过失责任，德国法称为危险责任，普通法国家称为严格责任，是指无论行为人有无过错，只要法律规定应当承担民事责任，行为人即应对其行为所造成的损害承担责任。依无过错责任，受害人无须就加害人的过错举证，也不必推定加害人过错，加害人也不得以其没有过错为由抗辩。

5. 环境侵权免责事由又称抗辩事由，是指环境法所规定的在因环境侵权致人损害时加害人可以不承担民事责任的事由。

6. 盖然性因果关系，指受害人只需证明侵害行为引起的损害可能性（盖然）达到一定程度，即可推定因果关系存在，或证明如果没有该行为，就不会发生该结果的盖然性，便可推定因果关系。

选择题

（一）单项选择题

1. 答案：B

《环境保护法》第64条规定，因污染环境和破坏生态造成损害的，应当依照《民法典》侵权责任编的有关规定承担侵权责任。这里没有要求存在过错，因为：环境侵害行为本身创造社会财富，有一定的正当性，追究其过错几乎不可能；现代工业生产及由此造成的污染往往涉及复杂的科学技术问题，作为普通公众的受害人难以证实排污者的过错；无过错责任原则也是公平合理的民法思想的要求，加害人大多是获利企业，理应让其为获得利益所造成的损害承担责任。因此，与一般侵权责任不同，环境侵权民事责任的构成要件有三个，即实施了污染环境的行为、构成环境损害的事实以及损害与污染环境行为之间存在因果关系。因此，即使附近某村民因自己看管不严，其养的牛越过围栏至河边饮此水而亡，该厂也应该向甲承担赔偿责任。同理该厂应该向村民乙承担赔偿责任。由此，A项错误，B项正确。

2. 答案：C

无过错责任又称无过失责任，德国法称为危险责任，普通法国家称为严格责任，是指无论行为人有无过错，只要法律规定应当承担民事责任，行为人即应对其行为所造成的损害承担责任。依无过错责任，受害人无须就加害人的过错举证，也不必推定加害人过错，加害人也不得以其没有过错为由抗辩。

3. 答案：D

生态环境部门的处理不是前置程序。造成环境污染危害的，有责任排除危害，并对直接受到损害的单位或者个人赔偿损失。赔偿责任和赔偿金额的纠纷，可以根据当事人的请求，由环境保护行政主管部门或者其他依照法律规定行使环境监督管理权的部门处理；当事人对处理决定不服的，可以向人民法院起诉。当事人也可以直接向人民法院起诉。

4. 答案：A

从环境法的历史看，民事责任是环境领域最早应用的法律责任。如果我们把专门针对环境问题的单独的专门性环境法律的出现作为环境法产生的判断标准的话，我们可以发现环境民事责任的产生甚至早于环境法本身。

5. 答案：C

《环境保护法》第66条规定：“提起环境损害赔偿诉讼的时效期间为三年，从当事人知道或者应当知道其受到损害时起计算。”

（二）多项选择题

1. 答案：CD

解决环境损害赔偿纠纷，可以直接向人民法院起诉。对环境保护行政主管部门的调解处理决定不服的，只能提起民事诉讼。因此，AB不正确。CD的说法符合法律规定。

2. 答案：CD

我国环境民事责任应分别适用过错责任原则（主要适用于破坏环境责任）与无过错责任原则（主要适用于污染环境责任），环境民事责任的构成要件也相应地分为过错责任要件和无过错责任要件两种。对过错责任的构成要件，理论界争议不大，一般认为应包括四要件，即行为有违法性、有损害结果、违法行为与损害结果之间有因果关系、行为人有过错；至于无过错责任的构成要件，即构成环境损害的事实以及损害与污染环境行为之间的因果关系。

3. 答案：ABC

生态环境部门的处理不是前置程序。造成环境污染危害的，有责任排除危害，并对直接受到损害的单位或者个人赔偿损失。赔偿责任和赔偿金额的纠纷，可以根据当事人的请求，由环境保护行政主管部门或者其他依照法律规定行使环境监督管理权的部门处理；当事人对处理决定不服的，可以向人民法院起诉。当事人也可以直接向人民法院起诉。因此ABC正确。《环境保护法》第66条规定：“提起环境损害赔偿诉讼的时效期间为三年，从当事人知道或者应当知道其受到损害时起计算。”所以D错误。

4. 答案：BCD

《水污染防治法》第96条第3款规定，水污染损害是由受害人故意造成的，排污方不承担赔偿责任。水污染损害是由受害人重大过失造成的，可以减轻排污方的赔偿责任。故A错误，受害人故意为免责事由之一。《环境保护法》第66条规定：“提起环境损害赔偿诉讼的时效期间为三年，从当事人知道或者应当知道其受到损害时起计算。”故BCD正确。

（三）不定项选择题

1. 答案：AC

我国对于环境侵权实行“无过错责任”，因此A项正确。《民法典》第1230条规定：“因污染环境、破坏生态发生纠纷，行为人应当就法律规定的不承担责任或者减轻责任的情形及其行为与损害之间不存在因果关系承担举证责任。”可知C项正确。根据《最高人民法院关于审理环境侵权责任纠纷案件适用法律若干问题的解释》第6条规定，B项错误。最高人民法院《关于生态环境侵权民事诉讼证据的若干规定》第6条规定：“被告应当就其行为与损害之间不存在因果关系承担举证责任。”“被告主张不承担责任或者减轻责任的，应当就法律规定的不承担责任或减轻责任的情形承担举证责任。”据此法条和《水污染防治法》的规定，可知D项错误。

2. 答案：ABCD

我国法律规定的环境侵权免责事由主要包括以下情形：(1) 不可抗拒的自然灾害。《水污染防治法》第96条、《海洋环境保护法》第116条等法律条文中也都作了类似规定。需要指出的是，首先，不可抗拒的自然灾害不等于不可抗力，前者的范围很窄，不得作扩大解释；其次，不可抗拒的自然灾害有不可预见和不可避免的含义，凡是可以预见或可以避免的自然灾害不能作为免责条件；再次，即使发生了不可抗拒的自然灾害，加害人必须采取了合理措施仍不能避免造成环境损害的，才可以免责，如果加害人未及时采取合理措施致使损害发生的，仍不得免责；最后，只有损害完全是由于不可抗拒的自然灾害引起的，才可免除加害人的责任，如果此灾害只是引起损害发生的部分原因，则不能免除加害人的责任。(2) 受害人的过错。我国《水污染防治法》第96条第3款规定：“水污染损害是由受害人故意造成的，排污方不承担赔偿责任。水污染损害是由受害人重大过失造成的，可以减轻排污方的赔偿责任。”(3) 第三人的过错。我国《水污染防治法》第96条第4款规定，水污染损害是由第三人造成的，排污方承担赔偿责任后，有权向第三人追偿。(4) 战争行为。我国《海洋环境保护法》第116条规定，战争行为是海洋污染造成损害的免责条件。《海洋环境保护法》第116条还规定，负责灯塔或者其他助航设备的主管部门，在执行职务时因疏忽或者其他过失行为，造成海洋污染损害的，船舶的所有者不承担赔偿责任。此外，我国《民法典》中规定的作为一般民事责任免责条件的正当防卫和紧急避险，也可适用于环境责任制度。

3. 答案：ABCD

根据我国《仲裁法》规定，仲裁具有如下特征：(1) 自愿性。当事人采用仲裁方式解决纠纷，应当双方自愿，达成仲裁协议。(2) 自主性。仲裁委员会应当由当事人协议选定。当事人约定由三名仲裁员组成仲裁庭的，应当各自选定或者各自委托仲裁委员会主任指定一名仲裁员，第三名仲裁员由当事人共同选定或者共同委托仲裁委员会主任指定。第三名仲裁员是首席仲裁员。(3) 灵活性和便捷性。仲裁不实行级别管辖和地域管辖。仲裁实行一裁终局的制度。裁决作出后，当事人就同一纠纷再申请仲裁或者向人民法院起诉的，仲裁委员会或者人民法院不予受理。(4) 专业性。仲裁委员会的主任、副主任和委员由法律、经济贸易专家和有实际工作经验的人员担任。仲裁委员会的组成人员中，法律、经济贸易专家不得少于2/3。此外，仲裁还具有民间性。仲裁委员会独立于行政机关，与行政机关没有隶属关系。仲裁委员会之间也没有隶属关系。相对于诉讼来说，仲裁更便捷、灵活，更能体现当事人双方的意愿，并且仲裁裁决也具有强制执行力。因此，选择仲裁方式解决民事纠纷的人越来越多。

简答题

1. 作为现代社会特有的权益侵害现象，同传统的民事侵权相比，环境侵权具有以下特征：(1) 主体方面的特征。首先是当事人地位事实上的不平等。传统侵权行为的当事人一般在地位上具有平等性，而环境侵权当事人中的加害人多是具有特殊经济地位和实力的工商企业，而受害人则多为认知能力、防御能力和诉讼能力均较弱的分散的普通公众，二者地位事实上存在很大差异。其次，环境侵权的受害主体不仅包括当代人，而且可能包括后代人，甚至当代人侵害的完全是后代人的环境权益。根据现代环境法代际公平的理论，这种侵权同样要承担侵权民事责任。(2) 客体方面的特征。环境民事侵权侵害对象具有广泛性与复合性。首先，传统侵权行为一般是加害行为直接作用于个别受害人的人身或财产，环境侵权则要通过环境这一中介再作用于人身及财物，其侵害对象包括各种自然要素、无主物、公私财产与人身，远较一般侵权广泛。其次，由于环境具有整体性和共有性，因此，环境侵权行为一旦造成具体的损害后果，就必然损害不特定的多数人的生命、健康、财产及其他权益，而且损害程度往往也比传统侵权严重得多。（3）内容方面的特征。首先，宏观上环境侵权行为具有价值双重性。传统的侵权行为，其行为本身在法律规范的价值判断上就是一种纯粹的无价值行为，即完全具有法律否定性的违法行为，如欠债不还、强占他人财物、伤害他人身体等。而环境侵权行为如排放三废污染环境，往往是伴随合法的生产活动而产生，而且可能在技术规范和行政管理规范上是合法的。其次，环境侵害具有持续性、潜在性及不明确性。传统侵权行为多为一次性侵害，损害一般也是一时之害，而环境侵权则常常具有持续性、反复性；传统侵权较易为受害人所发现，举证较容易，而环境侵权往往不能立即被受害者发现，举证往往比较困难。

2. 一般来讲，解决民事纠纷的途径主要包括自行协商、调解、仲裁和诉讼四种方式。环境侵权作为一种民事侵权行为，其纠纷的解决也可采用这几种方式。（1）自行协商。自行协商是指环境侵权行为发生后，侵权人和受害人本着公平、妥善解决环境纠纷的精神，自行就纠纷的解决达成一致意见，并自觉履行协议规定的义务。自行协商有助于缓和双方矛盾，使双方心平气和地就责任归属和承担达成协议，并有助于协议的顺利执行。当事人协商解决民事纠纷，为我国多项法律所确认。（2）调解。《环境保护法》规定的“处理”十分重视行政调解，即环保行政主管部门或其他依法行使环境监督管理权的部门，对当事人之间的环境民事争议，在查清事实、分清责任的基础上，依照当事人的请求，居中主持对环境损害的赔偿责任和赔偿金额达成协议，解决纠纷。该“处理”既不是行政裁决，也不是行政处理决定，其对双方当事人均无强制约束力和强制执行力，一方当事人不服此调解处理，可以向法院起诉；当然，当事人也可不经行政调解，直接向人民法院起诉。需要注意的是，当事人在起诉时，应以对方当事人为被告，而不能以作出处理决定的环保行政部门为被告提起行政诉讼，法院仍按民事纠纷进行审理。（3）仲裁。仲裁是指民事纠纷的双方当事人根据事先或事后达成的仲裁协议，将民事争议提交双方选定的仲裁机构进行裁决，解决纷争。我国目前除海事纠纷外，既无环境纠纷的仲裁法规，也无环境纠纷的仲裁机构。并且，从实践中看，我国各地成立的仲裁委员会也未把国内环境纠纷列入仲裁受理事项。在环境污染损害赔偿的纠纷中，有可能是涉外纠纷，如船舶污染、海上石油开发勘探或其他海事中因污染发生的涉外赔偿纠纷。这部分纠纷有事先或事后书面仲裁协议的，就只能提交涉外仲裁机构进行仲裁，而不能提起诉讼。（4）诉讼。根据我国法律规定，自行协商、调解和仲裁解决环境侵权纠纷的方式并非是启动诉讼程序的前置程序。环境民事诉讼是环境侵权的受害人为保护自身的人身和财产权益，依据民事诉讼规定的条件和程序向人民法院对环境侵权者提起的诉讼。该种诉讼基本上是按照《民事诉讼法》规定的条件和程序进行。

3. 环境损害的事实即环境侵权造成的环境损害后果，根据侵权行为法补偿功能的基本要求，无损害即无救济，因而它是环境民事责任的构成要件。环境损害具体包括财产损害、人身损害和环境享受损害三种。（1）财产损害。指因环境侵权造成权利人财产的损害，如因污染使农作物受害减产、牲畜死亡，因污染水源致使水生养殖物死亡而减产，因污染使动产或不动产使用价值降低或增加修缮费用，因污染风景区、疗养地、公园使经营者因游人减少而门票收入减少等，国家亦可因国有财产受污染损害而成为赔偿请求人，如依照《海洋环境保护法》第 114 条的规定，造成海洋污染者应赔偿国家的损失。（2）人身损害。指因环境侵权对公民的生命健康权的损害，主要发生在环境污染民事责任中，如因严重超标排放“三废”污染环境，受害者致伤、致残、致死、致病等。这是最严重的环境损害，许多国家对此适用惩罚性的民事赔偿方法，体现了现代民法对公民生存权利的严格法律保护。（3）环境享受损害。这是对公民享受良好环境质量权益的损害，它与财产损害和人身损害有关，但并不等同。财产损害与人身损害的法律界定标准明确，而环境享受权益标准具有不确定性，但这种损害是客观存在的，而且是环境侵权中最常见的，随着经济和社会文化的发展，公民对这方面的法律保护要求也不断提高，因而法律对此必须合理规范。

案例分析题

1. 本案发生于 1996 年，应适用 1989 年的《环境保护法》，直接涉及《环境保护法》第 37 条规定："未经环境保护行政主管部门同意，擅自拆除或者闲置防治污染的设施，污染物排放超过规定的排放标准的，由环境保护行政主管部门责令重新安装使用，并处罚款。"《环境保护法》第 41 条规定："造成环境污染危害的，有责任排除危害，并对直接受到损害的单位或者个人赔偿损失。赔偿责任和赔偿金额的纠纷，可以根据当事人的请求，由环境保护行政主管部门或者其他依照法律规定行使环境监督管理权的部门处理；当事人对处理决定不服的，可以向人民法院起诉。当事人也可以直接向人民法院起诉。完全由于不可抗拒的自然灾害，并经及时采取合理措施，仍然不能避免造成环境污染损害的，免于承担责任。"《环境保护法》第 42 条规定："因环境污染损害赔偿提起诉讼的时效期间为三年，从当事人知道或者应当知道其受到损害时起计算。"以及《水污染防治法》第四章"防止地表水污染"的相关规定。在本案中，依照《环境保护法》第 41、42 条之规定，造成环境污染损害的，有责任排除危害，并对直接受到损害的单位或个人赔偿损失。

2. (1) 无过错责任又称无过失责任，德国法称为危险责任，普通法国家称为严格责任，是指无论行为人有无过错，只要法律规定应当承担民事责任，行为人即应对其行为所造成的损害承担责任。依无过错责任，受害人无须就加害人的过错举证，也不必推定加害人过错，加害人也不得以其没有过错为由抗辩。

(2) 本案中与企业是否达标排放不影响与该企业承担民事责任。构成环境侵权的依据标准是构成要件，不是达标排放。2015 年 6 月 3 日起施行的《最高人民法院关于审理环境侵权责任纠纷案件适用法律若干问题的解释》第 1 条明文规定："因污染环境造成损害，不论污染者有无过错，污染者应当承担侵权责任。污染者以排污符合国家或者地方污染物排放标准为由主张不承担责任的，人民法院不予支持。"

3. 有损害才有赔偿，只有造成污染才谈到损失赔偿的问题，在本案中首先要解决的是本案是否属于噪声污染的问题。我国《噪声污染防治法》第 2 条第 2 款规定，本法所称噪声污染，是指超过噪声排放标准或者未依法采取防控措施产生噪声，并干扰他人正常生活、工作和学习的现象。由此得出，产生环境噪声污染必须具备两个条件：一是所排放的环境噪声必须超过国家规定的排放标准，二是超过国家规定排放标准的环境噪声必须干扰他人正常生活、工作和学习。本案经环保部门监测噪声超标排放，且该水泵位于原告居住的楼下，工作时产生的巨大噪声严重影响了原告的正常生活，因此可以认定为噪声污染，原告合法权益受到损害并有权提出赔偿损失的要求。

论述与深度思考题

1. 环境民事责任是指环境法律关系主体依照民法规定的法律责任形式所承担的法律后果。侵权法的历史发展大体上经过了从同态复仇到结果责任，再逐渐发展为过错责任，并从单一过错责任归责原则向过错责任、无过错责任等多元化归责体系发展的过程。从我国环境保护立法的规定来看，我国环境民事责任的归责原则应当是过错责任与无过错责任并立的二元化归责体系。

(1) 过错责任

过错责任原则源于罗马法，其基本含义是，加害人对其有过错的行为承担民事责任，无过错即无责任。过错，与传统刑事罪过的概念相类似，指行为人具有的一种应受非难的心理状态，包括故意和过失两种形态。由于它能促使个人活动不必动辄得咎，因此有利于企业的活动和经济的活跃，这一原则被强调个人自由的资产阶级民法理论视为罗马法中最有价值的遗产继承和发扬，与"契约自由""无限私有权"并列，成为 19 世纪资产阶级民法的三大原则，对于近代市场经济的发展起到积极的推动作用。但是，随着社会经济的高度发展，包括环境公害在内的各种人为侵权造成的事故和灾害成为严重的社会问题，而这些侵权行为往往因加害主体复杂、因果关系不明和过错认定极其困难，而逐渐令过失责任原则黯然失色，客观过错论和过错推定论应运而生。

客观过错论指以某种行为标准而非行为人的特殊心理活动来判定行为人有无过错，这种行为标准被形象地称为“良家父”或“善良管理人”所应尽的合理注意义务。没有尽到这种义务，即为过失；过错推定是指若原告能证明其所受损害是由被告所致，而被告不能证明自己没有过错，法律上就应推定被告有过错并应负民事责任，其基本适用方法是实行举证责任倒置。过错推定责任原则对于受害人的保护更为有利，但它仍然以过错作为确定责任的最终论据，依然不能摆脱过错责任的局限性。

（2）无过错责任原则在环境法中的适用

无过错责任又称无过失责任，德国法称为危险责任，普通法国家称为严格责任，是指无论行为人有无过错，只要法律规定应当承担民事责任，行为人即应对其行为所造成的损害承担责任。依无过错责任，受害人无须就加害人的过错举证，也不必推定加害人过错，加害人也不得以其没有过错为由抗辩。

无过错责任原则是为弥补过错责任的不足，解决工业化社会中的一系列新型侵权行为所带来的挑战和难题而设立的新型民事责任原则。与过错责任原则仅局限于传统自然法学公平正义标准不同的是，无过错责任原则是从整个社会利益之均衡、不同社会群体力量之强弱对比，以及寻求补偿以息事宁人的角度来体现民法公平原则的，它反映了现代社会化大生产条件下的公平正义观，也明显带有社会法学的色彩。

无过错责任原则为各国环境法所普遍采用的原因是：首先，现代工业生产的排污使生产活动本身具有高度危险性，即使企业采取各种安全措施，也不能使他人遭受污染损害的意外危险完全消除，且即使企业无过错，也可能造成环境污染及他人巨大的财产和人身损害；其次，现代工业生产及由此造成的污染往往涉及复杂的科学技术问题，作为普通公众的受害人难以了解污染的原因，更难以取得充足的证据，也就难以证实排污者的故意或过失；再次，无过错原则也是民法公平原则的客观要求，环境侵权中的加害人多是营利者，如果因加害人无过错或不能证明其有过错，而使受害人得不到法律的保护，无异于放纵图财害命。因此，无过错责任很快成为当代各国环境法新的归责原则。

我国法律对环境侵权适用过错责任和无过错责任分别作出规定：关于过错责任原则，主要适用于对生态环境资源的保护，如森林资源、土地资源、野生动植物资源等，以及自然保护区、风景名胜区、城乡环境等人文环境资源的保护；而无过错责任原则主要适用于各种环境要素污染防治，如大气污染防治、水污染防治、海洋污染防治、噪声污染防治等。

2. 环境民事责任的承担方式主要适用《民法典》的规定。我国《民法典》第179条规定，承担民事责任的方式主要有：（1）停止侵害；（2）排除妨碍；（3）消除危险；（4）返还财产；（5）恢复原状；（6）修理、重作、更换；（7）继续履行；（8）赔偿损失；（9）支付违约金；（10）消除影响、恢复名誉；（11）赔礼道歉。法律规定惩罚性赔偿的，依照其规定。以上承担民事责任的方式，可以单独适用，也可以合并适用。上述所列承担民事责任的方式有些适用于合同责任，有些适用于侵权责任，有些则均可适用于合同责任和侵权责任。

由于环境民事责任是一种特殊的侵权责任，因此，这些民事责任并非全部能适用于环境侵权纠纷。2014年《环境保护法》第64条规定，因污染环境和破坏生态造成损害的，应当依照侵权责任法的有关规定承担侵权责任。我国《大气污染防治法》第125条、《水污染防治法》第96条第1款、《噪声污染防治法》第86条第1款等都作了类似的规定。综合我国有关法律规定，我国环境民事责任主要包括如下承担方式：

（1）排除危害

环境法上的排除危害，是指国家强令已造成或者可能造成环境危害者，排除可能发生的危害或者停止已经发生的危害，并消除其影响的民事责任形式。它既包括对已经发生的环境污染危害的排除，也包括对实际可能发生的环境污染危害的排除，具体应包括三方面含义：第一，消除、治理已造成的污染，使其不再继续损害他人；第二，设置或加强防治污染的措施、设备；第三，停止正在进行的污染行为。

上述三种具体方式中，第一种方式是比较纯粹的环境民事责任，而第二种、第三种方式在我国实践中往往不够严格，或是被列入行政责任，这使排除危害的作用受到局限。

(2) 赔偿损失

环境法上的赔偿损失，是指国家强令污染危害者以自己的财产弥补对他人所造成的财产损失的民事责任形式。这是环境民事责任中最常采用的、也是最纯粹的民事责任形式。依我国现行立法及司法实践，环境损害赔偿范围如下。

第一，直接损失。指环境危害所直接造成的受害人财产的减少或丧失。如农作物减产，鱼虾死亡等；也包括环境危害人身而产生的医疗费、就医差旅费等。对于直接损失加害人应全部赔偿。此外，直接损失针对直接受到损害的受害者，而不包括间接受损失者。例如，污水造成农民粮食绝收，而农民又事先与粮食收购单位签订了粮食收购合同，则直接受损失者是农民，农民可以请求赔偿，而作为间接受损失的粮食收购单位则不能向环境危害的加害人索赔。

第二，间接损失。指因环境危害造成受害人财产或人身损害，而这种损害又使受害人失去的预期利益。例如污水造成瓜农的瓜苗死亡，瓜农买瓜苗、化肥等投入的费用为直接损失，而因绝收造成的预期可得到的卖瓜收益的损失则属于间接损失；也包括因环境危害造成人身伤害，治疗期间所丧失的工资收入等。对于间接损失原则上也应全部赔偿。

第三，环境危害还有可能造成受害人精神损害，包括因严重污染造成受害者死亡而给其亲属造成的精神上的巨大痛苦，也包括环境危害给受害人造成残疾，或是公民因环境享受权益受到损害引起的精神痛苦等。2001 年 3 月 8 日，最高人民法院发布了《关于确定民事侵权精神损害赔偿责任若干问题的解释》，对我国精神损害赔偿方面的问题作了比较具体的规定，该规定同样可适用于因环境侵权所引起的精神损害赔偿。

(3) 其他责任形式

除了排除危害和赔偿损失这两种民事责任形式，我国《民法典》所规定的“恢复原状”理应也可归纳到环境民事责任形式中。当然，“恢复原状”要求实际上有恢复的必要，且能够恢复。“恢复原状”主要可适用于破坏资源的民事侵权行为，如我国《草原法》第 39 条第 2 款规定：因建设征收、征用或者使用草原的，应当交纳草原植被恢复费。草原植被恢复费专款专用，由草原行政主管部门按照规定用于恢复草原植被，任何单位和个人不得截留、挪用……第 40 条第 2 款规定：临时占用草原的期限不得超过 2 年，并不得在临时占用的草原上修建永久性建筑物、构筑物；占用期满，用地单位必须恢复草原植被并及时退还。我国《森林法》第 37 条第 1 款规定，矿藏勘查、开采和其他各类工程建设，应当不占或者少占林地；确需占用林地的，应当经县级以上人民政府林业主管部门审核同意，依法办理建设用地审批手续。占用林地的单位应当缴纳森林植被恢复费……

污染环境的行为也可应用“恢复原状”，且如能恢复原状，则更能达到保护环境的目的。事实证明，只要肯下大力气治理环境污染，“恢复原状”是有可能实现的。此外，“返还财产”在某些类型的环境侵权纠纷中也有适用余地。如我国《土地管理法》第 77 条规定，农村村民非法占用土地建住宅的，要退还非法占用的土地。《森林法》《野生动物保护法》等法律、法规中也都有返还财产的类似规定。

第六章　环境污染防治法概述

知识逻辑图

- 环境污染防治法概述
  - 环境污染概述
    - 环境污染的概念
    - 环境污染的类型
    - 环境污染的特征
      - 原因的人为性
      - 途径的介入性
      - 机制的变异性
      - 后果的致害性
      - 系统的破坏性
  - 环境污染防治立法及主要法律制度
    - 我国环境污染防治的立法现状
    - 环境污染防治法的主要制度
      - 现场检查制度
        - 执法者
        - 相对人
        - 执法规范
      - 污染事故报告制度
        - 定义
        - 事故单位的报告义务
        - 主管部门的报告义务
      - 防止污染转嫁制度
        - 定义
        - 构成要件
        - 形式
        - 规范
      - 淘汰落后设备、工艺、提倡先进设备技术制度
        - 意义
        - 淘汰要求
        - 提倡要求

名词解释

1. 环境要素污染（考研）
2. 环境污染
3. 防止污染转嫁
4. 环境污染防治立法
5. 公害

选择题

（一）单项选择题

1. 在我国，“环境污染和其他公害”的表述形式源于（　　）。

A. 1978 年《宪法》

B. 1982 年《宪法》

C. 1979 年《环境保护法（试行）》

D. 1989 年《环境保护法》

2. 环境污染和其他公害的直接防治方法是（　　）。

A. 法律方法

B. 经济学方法

C. 对污染源的行政管理

D. 环境规划

3. 下列哪部法律标志着中国水污染防治立法的正式开端？（　　）

A. 1989 年《水污染防治法实施细则》

B. 1984 年《水污染防治法》

C. 1979 年《环境保护法（试行）》

D. 1995 年《淮河流域水污染防治暂行条例》

4. 下列不属于环境污染的是（　　）。

A. 废气　　B. 废水

C. 噪声　　D. 雪崩

5. 下列哪一部门依法对全国放射性污染防治工作实施统一监督管理？（　　）

A. 国务院环境保护行政主管部门

B. 国务院环境卫生行政主管部门

C. 国务院

D. 国务院其他有关部门

（二）多项选择题

1. 下列各项属于我国环境保护法所称“公害”的有（　　）。

A. 恶臭气体　　B. 放射性物质

C. 电磁波辐射　　D. 废水

2. 在环境法中使用公害一词首见于（　　）。

A. 日本　　B. 英国

C. 美国　　D. 中国

3. 环境问题可以分为（　　）。

A. 环境污染

B. 生态破坏

C. 环境要素污染

D. 有毒有害物质污染

4. 下列有权实施环境执法行为的是（　　）。

A. 民政部门　　B. 港务监督部门

C. 公安机关　　D. 交通部门

（三）不定项选择题

1. 环境污染的特征包括（　　）。

A. 原因的人为性

B. 途径的介入性

C. 机制的变异性

D. 后果的致害性

E. 系统的破坏性

2. 污染转嫁行为必须具备的要件是（　　）。

A. 转移的设备、技术、废弃物因对环境的污染危害严重而为法律所禁止

B. 接受转移一方主观上有过错

C. 接受转移的企业事业单位没有防治污染的技术、设备、资金因而未能防止其对环境的污染危害

D. 行为者主观上有过错

3. 下列对污染转嫁行为作出严格规定的是（　　）。

A. 我国《环境保护法》

B. 我国《宪法》

C.《巴塞尔公约》

D.《内罗毕宣言》

简答题

1. 简述环境污染与公害的关系。

2. 简述我国污染防治的立法现状。

3. 简述环境污染的类型。

案例分析题

1. 王某与李某是邻居，李某为饲养鸽子，擅自扩建阳台并在楼顶私自搭建鸽舍，致使鸽粪、鸽毛经常掉落在王某及其他邻居的窗户上，严重影响王某及其他邻居开窗换气和采光。此外，为在楼顶搭建鸽舍，李某擅自将通向楼顶的公共通道封闭在自己家中，影响他人正常通行。

请问：对李某应如何处理？

2. 某冶炼厂在生产过程中排放一种含有高浓度砷（一种剧毒化学物质）的废渣。20××年 1 月，8 位农民共同投资设立了合伙企业硫化厂，该硫化厂在未取得危险废物经营许可证的情况下，擅自与冶炼厂签订了购销砷废渣 100 吨的合同，并使用含砷废渣在山顶上冶炼马蹄锑。由于没有防治大气污染物的设施，排放的大气污染物严重超标，仅半年时间就使厂区周围 122 亩竹木林因

大气污染而枯死，直接经济损失达60多万元，并导致周边居住人群出现中毒症状的重大环境污染事故。

请问：(1) 本案中，硫化厂与冶炼厂存在着哪些违法行为？(2) 对于上述违法行为，应当分别依据哪些法律予以惩处？

论述与深度思考题

1. 试述环境污染的主要特征。

2. 试述我国2015年修订的《大气污染防治法》的主要特色。

参考答案

名词解释

1. 环境要素污染是环境污染和其他公害的一种类型，它指外界物质进入环境，其数量超过环境要素的可容含量或自净能力，导致环境要素某种性能的改变，从而引起环境质量下降而有害于人类及其他生物正常生存和发展的现象。

2. 一般认为，环境污染是指人类在生产和生活活动中，向环境中排入了超过环境自净能力的物质或能量，使得环境化学、物理、生物等性质发生变异，从而导致环境质量下降，破坏了生态平衡或者危害了人类正常生存和发展的条件。

3. 防止污染转嫁是指防止国外、境外地区的厂商或我国企业事业单位，将污染严重的设备、技术工艺或者有毒有害废弃物，转移给没有污染防治能力的单位和个人进行生产、加工、经营或者处理而造成环境污染。

4. 环境污染防治立法是以防治环境污染为立法对象的一类法律法规，它们作为环境污染防治的重要组成部分，以对各环境污染的防治为内容，在形式上表现为环境保护基本法下属和单行法规及其配套法规，既是对基本法防治环境污染的原则性规定的具体化，又是对环境污染防治的综合性规定。

5. 公害，主要指由于环境污染而造成的对人类生活环境的一种社会性危害。

选择题

(一) 单项选择题

1. 答案：A

1978年《宪法》第11条第3款规定："国家保护环境和自然资源，防治污染和其他公害。"

2. 答案：C

由于环境污染和其他公害主要产生于环境与资源开发或建设、工农业生产以及日常生活活动所排放的污染物，因此从理论上讲，直接的防治方法是通过对污染源的行政管理来控制污染物的排放。

3. 答案：C

在20世纪50年代，我国已开始水污染防治工作。但中国水污染防治立法的正式开端，始于1979年《环境保护法（试行）》，该法对防治水污染的原则、制度、措施以及法律责任等作出了原则性规定。

4. 答案：D

环境问题一般可以分为两大类型，即环境污染和生态破坏，因而污染防治是环境保护事业的两大任务之一。事实上，由于环境污染和其他公害对环境资源和人体健康的危害较之生态破坏更为直接和显而易见，而且环境污染往往又是生态破坏的直接原因，因此各国的现代环境保护事业基本上是直接起源于对环境污染的治理，我国亦如此。一般认为，环境污染是指人类在生产和生活活动中，向环境中排入了超过环境自净能力的物质或能量，使得环境化学、物理、生物等性质发生变异，从而导致环境质量下降，破坏了生态平衡或者危害了人类正常生存和发展的条件。雪崩是一种自然现象。

5. 答案：A

《放射性污染防治法》第8条第1款规定："国务院环境保护行政主管部门对全国放射性污染防治工作依法实施统一监督管理。"

(二) 多项选择题

1. 答案：ABCD

《环境保护法》第42条第1款规定："排放污染物的企业事业单位和其他生产经营者，应当采取措施，防治在生产建设或者其他活动中产生的废气、废水、废渣、医疗废物、粉尘、恶臭气体、放射性物质以及噪声、振动、光辐射、电磁辐射等对环境的污染和危害。”

2. 答案：A

从本质上说，源于日本的公害概念并未被国际普遍接受，而如果把环境污染同时理解为结果，且不限于对人群的结果，则环境污染的概念应当可以吸收公害的概念。

3. 答案：AB

环境问题一般可以分为两大类型，即环境污染和生态破坏，因而污染防治是环境保护事业的两大任务之一。

4. 答案：BCD

其他行使环境监督管理权的部门，是指国家海洋行政主管部门、港务监督、渔政渔港监督、军队环境保护部门和各级公安、交通、铁道和民航管理部门，这些部门依照有关的法律规定对环境污染防治实施监督管理。

（三）不定项选择题

1. 答案：ABCDE

从环境污染的产生方式及其表现形式角度，环境污染具有如下特征：(1) 原因的人为性。(2) 途径的介入性。(3) 机制的变异性。(4) 后果的致害性。(5) 系统的破坏性。

2. 答案：ACD

污染转嫁行为必须具备三个构成要件：(1) 转移的设备、技术、废弃物因对环境的污染危害严重而为法律所禁止；(2) 接受转移的企业事业单位没有防治污染的技术、设备、资金因而未能防止其对环境的污染危害；(3) 行为者主观上有过错。三者缺一不可。其中，转嫁的一方大都出于故意和贪利的动机，接受转移的一方也有出于故意的心理状态，但还有很多是对其危害性认识不足的。

3. 答案：AC

我国《环境保护法》和防治大气污染、水污染、固体废物污染的单行法规，以及我国参加的《控制危险废物越境转移及其处置巴塞尔公约》等，均对防止污染转嫁作了严格的规定。

简答题

1. 环境污染与公害，二者之间既在很大程度上具有同一性，又在内涵上存在细微的差别。环境污染主要是行为，直接作用对象是环境；而公害主要是结果，直接作用对象是人群，着重强调的是由于环境受到污染进而对人类造成的危害。它们在某种情况下表现出来的是一种因果关系，环境污染导致公害，是原因，而公害是由于环境污染引起、造成的，是结果。但另一方面二者又不完全对应，例如，有些行为并不一定污染环境要素，例如制造电磁辐射、噪声、强光等，但会通过环境要素介质对人体造成危害，即产生公害；而有些污染环境的行为并不一定直接产生公害，例如在无人区排放污染物等。从本质上说，源于日本的公害概念并未被国际普遍接受，而如果把环境污染同时理解为结果，且不限于对人群的结果，则环境污染的概念应当可以吸收公害的概念。

2. 我国环境污染防治立法是环境法中发展较早和较快的领域。早在20世纪70年代初，就已颁布了一系列污染物排放标准，随后又颁布了有关排污收费以及环境污染防治的各法律法规。迄今，已经颁布的专门的环境污染防治单行法律有《环境保护法》(1989年通过，2014年修订)、《大气污染防治法》(1987年通过，1995年修正，2000年修订，2015年修订，2018年修正)、《水污染防治法》(1984年通过，1996年修正，2008年2月修订，2017年修正)、《土壤污染防治法》(2018年8月通过)、《海洋环境保护法》(1982年通过，1999年修订，2013年修正，2016年修正，2017年修正，2023年修订)、《噪声污染防治法》(2021年通过)、《固体废物污染环境防治法》(1995年通过，2004年修订，2013年修正，2015年修订，2016年修正，2020年修订)、《清洁生产促进法》(2002年通过，2012年修订)、《环境影响评价法》(2002年通过，2016年修正，2018年修正)、《放射性污染防治法》(2003年) 等。

另外，我国还颁行了大量污染防治方面的行政法规、规章，如仅海洋环境保护就有多个配套条例，包括《海洋石油勘探开发环境保护管理条例》(1983年)、《防治船舶污染海洋环境管理条例》(2009年公布，2013年、2014年、2016年、2017年、2018年修订)、《海洋倾废管理条例》(1985年实施，2011年修订，2017年修订)、《防止拆船污染环境管理条例》(1988年实施，2016

年修订，2017 年修订）、《防治陆源污染物污染损害海洋环境管理条例》（1990 年）、《防治海岸工程建设项目污染损害海洋环境管理条例》（1990 年发布，2007 年 9 月修订，2017 年修订，2018 年修正）、《防治海洋工程建设项目污染损害海洋环境管理条例》（2006 年实施，2017 年修订，2018 年修正）、《防治船舶污染海洋环境管理条例》（2009 年发布，2013 年 7 月、12 月修订，2014 年、2016 年、2017 年修订）。水污染防治领域有《淮河流域水污染防治暂行条例》（1995 年发布，2011 年修正）、《松辽流域水污染防治暂行办法》（1995 年）、《渔业水域污染事故调查处理程序规定》（1997 年）等。这些法规基本上与污染防治单行法相互配套。还有一些部门规章对污染防治法律法规中没有规定的环境因素或者污染源进行了规定，如《电磁辐射环境保护管理办法》（1997 年，已失效）、《新化学物质环境管理办法》（2010 年）。另外，我国还批准了《控制危险废物越境转移及其处置的巴塞尔公约》（1991 年），加入了《防止倾倒废物及其他物质污染海洋的公约》及 1996 年议定书，批准加入了《关于持久性有机污染物的斯德哥尔摩公约》（2004 年 11 月对中国生效）、《关于在国际贸易中对某些危险化学品和农药采用事先知情同意程序的鹿特丹公约》（2005 年 6 月对中国生效）等。

3. 根据造成环境污染和危害的污染物的性质不同，可以把环境污染和其他公害大致分为两种类型：环境要素污染和有毒有害物质污染。还可以从其他方面对环境污染和其他公害进行分类，如根据环境的不同性质，可将其分为大气污染、水污染、海洋污染、土壤污染等；根据污染物的形态不同，可将其分为废气污染、废水污染、废渣及其他固体废物污染、噪声污染、放射性污染、电磁波辐射污染等。而环境污染和有毒有害物质污染是对环境污染和其他公害的基本分类，环境是人类与环境进行物质交换与能量流动的介质，如大气、水、土壤等。有毒有害物质是人体或环境难以降解或不能降解的那些物质，如重金属、放射性物质、固体废物、化学品、农药等。

案例分析题

1. 对于相邻关系中一方行使权利，应当以不损害对方的合法权益为限度。《中华人民共和国民法通则》第 83 条规定："不动产的相邻各方，应当……正确处理截水、排水、通行、通风、采光等方面的相邻关系。给相邻方造成妨碍或者损失的，应当停止侵害，排除妨碍，赔偿损失。"因此，应责令李某拆除在住宅楼顶和阳台上搭建的鸽舍，将被封闭的公共通道恢复原状。

2.（1）该案例中的违法行为包括：1）冶炼厂委托无危险废物经营许可证的单位处置危险废物的行为；2）硫化厂在没有取得危险废物经营许可证的条件下处置危险废物的行为；3）硫化厂在没有防治大气污染设施的情况下向大气超标排放污染物，并造成重大环境污染事故的行为。

（2）环境保护行政主管部门应当按照《固体废物污染环境防治法》的规定分别对冶炼厂和硫化厂予以行政处罚；硫化厂超标向大气排放污染物并造成重大环境污染的行为违反了《大气污染防治法》并构成了污染环境罪，应当由司法机关依照《刑法》的有关规定追究刑事责任。

论述与深度思考题

1. 从环境污染的产生方式及其表现形式角度考查，环境污染具有如下特征。

第一，原因的人为性。环境污染是伴随着人类的生产、生活活动而产生的；由人的意志以外的原因，如火山、地震、洪水等所造成的环境污染属于自然灾害，不属于严格意义上的环境污染的范畴，但由此引起的环境突发事故也应按环境污染事故报告制度处理。

第二，途径的介入性。环境污染主要是指污染物以较低浓度、长时间而且往往是多种物质同时存在，对环境综合地起作用，且是积累性、连续性地起作用，并以环境为介质对不特定人体及其他多种权益造成危害。而环境突发事故是环境污染的特殊情况。

第三，机制的变异性。环境污染物进入环境可通过生物的或物理、化学的作用发生转化、增毒、降解或富集，从而改变环境的原有性质、状态或浓度，产生不同的危害作用。

第四，后果的致害性。环境污染物可通过环境和食物等多种途径对人体产生长期影响，影响的对象多，危及的范围广，造成的后果严重，如对人体的危害性难以发现，发现后往往还难以根治，可能还会危及下一代。

第五，系统的破坏性。环境要素及其相互关系构成的环境系统是一个动态平衡的体系，各种环境要素彼此相互依赖，其中任何一个要素发生变化便会影响整个系统的平衡，环境污染所造成的任何一个环境要素的变化均会破坏环境系统的稳定，对环境系统构成威胁。

2.2015 年修订的《大气污染防治法》的主要特色如下。

（1）完善了以改善大气环境质量为责任目标的考核机制。修订后的《大气污染防治法》，明确了防治大气污染应当以改善大气环境质量为目标，坚持源头治理和规划先行，将转变经济发展方式、优化产业结构布局以及调整能源结构作为重要的手段。

（2）细化了监督管理职责。法律的有效实施最终还是要落实在具体可行的监督管理职责上。新法对大气污染防治的监督管理一章修订较大。为顺应总则中规划先行的原则，新法明确了对大气环境影响的项目应当进行环境评价并公开评价文件，并要求对污染物浓度和总量控制采取双标准。

（3）重点突出了燃煤和机动车污染治理。目前燃煤是我国主要的能源供给，并且这种状况的改变不是一蹴而就的。国务院有关部门和地方各级人民政府应当采取措施，调整能源结构，推广清洁能源的生产和使用，优化煤炭使用方式，推广煤炭清洁高效利用，减少煤炭在使用、转化过程中的大气污染物排放。新法对新建煤矿和已有煤矿的煤炭洗选提出更严格的要求。

（4）建立了重点区域大气污染联合防治制度。大气因其流动性强的特征，其污染的出现常常是区域性的。以京津冀区域为代表的雾霾区是大气污染区域化的典型地区。区域污染的联防联治是对传统分割式发展模式的绿色化突破，也是对现行生活模式的绿色化革新。新法建立重点区域大气污染联合防治制度也是顺应新时期跨区域治污的需要。国务院环境保护主管部门依据主体功能区划、区域大气环境质量状况以及大气污染传输扩散规律划定了国家大气污染防治重点区域，重点区域内建立了联席会议制度，按照统一规划、统一标准、统一监测、统一防治的措施要求，开展大气污染联合防治。对重点区域大气污染联合防治实行更严格的机动车大气污染排放标准，以及对该区域内新建、改建、扩建用煤项目实施煤炭等量或减量替代。

（5）细化了法律责任。在法律责任层面上，新法对违法行为进行了细化，处罚额度普遍加大并引入按日计罚制度。在处罚方式上也采取了限制生产、停产整治直至责令停业、关闭等多种措施。责任的细化有利于法律的有效落实，处罚力度的加大尤其是实施按日计罚制度，加大了企业的违法成本，将会有效遏制违法行为的发生。

参考文献：周珂，于鲁平．解析新《大气污染防治法》．环境保护，2015（18）.

第七章 大气污染防治法

知识逻辑图

- 大气污染防治法
  - 大气污染防治法概述
    - 概念
      - 大气
      - 大气污染
        - 生活污染源
        - 工业污染源
        - 交通污染源
        - 扬尘污染源
    - 大气污染的危害
      - 对人体健康
      - 对工业生产
      - 对农业生产
      - 对动植物
      - 对天气、气候自然生态的影响
    - 我国防治大气污染立法状况
  - 防治大气污染的主要法律规定
    - 各级人民政府在防治大气污染中的职责
      - 统一规划管理
      - 依靠科学技术
    - 防治大气污染的监督管理体制
    - 排污单位防治大气污染的义务
    - 防治大气污染的监督管理制度
    - 防治燃煤产生的大气污染
      - 燃煤和其他能源污染防治
      - 对燃煤产生的二氧化硫污染的特殊防治
        - 推行煤炭洗选加工
        - 限制高硫分、高灰分煤炭开采
        - 禁止开采含放射性和砷等超标煤炭
    - 工业污染防治
      - 严格废气和粉尘的排放
      - 防止可燃性气体污染大气
      - 配备脱硫装置
      - 建立台账
      - 减少物料泄漏和安装油气回收装置
    - 机动车、船等污染防治
    - 扬尘污染防治
    - 农业和其他污染防治
      - 防治恶臭气体和有毒有害烟尘污染
      - 禁止露天焚烧秸秆
      - 减排技术和工艺
      - 防治饮食服务业排放油烟污染
    - 重点区域大气污染联合防治
    - 重污染天气应对

名词解释

1. 大气污染
2. 大气污染监测制度
3. 生活污染源

选择题

（一）单项选择题

1. 我国对大气污染防治实施统一监督管理的机构是（　　）。
A. 各级交通管理部门
B. 各级铁道管理部门
C. 县级以上人民政府生态环境主管部门
D. 环境行政保护主管部门

2. 我国首次以法律形式对大气污染防治作出原则性规定的是（　　）。
A. 1987 年《大气污染防治法》
B. 1979 年《环境保护法（试行）》
C. 1995 年修改后的《大气污染防治法》
D. 2000 年修订后的《大气污染防治法》

3. 根据我国《大气污染防治法》的规定，下列哪一部门负责建立大气污染监测制度，组织监测网络，制定统一的监测方法？（　　）
A. 省、自治区、直辖市人民政府
B. 国务院生态环境主管部门
C. 县级以上地方人民政府环境保护行政主管部门
D. 省级以上地方人民政府环境保护行政主管部门

4. 造成温室效应的重要原因是（　　）。
A. 大气的不定成分
B. 惰性气体的增多
C. 二氧化硫的增多
D. 二氧化碳排放过多

5. 主要的大气污染都发生在（　　）。
A. 大气污染主要发生在对流层
B. 大气污染主要发生在平流层
C. 大气污染主要发生在中层
D. 大气污染主要发生在外层

（二）多项选择题

1. 按照大气污染物的来源，可以将大气污染分为（　　）。
A. 生活型污染　　B. 工业型污染
C. 交通型污染　　D. 低空污染
E. 高空污染

2. 下列说法正确的是（　　）。
A. 大气污染仅由人类行为引起
B. 大气污染既可以由人类行为引起也可由自然活动引起
C. 人为活动引起的大气污染包括生活污染、工业污染和交通污染
D. 法律所要防治的污染主要由人为活动引起

3. 大气污染可对天气造成下列哪些影响？（　　）
A. 空气污浊　　B. “热岛效应”
C. “拉波特效应”　　D. 酸雨
E. 气候变暖

（三）不定项选择题

1. 下列属于《大气污染防治法》规定的“排污单位”的是（　　）。
A. 某造纸厂　　B. 某饭馆
C. 某机关　　D. 甲军某部队

2. 《大气污染防治法》对燃煤产生的二氧化硫的防治措施包括（　　）。
A. 禁止一切单位和个人开采含放射性和砷等有毒有害物质超过规定标准的煤炭
B. 划定酸雨控制区和二氧化硫污染控制区
C. 推行煤炭洗选加工，限制高硫成分和高灰分煤炭开采
D. 新建的所采煤炭属于高硫分、高灰分的煤矿企业，必须建设配套的煤炭洗选设备

3. 国家倡导环保驾驶，鼓励燃油机动车驾驶人在不影响道路通行且需停车（　　）以上的情况下熄灭发动机，减少大气污染物的排放。
A. 三十分钟　　B. 十分钟
C. 三分钟　　D. 一分钟

简答题

1. 大气污染的概念和大气污染源的种类。（考

研）

2. 简述我国《大气污染防治法》对工业污染防治法律规定的基本内容。

案例分析题

1. 原告孙大涛等101户农民诉被告平顶山市卫东区环保局行政不作为，第三人平顶山市经济技术开发区东湖炼焦厂属于排污企业，在项目立项时，到平顶山市环境保护局办理了环境影响评价，对项目建成后可能对周围环境造成的影响进行了分析，提出了有关防治污染措施的要求。之后，第三人在试运行阶段，防治污染设施未经验收的情况下，即投入生产。原告向被告提出纠纷解决申请，被告根据调查认为原告的赔偿申请应该支持。但是被告此后就第三人环境保护设施未经验收就进行生产的违法行为，仅对其法定代表人个人进行处罚，处罚主体错误，且处罚内容缺乏对第三人排污行为的限制和禁止。此外，被告也没有按照其主管部门平顶山市环保局的意见，对第三人违法排污的行为实施监督并限期治理。

请问：本案涉及哪些问题？该如何处理？

2. 20××年4月4日，以苯乙烯为主要生产原料的新安江塑料化工实业有限公司（以下简称新安江公司）因违规操作，发生苯乙烯泄漏事故，致使苯乙烯直接流入沉淀池内，并外泄流入排水沟。苯乙烯散发出的气味影响到距离这家公司仅150米的更楼小学，致使刘露等407人出现头晕、头痛、恶心、腹痛、咳嗽等症状。这些学生后被送往当地医院检查，其中有20人住院观察。4月12日，浙江省、杭州市两级疾病预防控制中心的专家对更楼小学全体师生和新安江公司职工进行体检后认为，更楼小学师生出现的症状是新安江公司苯乙烯泄漏引起的一过刺激性反应，无苯乙烯急、慢性中毒诊断依据。事故发生后，当地政府会同有关部门对事故进行行政处理，新安江公司已停产整顿，并支付了学生医疗、检查等费用合计132 406.80元。法院除调查了上述事实外，还查明新安江公司的废水排放系统符合有关环保要求，并根据相关部门的报告认定这家公司苯乙烯生产项目的废水、废气排放量较少，对周围环境影响不大，属于可接受的风险范围。故作出如下判决：新安江公司苯乙烯泄漏事故属于污染环境行为，对更楼小学的师生造成了一定程度的损害，构成侵权，应承担相应的精神损害赔偿责任。但新安江公司已经支付了检查费、医疗费等费用，407名学生提出的其他经济损失没有具体事实依据，遂不予支持。近日，浙江省杭州市中级人民法院对这起引起多方关注的官司作出一审判决，判令新安江塑料化工实业有限公司赔偿建德市更楼小学刘露等407名学生精神损害抚慰金每人500元，共计203 500元，同时驳回原告的其他诉讼请求。

请问：在本案中法院适用了何种归责原则？法院判决该公司支付精神损害抚慰金的法律依据是什么？

论述与深度思考题

试述我国2015年修订的《大气污染防治法》中的联防联控制度。

参考答案

名词解释

1. 大气污染是指由于人们的生产活动和其他活动，使有毒有害物质进入大气，导致其物理、化学、生物或者放射性等方面的特性改变，使生活环境和生态环境受污染，危害人体健康、生命安全的现象。

2. 大气污染监测制度是《大气污染防治法》第23条专门设置的一项法律制度："国务院生态环境主管部门负责制定大气环境质量和大气污染源的监测和评价规范，组织建设与管理全国大气环境质量和大气污染源监测网，组织开展大气环境质量和大气污染源监测，统一发布全国大气环境质量状况信息。县级以上地方人民政府生态环境主管部门负责组织建设与管理本行政区域大气环境质量和大气污染源监测网，开展大气环境质量和大气污染源监测，统一发布本行政区域大气环境质量状况信息。"国务院生态环境主管部门设立大气污染监测机构并组织监测网络，制定统一的监测方法，以开展全国性的大气污染监测工作评价和掌握大气环境质量和大气污染状况，为大气污染防治提供监测数据和测试技术、方法。“大气监测网络”，是指由国家环境保护局牵头，把全国有关部门的监测机构组织起来，分工合作，共同开展大气污染监测活动，然后汇总整理，为制定全国大气环境保护规划和各地大气污染防治计划提供数据和资料。目前，我国已初步建成覆盖全国的国家环境监测网。

3. 生活污染源，是指城市居民、机关和服务性行业，由于烧饭、取暖、沐浴等生活上的需要，燃烧矿物燃料向大气排放煤烟造成大气污染。

选择题

（一）单项选择题

1. 答案：C

《大气污染防治法》第5条规定：“县级以上人民政府生态环境主管部门对大气污染防治实施统一监督管理。县级以上人民政府其他有关部门在各自职责范围内对大气污染防治实施监督管理。”

2. 答案：B

1979年颁布的《环境保护法（试行）》，首次对大气污染防治作了原则性的规定。1979年9月30日，卫生部、国家建委、国家计委、国家经委和国家劳动总局联合颁布了经过修订的《工业企业设计卫生标准》，这是我国最早颁布的工业区大气环境质量标准和车间空气质量标准。

3. 答案：B

《大气污染防治法》第23条规定：“国务院生态环境主管部门负责制定大气环境质量和大气污染源的监测和评价规范，组织建设与管理全国大气环境质量和大气污染源监测网，组织开展大气环境质量和大气污染源监测，统一发布全国大气环境质量状况信息。县级以上地方人民政府生态环境主管部门负责组织建设与管理本行政区域大气环境质量和大气污染源监测网，开展大气环境质量和大气污染源监测，统一发布本行政区域大气环境质量状况信息。”国务院生态环境主管部门设立大气污染监测机构并组织监测网络，制定统一的监测方法，以开展全国性的大气污染监测工作评价和掌握大气环境质量和大气污染状况，为大气污染防治提供监测数据和测试技术、方法。

4. 答案：D

大气的不定成分是造成大气污染的根源，而二氧化碳排放过多，则是造成地球温室效应的重要原因。

5. 答案：A

大气保护主要是保护对流层的大气质量，主要的大气污染都发生在对流层，约8公里～19公里厚。由于该层温度下高上低，给大气污染物的扩散创造了条件。

（二）多项选择题

1. 答案：ABC

人类活动所引起的大气污染的污染源，从生产来源来看，主要有三种：(1) 生活污染源。(2) 工业污染源。(3) 交通污染源。

2. 答案：BCD

大气污染可以由于自然活动，如火山爆发等引起，也可以由于人为活动而引起，法律所要防治的是由于人为活动而引起的大气污染。人类活动所引起的大气污染的污染源，从生产来源来看，主要有三种：(1) 生活污染源；(2) 工业污染源；(3) 交通污染源。

3. 答案：ABCD

大气污染首先可造成局部地区空气变浊，能见度降低，交通事故增多，还使太阳光直接照射到地面的数量大减。其次是城市的“热岛效应”。在大工业城市的上空，因工厂将废热大量排入天空，使近地面气温比四周郊区高1%～4%，形成局部地区环流，即工业区热空气上升，郊区冷空气从低层吹入市区。这种现象使热量和各种大气污染物长时间在城市上空循环，不易沿下风方向扩散，从而加剧了大气污染。再次，出现“拉波特效应”。即在大工业城市的下风向地区，由于工厂向天空排放大量的烟尘和其他污染物，烟尘对水蒸气有凝结作用，促使下风向雨量增加。最后，出现酸雨。大气中的硫氧化物、氮氧化物、碳氧化物会发生化学变化形成酸雨。

（三）不定项选择题

1. 答案：ABCD

排污单位是指在我国境内向大气排放污染物的一切企业（包括“三资”企业）事业单位、机关、团体、军队等，也包括近年来发展迅速并已造成附近居民生活环境严重污染的饮食服务业。

2. 答案：ACD

燃煤除了产生烟尘污染大气环境之外，还会产生二氧化硫并引起酸雨污染，这种污染危害极大，是燃煤污染防治的重点。为防治这种大气污染，《大气污染防治法》作了如下规定：推行煤炭洗选加工，限制高硫分和高灰分煤炭开采，提高燃煤品质。《大气污染防治法》第 33 条规定："国家推行煤炭洗选加工，降低煤炭的硫分和灰分，限制高硫分、高灰分煤炭的开采。新建煤矿应当同步建设配套的煤炭洗选设施，使煤炭的硫分、灰分含量达到规定标准；已建成的煤矿除所采煤炭属于低硫分、低灰分或者根据已达标排放的燃煤电厂要求不需要洗选的以外，应当限期建成配套的煤炭洗选设施。"为了降低煤的硫分和灰分，除了限制高硫分、高灰分煤炭的开采之外，《大气污染防治法》还规定，新建的所采煤炭属于高硫分、高灰分的煤矿企业，必须建设配套的煤炭洗选设备；对已建成的所采煤炭属于高硫分、高灰分的煤矿企业，必须建设配套的煤炭洗选设备，应当按照国务院批准的规划限期建成。此外，《大气污染防治法》还规定，国家禁止一切单位和个人开采含放射性和砷等有毒有害物质超过规定标准的煤炭。

3. 答案：C

《大气污染防治法》第 57 条规定："国家倡导环保驾驶，鼓励燃油机动车驾驶人在不影响道路通行且需停车三分钟以上的情况下熄灭发动机，减少大气污染物的排放。"

简答题

1. 大气污染指由于人们的生产活动和其他活动，使有毒有害物质进入大气，导致其物理、化学、生物或者放射性等方面的特性改变，使生活环境和生态环境受污染，危害人体健康、生命安全的现象。污染源主要有：(1) 生活污染源；(2) 工业污染源；(3) 交通污染源；(4) 沙尘污染源。

2.《大气污染防治法》对工业污染防治作了专节规定。基本内容如下。

(1) 严格废气和粉尘的排放

工矿企业在生产过程中会向环境排放大量含有毒物质的废气，如汞蒸气、氯气等，对人体健康十分有害。粉尘是工业锅炉以及用汽油的汽车所排放的烟尘微粒，对人体危害性更大。因此，《大气污染防治法》第 45 条规定："产生含挥发性有机物废气的生产和服务活动，应当在密闭空间或者设备中进行，并按照规定安装、使用污染防治设施；无法密闭的，应当采取措施减少废气排放。"第 48 条规定："钢铁、建材、有色金属、石油、化工、制药、矿产开采等企业，应当加强精细化管理，采取集中收集处理等措施，严格控制粉尘和气态污染物的排放。工业生产企业应当采取密闭、围挡、遮盖、清扫、洒水等措施，减少内部物料的堆存、传输、装卸等环节产生的粉尘和气态污染物的排放。"

(2) 防止可燃性气体污染大气

工业生产中排放的许多可燃性气体，如焦炉气、石油化工尾气等，是可以回收利用的。《大气污染防治法》第 49 条规定："工业生产、垃圾填埋或者其他活动产生的可燃性气体应当回收利用，不具备回收利用条件的，应当进行污染防治处理。可燃性气体回收利用装置不能正常作业的，应当及时修复或者更新。在回收利用装置不能正常作业期间确需排放可燃性气体的，应当将排放的可燃性气体充分燃烧或者采取其他控制大气污染物排放的措施，并向当地生态环境主管部门报告，按照要求限期修复或者更新。"

(3) 配备脱硫装置

《大气污染防治法》第 43 条规定："钢铁、建材、有色金属、石油、化工等企业生产过程中排放粉尘、硫化物和氮氧化物的，应当采用清洁生产工艺，配套建设除尘、脱硫、脱硝等装置，或者采取技术改造等其他控制大气污染物排放的措施。"针对特定行业排放气体情况，国家规定应当配备脱硫装置或者采取其他脱硫措施。但对含有硫化物的气体脱硫，不仅仅是对污染的治理，也可以进行综合利用。如二氧化硫，在对大气环境造成危害的同时又是可以利用的化工原料。

(4) 建立台账

《大气污染防治法》第 46 条规定，工业涂装企业应当使用低挥发性有机物含量的涂料，并建立台账，记录生产原料、辅料的使用量、废弃量、去向以及挥发性有机物含量。台账保存期限不得少于 3 年。

（5）减少物料泄漏和安装油气回收装置

《大气污染防治法》第 47 条规定，石油、化工以及其他生产和使用有机溶剂的企业，应当采取措施对管道、设备进行日常维护、维修，减少物料泄漏，对泄漏的物料应当及时收集处理。储油储气库、加油加气站、原油成品油码头、原油成品油运输船舶和油罐车、气罐车等，应当按照国家有关规定安装油气回收装置并保持正常使用。

案例分析题

1. 环境污染的主管部门是各级政府所辖的生态环境部门，公民在遭受环境污染侵害时，可以要求生态环境部门履行职责，对环境污染单位进行监督和治理。在生态环境部门怠于履行职责时，公民依照《行政诉讼法》所规定的程序，可以起诉请求法院判决行政机关履行职责。因此，在本案中，法院可根据《行政诉讼法》第 72 条“人民法院经过审理，查明被告不履行法定职责的，判决被告在一定期限内履行”之规定，判决环保局履行职责。

2.（1）法院适用了无过错责任原则。

（2）该判决的法律依据是《最高人民法院关于确定民事侵权精神损害赔偿责任若干问题的解释》第 8 条和第 9 条关于赔偿精神损害抚慰金的规定。

论述与深度思考题

2015 年修订的《大气污染防治法》以法律的形式固化了大气污染联防联控实践中的一些工作机制，包括划定国家大气污染防治重点区域（第 86 条）；定期召开联席会议（第 86 条）；制定重点区域大气污染联合防治行动计划（第 87 条）；实施更严格的机动车大气污染物排放标准（第 88 条）；编制可能对国家大气污染防治重点区域的大气环境造成严重污染的有关规划（第 89 条）；新建、改建、扩建用煤项目的，实行煤炭的等量或减量替代（第 90 条）；建立国家大气污染防治重点区域的信息共享机制（第 91 条），开展联合执法、跨区域执法、交叉执法（第 92 条）等。

尽管该法规定了许多落实大气污染联防联控机制的法律措施，但从可操作性的角度来看，上述规定的作用有限，存在宣示性规定过多、可实施性不强的突出问题。从第 86 条到第 92 条的条文内容来看，大致是沿着区域划定、联席会议、行动计划、排放标准、规划编制、煤炭替代、信息共享、联合执法的思路来设计大气污染联防联控制度的法律条款。但全章一共只有 7 条 12 款，每条都只是对大气污染联防联控的某一方面作了一般性的框架规定，没有详细的路线图和具体的时间表。这样的规定虽体现了源头治理的要求，但过于原则，既无大错，也无大用，导致大气污染联防联控机制的可实施性不强。

法律和政策的最大区别就在于前者由国家强制力保障实施，大气污染联防联控经历了由政策到法律的蜕变，《大气污染防治法》中关于大气污染联防联控的规定不能流于形式，而应保证其实施效果。总体来看，今后的《大气污染防治法》立法修订、实施方案或部门规章应吸取《环境保护法》修订的经验，并借鉴欧美发达国家的立法经验，将当下以原则性要求为主的大气污染联防联控机制扩充成为包含详细法律规定的一章，以增强该制度在实施中的可操作性。

参考文献：高桂林，陈云俊．评析新《大气污染防治法》中的联防联控制度．环境保护，2015（18）.

第八章　水污染防治法

知识逻辑图

- 水污染防治法
  - 水环境污染问题
    - 水污染的概念
    - 水污染的类型
    - 水污染的危害
    - 我国水污染现状
  - 防治水污染立法概述
    - 国外水污染防治立法
    - 国外防治水污染法律制度
      - 美国
        - 清洁水法
        - 安全饮用水法
        - 海洋倾倒法
      - 德国
      - 法国
  - 我国防治水污染的主要法律规定
    - 水污染防治的原则
    - 各级人民政府在水环境保护中的责任
    - 水污染防治的监督管理体制
    - 水环境保护标准制度
      - 水环境质量标准的制定
      - 污染物排放标准的制定
    - 水污染防治的主要法律制度
      - 重点水污染物排放的总量控制制度
      - 排污许可制度
    - 水污染防治主要措施
    - 饮用水水源和其他特殊水体的保护
      - 饮用水水源保护区管理制度
      - 明确了饮用水水源保护区的严格管理制度
      - 建设应急或备用水原、完善供水模式
      - 明确了饮用水供水单位对供水水质负责
      - 在饮用水准保护区内实行积极的保护措施
      - 特殊水体的保护

名词解释

1. 水污染
2. 重点水污染物排放的总量控制制度
3. 排污许可制度

选择题

（一）单项选择题

1. 水污染是指（　　）。（考研）

A. 地表水污染

B. 陆地水污染

C. 陆地水和海水污染

D. 地下水污染

2. 下列不属于《水污染防治法》的适用范围的是（　　）。

A. 江河　　　　B. 湖泊

C. 海洋　　　　D. 水库

3. 适用于源头水、国家自然保护区的水质量标准是（　　）。

A. 一类水　　　　B. 二类水

C. 三类水　　　　D. 四类水

4. 关于水污染防治和水资源保护方面，以下哪一项不是中国的法律？（　　）

A. 水污染防治法　　　　B. 水法

C. 清洁水法　　　　D. 环境保护法

5.《水污染防治法》规定不得新建排污口的区域不包括（　　）。

A. 具有特殊经济文化价值的水体的保护区

B. 风景名胜区水体

C. 重要渔业水体

D. 城市湿地公园

（二）多项选择题

1. 水污染的特点包括（　　）。

A. 水污染影响的范围大，涉及地区广，接触污染的对象普遍

B. 水污染的作用时间长，接触者长时间遭受水污染的危害

C. 污染物质种类繁多

D. 水污染造成的某些疾病不易彻底治疗

E. 水污染治理困难，一旦形成，即使停止排污，旧的污染也难以消除

2. 可以造成水体富营养化现象的是（　　）。

A. 二氧化硫　　　　B. 二氧化碳

C. 磷元素　　　　D. 氮元素

3. 下列说法正确的是（　　）。

A. 我国水污染形势已经得到有效控制

B. 世界上最早的水污染防治法律是英国在1833年制定的《水质污染控制法》

C. 我国湖泊污染主要是富营养化程度逐年加重

D. 我国饮用水源地基本没有遭受污染

4. 美国关于水污染防治的法律主要有（　　）。

A.《地下水法》

B.《清洁水法》

C.《安全饮用水法》

D.《国家初级饮用水条例》

（三）不定项选择题

1. 下列属于饮用水水源一级保护区内禁止从事的行为有（　　）。

A. 设置排污口

B. 新建、改建、扩建与供水设施和保护水源无关的建设项目

C. 从事网箱养殖、旅游、游泳、垂钓或者其他可能污染饮用水水体的活动

D. 新建、扩建对水体污染严重的建设项目

2. 有权实施污染物排放总量控制的部门是（　　）。

A. 各级环保行政部门

B. 各级人民政府

C. 国务院

D. 省级人民政府

3. 下列哪些行为逾期不采取治理措施，环境保护主管部门可以指定有治理能力的单位代为治理（　　）。

A. 未采取防渗漏等措施，或者未建设地下水水质监测井进行监测的

B. 向水体排放油类、酸液、碱液的

C. 向水体排放、倾倒放射性固体废物或者含有高放射性、中放射性物质的废水的

D. 在水体清洗装贮过油类、有毒污染物的车辆或者容器的

简答题

1. 简述水污染防治的监管体制。

2. 试述我国水环境保护标准制度的主要内容。

3. 简述国外水污染防治立法进程。

案例分析题

1. 甲市A企业根据甲市的污染物排放标准向本市D河排放污染物，该市B企业以符合国家污染物排放标准但不符合甲市的污染物排放标准向

D河排放污染物，该市C企业超过该市污染物排污标准向D河排放污染物。大量的、长期的排放污染物导致该河流污染十分严重，用该河河水养殖鸡鸭的养殖户损失惨重。

请问：这些受到财产损害的养殖户可以通过何种途径获得救济？

2. 四川省安岳县石羊造纸厂（以下简称石羊厂）、天池造纸厂（以下简称天池厂）、麒麟化工厂（以下简称化工厂）位于安岳县丝绸一厂（以下简称丝绸厂）取水源上游，由于两造纸厂与化工厂的造纸废水和生产芦酊废水大量排放到琼江河，严重污染了下游河段的丝绸厂取水源，令水质无法达到制丝用水的标准，给丝绸厂造成经济损失达30余万元。丝绸厂依法向安岳县人民法院起诉，要求法院判令三被告立即停止侵害，赔偿经济损失。法院审理期间，经安岳县卫生防疫站、安岳县环境监测站两次采样检验，结果表明：石羊河、瑞云河段及安岳县丝绸一厂备水取水区域的水质不符合国家卫生标准，饮用该水会产生不适感和厌恶感。石羊厂、天池厂、化工厂三厂排放的大量污水，其各项指标均大大超过《四川省水污染物排放标准》三级标准最高允许排放浓度，系超标排放污染物。在审理期间，石羊厂决定停产；天池厂停产治理，通过治理工程处理后的废水，经环境监测站采样检测，各项指标均符合《四川省水污染物排放标准》三级标准；化工厂的芦酊车间已完全停产并决定不再投产。

请问：本案中丝绸厂有无义务证明污水超标？

论述与深度思考题

试述河长制。

参考答案

名词解释

1. 污染防治法中的水环境污染简称水污染，是指陆地水污染，即由于人类在其生产和生活活动中将物质或能量排入陆地水体，导致其化学、物理、生物或者放射性等方面特性的改变，造成水质恶化，从而影响水的有效利用，危害人体健康或者破坏生态环境的现象。水污染所指的水体，包括所有的江河、运河、湖泊、渠道、水库等地表水和地下水，以及水中的悬浮物、底泥和水生生物等。

2. 重点水污染物排放总量控制制度，是指在特定的时期内，综合经济、技术、社会等条件，采取通过向排污源分配水污染排放量的形式，将一定空间范围内的排污源产生的水污染物的数量控制在水环境容许限度内而实行的污染控制方式及其管理规范的总称。

为了体现预防为主的原则，加强对水污染物的源头削减和排放控制，《水污染防治法》将实施重点水污染物排放总量控制制度的范围扩大到了全国：一是国家对重点水污染物排放实施总量控制制度。二是重点水污染物排放总量控制指标，由国务院环境保护主管部门在征求国务院有关部门和各省、自治区、直辖市人民政府意见后，会同国务院经济综合宏观调控部门报国务院批准并下达实施。省、自治区、直辖市人民政府应当按照国务院的规定削减和控制本行政区域的重点水污染物排放总量。具体办法由国务院环境保护主管部门会同国务院有关部门规定。省、自治区、直辖市人民政府可以根据本行政区域水环境质量状况和水污染防治工作的需要，对国家重点水污染物之外的其他水污染物排放实行总量控制。对超过重点水污染物排放总量控制指标或者未完成水环境质量改善目标的地区，省级以上人民政府环境保护主管部门应当会同有关部门约谈该地区人民政府的主要负责人，并暂停审批新增重点水污染物排放总量的建设项目的环境影响评价文件。约谈情况应当向社会公开。

3. 排污许可制度是加强污染物排放监管的重要手段。《水污染防治法》在这方面进行了规定，即国家实行排污许可制度。直接或者间接向水体排放工业废水和医疗污水以及其他按照规定应当取得排污许可证方可排放的废水、污水的企业事业单位和其他生产经营者，应当取得排污许可证；城镇污水集中处理设施的运营单位，也应当取得排污许可证。排污许可证应当明确排放水污染物的种类、浓度、总量和排放去向等要求。排污许可的具体办法由国务院规定。禁止企业事业单位和其他生产经营者无排污许可证或者违反排污许可证的规定向水体排放前款规定的废水、污水。同时，禁止私设暗管或者采取其他规避监管的方式排放水污染物。否则，应当承担《水污染防治法》第83条规定的法律责任。

选择题

（一）单项选择题

1. 答案：B

污染防治法中的水环境污染简称水污染，是指陆地水污染，即由于人类在其生产和生活活动中将物质或能量排入陆地水体，导致其化学、物理、生物或者放射性等方面特性的改变，造成水质恶化，从而影响水的有效利用，危害人体健康或者破坏生态环境的现象。

2. 答案：C

水污染所指的水体，包括所有的江河、运河、湖泊、渠道、水库等地表水和地下水，以及水中的悬浮物、底泥和水生生物等。海洋由《海洋环境保护法》调整。

3. 答案：A

源头水、国家自然保护区的水质量标准是一类水。

4. 答案：C

《清洁水法》是美国的法律，它在美国水污染控制法律体系中居于主要地位。选项D《环境保护法》是我国环境保护领域的基本法，既包括水污染控制的内容，也包含水资源利用和生态保护方面的内容。

5. 答案：D

《水污染防治法》（2017年修正）第75条规定："在风景名胜区水体、重要渔业水体和其他具有特殊经济文化价值的水体的保护区内，不得新建排污口。在保护区附近新建排污口，应当保证保护区水体不受污染。"

（二）多项选择题

1. 答案：ABCDE

水污染主要有以下几方面的特点：第一，水污染影响的范围大，涉及地区广，接触污染的对象普遍；第二，水污染的作用时间长，接触者长时间遭受水污染的危害；第三，污染物质种类繁多，性质各异，经过转化、代谢、降解和富集，改变其原来的性质，产生不同的危害，而且污染往往危害潜伏期很长，有些对人体的危害不容易被发现；第四，水污染造成的某些疾病不易彻底治疗；第五，水污染治理困难，一旦形成，即使停止排污，旧的污染也难以消除，有的已不可能恢复，且水污染治理费用大、费时长、代价高，治理费用往往要比预防费用高出许多。

2. 答案：CD

在生活污水、工业废水和施用磷肥、氮肥的农田水中，经常含有一定量的磷、氮等植物营养物质。这些物质在水中的含量增加时，会刺激水生物（尤其是藻类）的生长。藻类的大量繁殖，会占据越来越大的水体空间，使鱼类等生活的空间越来越小。而且藻类浮在水面，阻碍了与大气之间的氧气交换，使水中的溶解氧越来越少。藻类阻挡阳光，使底层水生植物因缺少氧气、阳光而死亡，造成水体"老化"乃至"死亡"。这种现象称为水体的富营养化。

3. 答案：BC

我国水污染日趋严重。就全国而言，我国有80%左右的污水未经处理就直接排入水域，造成全国1/3以上的河段受到污染，90%以上城市水域污染严重，近50%的重点城镇水源地不符合饮用水标准。湖泊的污染严重，主要是富营养化程度逐年加重。最早立法的国家是英国、爱尔兰、西班牙、美国。英国在1833年制定了《水质污染控制法》。爱尔兰于1847年制定、1863年修改了《河道法令》，1876年制定、1893年修改了《河流污染防治条例》，1878年制定、1890年修改了《公共卫生条例》。西班牙水污染控制法比较零碎，在公共卫生、渔业保护、采矿、洗涤剂及杀虫剂等方面的法规中都有所涉及，1879年6月13日水法的条款，至今仍然有效。美国于1899年制定《河川港湾法》。

4. 答案：BCD

关于水污染防治方面的法律，美国主要有《安全饮用水法》《海洋倾倒法》《清洁水法》《国家初级饮用水条例》。A项中《地下水法》是荷兰于1981年制定的。

（三）不定项选择题

1. 答案：ABCD

《水污染防治法》（2017 年修正）第 64 条规定，在饮用水水源保护区内，禁止设置排污口。第 65 条规定，禁止在饮用水水源一级保护区内新建、改建、扩建与供水设施和保护水源无关的建设项目；已建成的与供水设施和保护水源无关的建设项目，由县级以上人民政府责令拆除或者关闭。禁止在饮用水水源一级保护区内从事网箱养殖、旅游、游泳、垂钓或者其他可能污染饮用水水体的活动。

2. 答案：D

《水污染防治法》（2017 年修正）第 20 条规定："国家对重点水污染物排放实施总量控制制度。重点水污染物排放总量控制指标，由国务院环境保护主管部门在征求国务院有关部门和各省、自治区、直辖市人民政府意见后，会同国务院经济综合宏观调控部门报国务院批准并下达实施。省、自治区、直辖市人民政府应当按照国务院的规定削减和控制本行政区域的重点水污染物排放总量。具体办法由国务院环境保护主管部门会同国务院有关部门规定。省、自治区、直辖市人民政府可以根据本行政区域水环境质量状况和水污染防治工作的需要，对国家重点水污染物之外的其他水污染物排放实行总量控制。对超过重点水污染物排放总量控制指标或者未完成水环境质量改善目标的地区，省级以上人民政府环境保护主管部门应当会同有关部门约谈该地区人民政府的主要负责人，并暂停审批新增重点水污染物排放总量的建设项目的环境影响评价文件。约谈情况应当向社会公开。"

3. 答案：ABCD

《水污染防治法》（2017 年修正）第 85 条规定："有下列行为之一的，由县级以上地方人民政府环境保护主管部门责令停止违法行为，限期采取治理措施，消除污染，处以罚款；逾期不采取治理措施的，环境保护主管部门可以指定有治理能力的单位代为治理，所需费用由违法者承担：（一）向水体排放油类、酸液、碱液的；（二）向水体排放剧毒废液，或者将含有汞、镉、砷、铬、铅、氰化物、黄磷等的可溶性剧毒废渣向水体排放、倾倒或者直接埋入地下的；（三）在水体清洗装贮过油类、有毒污染物的车辆或者容器的；（四）向水体排放、倾倒工业废渣、城镇垃圾或者其他废弃物，或者在江河、湖泊、运河、渠道、水库最高水位线以下的滩地、岸坡堆放、存贮固体废弃物或者其他污染物的；（五）向水体排放、倾倒放射性固体废物或者含有高放射性、中放射性物质的废水的；（六）违反国家有关规定或者标准，向水体排放含低放射性物质的废水、热废水或者含病原体的污水的；（七）未采取防渗漏等措施，或者未建设地下水水质监测井进行监测的；（八）加油站等的地下油罐未使用双层罐或者采取建造防渗池等其他有效措施，或者未进行防渗漏监测的；（九）未按照规定采取防护性措施，或者利用无防渗漏措施的沟渠、坑塘等输送或者存贮含有毒污染物的废水、含病原体的污水或者其他废弃物的。"

简答题

1.《水污染防治法》第 9 条对我国水污染防治的统一监督管理与分管部门监督管理机构和职责作出规定。县级以上人民政府环境保护主管部门对水污染防治实施统一监督管理。交通主管部门的海事管理机构对船舶污染水域的防治实施监督管理。这一规定有利于发挥分管部门的积极性，共同做好监督管理工作。因为"协同"监督管理的行政部门只有享有行政处罚权之后，才能实施其监督管理职责。该法第 9 条第 3 款还规定，县级以上人民政府水行政、国土资源、卫生、建设、农业、渔业等部门以及重要江河、湖泊的流域水资源保护机构，在各自的职责范围内，对有关水污染防治实施监督管理。

2. 我国水环境保护标准制度包括如下内容。

（1）水环境质量标准的制定。《水污染防治法》第 12 条规定，国家水环境质量标准统一由国务院环境保护主管部门制定，对于国家水环境质量标准中未规定的项目，可由省、自治区、直辖市人民政府制定补充标准，并报国务院环境保护主管部门备案。国务院环境保护主管部门会同国务院水行政主管部门和有关省、自治区、直辖市人民政府，可以根据国家确定的重要江河、湖泊流域水体的使用功能以及有关地区的经济、技术条件，确定该重要江河、湖泊流域的省界水体适用的水环境质量标准，报国务院批准后施行。

（2）污染物排放标准的制定。根据《水污染防治法》第 14 条的规定，国家水污染物排放标准由国务院环境保护主管部门制定，省级人民政府可制定国家水污染物排放标准中未规定的项目的地方水污染物补充标准。对国家水污染物排放标准中已作规定的项目，可以制定严于国家水污染物排放标准的地方水污染物排放标准。地方水污染物排放标准须报国务院环境保护主管部门备案。《水污染防治法》第 14 条第 3 款规定，凡向已有地方水污染物排放标准的水体排放污染物的，应当执行地方水污染物排放标准。

3. 国外水污染防治立法，以欧美为代表，大致可分为三个阶段。

第一阶段，即 19 世纪末以前，是水污染防治立法的开始阶段。在产业革命以前，有的国家的法律中开始出现关于污染防治的零星规范。产业革命后，由于工厂林立的大城市的兴起，一些工业较发达的国家开始制定水污染防治的单行法规。

第二阶段，从 20 世纪初开始到 60 年代末，是水污染防治立法逐步深入的时期。随着水污染问题的逐渐严重，水污染防治的立法被更多的国家注意。一些立法较早的国家，水污染防治法律规范进一步具体化。

第三阶段，由于水污染在一些工业发达国家成了严重的社会问题，20 世纪 70 年代以来，是水污染防治立法的大发展时期。联邦德国于 1976 年制定《水法》和《污水收费法》。美国在过去水污染控制法的基础上，于 1970 年修订《联邦水污染防治法》，并于 1972 年、1977 年、1981 年、1982 年进行了修订。意大利也于 1976 年制定《水污染控制法》。日本于 1970 年召开了“公害国会”，修订了《公害对策基本法》，并制定了《水质污浊防治法》。由于切实加强了水污染防治的法律调整，在一些原来水污染严重的国家，情况有了根本好转。

案例分析题

1.《水污染防治法》（2017 年修正）第 96 条规定：“因水污染受到损害的当事人，有权要求排污方排除危害和赔偿损失。由于不可抗力造成水污染损害的，排污方不承担赔偿责任；法律另有规定的除外。”第 97 条规定：“因水污染引起的损害赔偿责任和赔偿金额的纠纷，可以根据当事人的请求，由环境保护主管部门或者海事管理机构、渔业主管部门按照职责分工调解处理；调解不成的，当事人可以向人民法院提起诉讼。当事人也可以直接向人民法院提起诉讼。”本案中这些受损的养殖户可以向法院提起民事诉讼，要求 A、B、C 三企业承担损害赔偿责任，《民法典》侵权责任编中也有关于共同侵权的规定。

2.《水污染防治法》（2017 年修正）第 96 条规定：“因水污染受到损害的当事人，有权要求排污方排除危害和赔偿损失。”企业超标排污属于违法行为，应当依法承担行政责任，由环境保护部门或者交通部门的行政机关根据不同情节，给予警告或者处以罚款。同时需要明确，即使企业已经依法缴纳了环境税或者罚款，对于造成的环境损害仍需承担民事责任。故而，受害人在求偿时，只需要证明企业存在排污行为并且自己因该排污行为受到了损害，至于企业排污超标与否，则不需证明。有污染损害就有赔偿，若超标则还要视情形承担除民事责任之外的行政责任或者刑事责任。

论述与深度思考题

“河长制”是指由各级地方政府党政负责人担任该级政府管辖区域内河流湖泊的“河长”，负责水资源保护、水域岸线管理、水污染防治、水环境治理的机制体系。河长制是一项制度创新，镶嵌在我国既有的水资源管理机制体系内，既是我国现有水资源保护、水污染防治制度体系的集中表达，也拷问了现行的法律制度，亟待构建完善的法律保障机制。我国 2017 年修订的《水污染防治法》第 5 条规定，省、市、县、乡建立河长制，分级分段组织领导本行政区域内江河、湖泊的水资源保护、水域岸线管理、水污染防治、水环境治理等工作。

（1）河长制是政府环境质量责任的具体落实。2016 年 12 月 11 日中共中央办公厅、国务院办公厅印发《关于全面推行河长制的意见》（以下简称《意见》）规定的全面建立省、市、县、乡四级河长体系，由四级河长负责组织领导相应的河湖的管理和保护工作。这种机制设计的法律依据是我国《环境保护法》规定的政府环境质量负责制。我国2014年修订的《环境保护法》第6条第2款规定：“地方各级人民政府应当对本行政区域的环境质量负责。”第28条第1款规定：“地方各级人民政府应当根据环境保护目标和治理任务，采取有效措施，改善环境质量。”因此，虽然我国现行的环境法律体系没有直接规定“河长制”的具体内容，但是，河长制系统规定了各级地方政府党政负责人担任总河长与河长，并体系化规定其工作职责，是地方政府环境质量负责制的具体实现形式。

（2）河长制是环境问责制的典型体现。河长制本身是一种特殊环保问责制，是既有的环保问责制在水资源保护领域的细化规定。河长考核问责制还规定了生态环境损害责任终身追究制，其依据是中共中央办公厅、国务院办公厅2015年印发的《党政领导干部生态环境损害责任追究办法（试行）》，该办法不但在第3条规定“地方各级党委和政府对本地区生态环境和资源保护负总责，党委和政府主要领导成员承担主要责任，其他有关领导成员在职责范围内承担相应责任”，还在第12条规定了“实行生态环境损害责任终身追究制”，《意见》在考核问责具体措施中的规定均为对该办法相关规定的具体落实。

（3）河长制是生态保护红线制度的底线限制的实质拓展。我国2014年修订的《环境保护法》在第29条第1款新增了生态保护红线制度。生态保护红线是维护生态安全的不可逾越的底线。河长制具体化了《环境保护法》中所规定的生态保护红线制度，强化了水功能区监督管理作为河长制的主要任务，明确且细化了生态功能保障基线的底线控制要求与路径在水资源保护领域的体现。并且，河长制的规定某种意义上解释与扩大了生态保护红线的类型，从生态功能红线扩大到环境质量安全底线和自然资源利用上线，即分别对应《意见》中规定的水资源开发利用控制、用水效率控制、水功能区限制纳污红线。这三条红线构成一个整体，为水资源开发利用与保护确立了一个完整的水资源生态保护红线体系。

（4）河长制体现了水资源流域管理与区域管理的有机结合。我国《水法》（2016年修订）第12条第1款规定：“国家对水资源实行流域管理与行政区域管理相结合的管理体制。”首先，河长制在充分重视水资源跨界性自然属性的基础上，建立省、市、县、乡四级河长体系，能最大程度上契合水资源跨界流域性特征。河长制所确立的“一级抓一级、层层抓落实”的工作格局，可以有效规避多个地方政府对跨界河流共同管理难以协调、各地方政府有利争夺、无利推诿甚至是以邻为壑的困局。这是对水资源流域管理制度的体系化规定。与此同时，我国各行政执法机构权限分配的原则是贯彻一种分散管理模式和分业体制，在这种体制下，我国涉水机构主要是以环境保护和水污染治理为主要任务的环保部门与以水资源管理和保护为主要任务的水行政主管部门——水利部门，另外，住建、农业、林业、发改、交通、渔业、海洋等部门也在相应领域内承担着与水有关的行业分类管理职能。这种分散管理体制导致了现有水资源管理体制中“多龙管水”的现状。河长制是在不突破现行“九龙治水”的权力配置格局下，通过具体措施更加有效地促使多个相关职能部门之间的协调与配合，并由当地党政负责人担任河长，整合在水污染治理中相关职能部门的资源，实现集中管理。

参考文献：刘超．环境法视角下河长制的法律机制建构思考．环境保护，2017（9）.

第九章　土壤污染防治法

知识逻辑图

- 土壤污染防治法
  - 土壤污染概述
    - 概念
    - 类型
      - 有机物污染引起的
      - 重金属污染引起的
      - 病原体引起的
      - 放射性元素引起的
    - 危害及管控
    - 污染现状
  - 土壤污染防治立法概述
    - 国外立法
      - 欧盟
      - 美国
      - 日本
      - 英国
      - 荷兰
      - 德国
      - 法国
      - 韩国
    - 我国立法
      - 前期土壤污染防治立法的成果及不足
      - 制定《土壤污染防治法的必要性和可行性》
      - 立法历程
  - 我国土壤污染防治的主要法律规定
    - 立法目的与基本原则
    - 土壤污染防治的政府责任
      - 目标责任制和考核评价
      - 政府基本职责
    - 土壤污染防治的监管体制
    - 规划、标准、普查和监测
      - 土壤污染防治规划
      - 土壤污染风险管控标准
      - 土壤污染状况普查
      - 土壤环境监测
    - 预防和保护
      - 环境影响评价
      - 防止有毒有害物质污染土壤
      - 拆除设施、设备或者建筑物、构筑物活动的土壤污染防治
      - 矿产资源开发活动土壤污染防治
      - 特殊设施的土壤污染防治
      - 防止农用地土壤污染
      - 对未污染土壤和未利用地的保护
      - 其他
    - 风险管控和修复
      - 一般规定
      - 农用地
      - 建设用地
    - 保障和监督
    - 侵权责任与环境公益诉讼

名词解释

1. 土壤污染
2. 污染地块
3. 土壤污染状况调查
4. 风险管控

选择题

（一）单项选择题

1. 我国对土壤污染防治实施统一监督管理的机构是（　　）。

A. 国务院农业农村主管部门
B. 国务院自然资源主管部门
C. 国务院林业草原主管部门
D. 国务院生态环境主管部门

2. 以下哪部法律不是美国土壤污染防治方面的法律？（　　）

A.《土壤保护法》
B.《固体废物处置法》
C.《农业用地土壤污染防治法》
D.《超级基金法》

3. 土地使用权已经被地方人民政府收回，土壤污染责任人为原土地使用权人的，由（　　）组织实施土壤污染风险管控和修复。

A. 原土地使用权人
B. 地方人民政府
C. 国务院生态环境主管部门
D. 国务院农业农村主管部门

（二）多项选择题

1. 各级人民政府对土壤污染的防治应当安排必要的资金用于（　　）事项。

A. 土壤污染防治的科学技术研究开发、示范工程和项目
B. 土壤污染状况普查、监测、调查和土壤污染责任人认定、风险评估、风险管控、修复等活动
C. 土壤污染的突发事件的应急处置
D. 各级人民政府规定的涉及土壤污染防治的其他事项

2. 根据土壤污染物性质的不同，土壤污染的类型有（　　）。

A. 有机物污染引起的土壤污染
B. 重金属污染引起的土壤污染
C. 病原体引起的土壤污染
D. 放射性元素引起的土壤污染

3. 土壤污染风险评估报告应当主要包括的内容有（　　）。

A. 主要污染物状况
B. 土壤及地下水污染范围
C. 农产品质量安全风险、公众健康风险或者生态风险
D. 风险管控、修复的目标和基本要求

（三）不定项选择题

1. 对严格管控类农用地地块，地方人民政府农业农村、林业草原主管部门应当采取下列哪些风险管控措施？（　　）

A. 提出划定特定农产品禁止生产区域的建议，报本级人民政府批准后实施
B. 按照规定开展土壤和农产品协同监测与评价
C. 对农民、农民专业合作社及其他农业生产经营主体进行技术指导和培训
D. 其他风险管控措施

2. 企业有下列哪些行为之一的，由地方人民政府生态环境主管部门责令改正，处以罚款；有违法所得的，没收违法所得？（　　）

A. 未单独收集、存放开发建设过程中剥离的表土的
B. 实施风险管控、修复活动对土壤、周边环境造成新的污染的
C. 转运污染土壤，未将运输时间、方式、线路和污染土壤数量、去向、最终处置措施等提前报所在地和接收地生态环境主管部门的
D. 未达到土壤污染风险评估报告确定的风险管控、修复目标的建设用地地块，开工建设与风险管控、修复无关的项目的

3. 对下列哪些农用地地块需要进行重点监测？（　　）

A. 产出的农产品污染物含量超标的

B. 作为或者曾作为污水灌溉区的
C. 用于或者曾用于规模化养殖，固体废物堆放、填埋的
D. 曾作为工矿用地或者发生过重大、特大污染事故的
E. 有毒有害物质生产、贮存、利用、处置设施周边的

简答题

1.《土壤污染防治法》的立法目的。
2. 简述土壤环境监测。
3. 简述美国《超级基金法》。

案例分析题

“常州毒地”案所涉地块为位于常州市外国语学校北部面积约 26.2 公顷的平地。2016 年，江苏常州市外国语学校数百名学生体检查出皮炎、湿疹、支气管炎、血液指标异常、白细胞减少等症状。学校附近正在进行土壤修复施工的“毒地”成为学生家长怀疑的对象，涉案地块曾先后被建于 1958 年的江苏常隆化工有限公司、建于 1983 年的常州市常宇化工有限公司、建于 1990 年的江苏华达化工集团有限公司（以下简称“三家化工企业”）使用过。2010 年前后，三家化工企业搬迁，案涉地块被政府收储，此后政府对此“毒地”进行土地修复。

作为该“毒地”修复单位，常州市黑牡丹建设投资有限公司于 2013 年曾向江苏省环保厅报送《建设项目环境影响报告表》，该报告表披露了三家化工企业的问题：使用大量的有毒有害化工原料，部分化工原料及其中间产品具有高毒或致癌性。报告还称，“原企业搬迁后遗留的已受污染的土壤和地下水成为该场地的主要污染源；该场地地下水大都受到污染，是该场地的一个面源污染。”修复单位在调查结果中指出，该地块土壤和地下水确实污染较重，环境风险不可接受，必须对污染场地实施修复。报告分析，该地块的土壤和地下水污染，与产品生产过程或事故状态时所产生的跑、冒、滴、漏以及物料存放、废水排放、废物废液管理不规范有密切关联。

2016 年 4 月 29 日，北京市朝阳区环保组织自然之友和中国生物多样性保护与绿色发展基金会对造成污染的上述三家化工企业提起环境民事公益诉讼，要求三家化工企业承担污染土壤和地下水的环境修复费用 3.7 亿元，并向公众赔礼道歉，承担原告因本诉讼支出的相关费用。

（1）本案中原告是否有资格提起公益诉讼？

（2）三家化工企业是否应当承担污染风险管控和修复责任？

（3）三家化工企业是否要承担地方政府支出的污染治理费用？

论述与深度思考题

试述《土壤污染防治法》的基本原则。

参考答案

名词解释

1. 土壤污染是指人类活动所产生的各种污染物通过各种途径进入土壤，其数量和速度超过了土壤的容纳和净化能力，使土壤的性质、组成及性状等发生变化，破坏土壤的自然生态平衡，并导致土壤的自然功能失调、土壤质量恶化的现象。关于“土壤污染”，我国的《土壤污染防治法》规定：“本法所称土壤污染，是指因人为因素导致某种物质进入陆地表层土壤，引起土壤化学、物理、生物等方面特性的改变，影响土壤功能和有效利用，危害公众健康或者破坏生态环境的现象。”

2. 污染地块，根据《污染地块土壤环境管理办法（试行）》的规定，“污染地块”是指按照国家技术规范确认超过有关土壤环境标准的疑似污染地块。而“疑似污染地块”，则指从事过有色金属冶炼、石油加工、化工、焦化、电镀、制革等行业生产经营活动，以及从事过危险废物贮存、利用、处置活动的用地。

3. 土壤污染状况调查，是指在可能存在土壤污染风险的情况下，对某一特定区域的农用地的土壤污染实际情况进行详细的调查，以确定其污染物的种类和数量，是否需要开展风险评估及后

续风险管控或者修复等活动。当土壤污染状况调查表明污染物含量超过土壤污染风险管控标准时，应当启动土壤污染风险评估。

4. 风险管控，是指通过切断或阻隔污染物影响受体的途径，以及限制或者避免受体与污染物接触的可能性，以减少风险事件发生时造成的损失。风险管控强调的是对已经存在的土壤污染采取控制措施，防止污染物对食用农产品和人体健康造成直接影响。

选择题

（一）单项选择题

1. 答案：D

《土壤污染防治法》第 7 条："国务院生态环境主管部门对全国土壤污染防治工作实施统一监督管理；国务院农业农村、自然资源、住房城乡建设、林业草原等主管部门在各自职责范围内对土壤污染防治工作实施监督管理。地方人民政府生态环境主管部门对本行政区域土壤污染防治工作实施统一监督管理；地方人民政府农业农村、自然资源、住房城乡建设、林业草原等主管部门在各自职责范围内对土壤污染防治工作实施监督管理。"

2. 答案：C

《农业用地土壤污染防治法》是日本的立法。日本专门的土壤污染防治立法主要有两部，即《农业用地土壤污染防治法》和《土壤污染对策法》。20 世纪中叶，日本发生了举世震惊的"四大公害事件"，其中 1955—1972 年的"痛痛病"事件，是发生在日本富士县神通川流域的一起土壤污染公害事件，土壤污染的主要污染源是重金属，由于附近冶炼厂排放的含镉废水污染了河水，两岸居民使用河水灌溉农田，致使土壤含镉量明显增高，土壤受到镉污染进而造成当地居民身体损害。"痛痛病事件"直接促使日本政府于 1970 年颁布了《农业用地土壤污染防治法》。该法的主要目的是防治和消除农业用地被特定有害物质污染，以及合理利用已经被污染的农业用地，内容包括指定及变更农业用地土壤污染对策地区、制定及变更农田土壤污染对策计划、指定及变更特别地区、调查测定农业土壤污染、现场调查、农作物等种植的劝告等。

3. 答案：B

《土壤污染防治法》第 68 条规定："土地使用权已经被地方人民政府收回，土壤污染责任人为原土地使用权人的，由地方人民政府组织实施土壤污染风险管控和修复。"

（二）多项选择题

1. 答案：ABCD

各级人民政府应当加强对土壤污染的防治，安排必要的资金用于下列事项：(1) 土壤污染防治的科学技术研究开发、示范工程和项目；(2) 各级人民政府及其有关部门组织实施的土壤污染状况普查、监测、调查和土壤污染责任人认定、风险评估、风险管控、修复等活动；(3) 各级人民政府及其有关部门对涉及土壤污染的突发事件的应急处置；(4) 各级人民政府规定的涉及土壤污染防治的其他事项。使用资金应当加强绩效管理和审计监督，确保资金使用效益。

2. 答案：ABCD

根据土壤污染物性质的不同，可以把土壤污染分为不同的类型。(1) 有机物污染引起的土壤污染。土壤有机污染物主要是化学农药，其中主要包括有机磷农药、有机氯农药氨基甲酸酶类、苯酚、胺类等。此外，化肥、石油、多环芳烃、多氯联苯、甲烷、有害微生物等也是土壤中常见的有机污染物。(2) 重金属污染引起的土壤污染。土壤中的重金属主要来自污水灌溉、工矿活动、施用农药肥料等。重金属污染土壤的途径，一是使用含有重金属的废水进行灌溉，二是随着大气沉降进入土壤。进入土壤的重金属污染物以可溶性、不溶性颗粒存在，如镉、汞、铬、铜、锌、铅、镍等。重金属污染物在土壤中移动性差、滞留时间长、不能被微生物降解、可为生物富集，其自然净化过程和人工治理都非常困难。所以，土壤一旦被重金属污染，对人类具有极大的危害性。(3) 病原体引起的土壤污染。土壤中含有一定量的病原体，包括肠道致病菌、肠道寄生虫、钩端螺旋体、破伤风杆菌、霉菌和病毒等，主要来自人畜的粪便、垃圾、生活污水和医院污水等。用未经无害化处理的人畜粪便、垃圾做肥料，或者直接用生活污水灌溉农田，都会使土壤受到病原体污染。(4) 放射性元素引起的土壤污染。放射性元素主要来源于大气层核试验的沉降物，以及原子能和平利用过程中所排放的各种废气、废水和废渣。含有放射性元素的物质可以因自然沉降、雨水冲刷和废弃物堆放而污染土壤，土壤一旦被放射性物质污染就难以自行消除，放射性元素只能自然衰变为稳定元素。放射性物质可通过食物链、外部辐射、身体接触等多种途径进入人体，并可引起很多病变、肿瘤、不育和早衰等。放射性病症有较长的潜伏期。

3. 答案：ABCD

实施土壤污染风险评估活动，应当编制土壤污染风险评估报告。土壤污染风险评估报告应当主要包括下列内容：（1）主要污染物状况，即主要污染物的种类、含量等情况；（2）土壤及地下水污染范围，即土壤和地下水污染的分布情况；（3）农产品质量安全风险、公众健康风险或者生态风险；（4）风险管控、修复的目标和基本要求等。

（三）不定项选择题

1. 答案：ABCD

对严格管控类农用地地块，地方人民政府农业农村、林业草原主管部门应当采取下列风险管控措施：（1）提出划定特定农产品禁止生产区域的建议，报本级人民政府批准后实施；（2）按照规定开展土壤和农产品协同监测与评价；（3）对农民、农民专业合作社及其他农业生产经营主体进行技术指导和培训；（4）其他风险管控措施。各级人民政府及其有关部门应当鼓励对严格管控类农用地采取调整种植结构、退耕还林还草、退耕还湿、轮作休耕、轮牧休牧等风险管控措施，并给予相应的政策支持。

2. 答案：ABCD

《土壤污染防治法》第 91 条规定："违反本法规定，有下列行为之一的，由地方人民政府生态环境主管部门责令改正，处十万元以上五十万元以下的罚款；情节严重的，处五十万元以上一百万元以下的罚款；有违法所得的，没收违法所得；对直接负责的主管人员和其他直接责任人员处五千元以上二万元以下的罚款：（一）未单独收集、存放开发建设过程中剥离的表土的；（二）实施风险管控、修复活动对土壤、周边环境造成新的污染的；（三）转运污染土壤，未将运输时间、方式、线路和污染土壤数量、去向、最终处置措施等提前报所在地和接收地生态环境主管部门的；（四）未达到土壤污染风险评估报告确定的风险管控、修复目标的建设用地地块，开工建设与风险管控、修复无关的项目的。"

3. 答案：ABCDE

《土壤污染防治法》第 16 条："地方人民政府农业农村、林业草原主管部门应当会同生态环境、自然资源主管部门对下列农用地地块进行重点监测：（一）产出的农产品污染物含量超标的；（二）作为或者曾作为污水灌溉区的；（三）用于或者曾用于规模化养殖，固体废物堆放、填埋的；（四）曾作为工矿用地或者发生过重大、特大污染事故的；（五）有毒有害物质生产、贮存、利用、处置设施周边的；（六）国务院农业农村、林业草原、生态环境、自然资源主管部门规定的其他情形。"

简答题

1.《土壤污染防治法》的立法目的，是保护和改善生态环境，防治土壤污染，保障公众健康，推动土壤资源永续利用，推进生态文明建设，促进经济社会可持续发展。直接目的是实现环境效益，即"保护和改善生态环境""防治土壤污染""推动土壤资源永续利用"；间接目的是实现经济效益和社会效益，即"保障公众健康""推进生态文明建设""促进经济社会可持续发展"。

2. 任何环境决策都离不开环境监测基础数据的支持，每一项环境管理措施的优劣成败都要依靠环境监测来验证。环境监测数据，既是环境保护税征收、环境执法、目标责任考核、环境统计、风险管控的依据，也是提升环境管理和执法效能的保障。只有依靠准确的环境质量监测，客观地反映环境质量状况和环境容量，才能落实环保目标责任制，实现环境保护目标。为此，《土壤污染防治法》第 15 条规定："国家实行土壤环境监测制度。国务院生态环境主管部门制定土壤环境监测规范，会同国务院农业农村、自然资源、住房城乡建设、水利、卫生健康、林业草原等主管部门组织监测网络，统一规划国家土壤环境监测站

（点）的设置。”目前，我国已初步建成了国家土壤环境监测网，基本实现对所有土壤类型、县域和主要农产品产地全覆盖。《土壤污染防治法》明确规定，地方人民政府农业农村、林业草原主管部门应当会同生态环境、自然资源主管部门对下列农用地地块进行重点监测：（1）产出的农产品污染物含量超标的；（2）作为或者曾作为污水灌溉区的；（3）用于或者曾用于规模化养殖，固体废物堆放、填埋的；（4）曾作为工矿用地或者发生过重大、特大污染事故的；（5）有毒有害物质生产、贮存、利用、处置设施周边的；（6）国务院农业农村、林业草原、生态环境、自然资源主管部门规定的其他情形。

3. 1978年，美国发生了“诺夫运河污染事故”，造成较大影响。1980年美国政府颁布了土壤污染防治的一部基本法律，即《综合环境污染响应、赔偿和责任认定法》（The Comprehensive Environmental Response Compensation and Liability Act，CERCLA），并建立名为“超级基金”的信托基金（其除来自联邦财政部分拨款外，大部分来自生产石油和无机化学制品行业的专门税），对实施这部法律提供资金支持，因此，该法常被称为《超级基金法》。该法在一定程度上是对《固体废物处置法》的补充，旨在对美国范围内的“棕色地块”开展修复，并对拥有土地、厂房和施舍等资产的污染者、所有者和利用者以溯及既往的方式规定法律责任。根据该法，化工事故的“潜在责任人”（Potentially Responsible Party，任何可能对污染负责的机构或个人）必须对其排放的超标污染进行无害化处理，并对受污染影响的个人或机构进行赔偿；如果对污染负责者一时难以查明，修复和赔偿资金就由根据该法案专门建立的环境修复和赔偿的“超级基金”垫付，再由联邦环保局（EPA）代位向对污染负责者求偿。《超级基金法》是美国法律中极少数按照严格责任原则和无限追诉期制定的法律，即除不可抗力、战争行为和第三者作用以外，无论“潜在责任人”在事故中是否有过失，无论造成污染的事故发生在多久以前，污染事故的“潜在责任人”都负有赔偿责任。《超级基金法》的内容现已被多个国家借鉴和采用。

案例分析题

（1）本案原告北京市朝阳区环保组织自然之友和中国生物多样性保护与绿色发展基金会均符合环境公益诉讼原告资格的条件。《环境保护法》（2014年修订）第58条规定：“对污染环境、破坏生态，损害社会公共利益的行为，符合下列条件的社会组织可以向人民法院提起诉讼：（一）依法在设区的市级以上人民政府民政部门登记；（二）专门从事环境保护公益活动连续5年以上且无违法记录。符合前款规定的社会组织向人民法院提起诉讼，人民法院应当依法受理。提起诉讼的社会组织不得通过诉讼牟取经济利益。”

（2）关于三家化工企业是否应当承担污染风险管控和修复责任，组织实施污染风险管控和修复是污染者的法律义务，尽管当地政府已组织实施污染风险管控和修复工作，但与污染者担责的归责原则并不冲突。同时，当地政府收储案涉地块后根据不同时期的用地规划，先后以居住用地、绿化用地为标准制定了污染风险管控和修复方案，且已经取得阶段性成效，方案已涵盖了三家化工企业应当承担的案涉场地污染风险管控和修复责任范围。目前，没有判决三家化工企业再另行组织实施污染场地修复治理的必要性。

（3）针对三家化工企业是否要承担地方政府支出的污染治理费用，当地政府在本案诉讼前已经组织实施案涉地块的污染风险管控和修复，若其认为相关费用应由三家化工企业负担或分担，可以依法向三家化工企业追偿。

论述与深度思考题

《土壤污染防治法》的基本原则被规定在《土壤污染防治法》第3条：“土壤污染防治应当坚持预防为主、保护优先、分类管理、风险管控、污染担责、公众参与的原则。”

据此，我国土壤污染防治工作应遵循以下六项基本原则：（1）预防为主原则。预防，则要求在整个土壤污染防治过程中主要采用防患于未然的方式。因为，土壤一旦被污染，治理和修复的成本很大，而且有些污染破坏是不可逆转的。《土壤污染防治法》第三章以“预防和保护”为题，专章规定了一系列预防性措施。（2）保护优先原则。在处理土壤质量保护与土壤开发利用的关系上，要避免“先污染、后治理”，防止“先破坏、后修复”，要从源头上加强土壤保护和合理利用，有效预防土壤污染和生态破坏。“土十条”提出了优先保护的要求。《土壤污染防治法》第四章第二节以“农用地”为题，对农用地的优先保护作了专门规定。（3）分类管理原则。这是国内外土壤污染防治的经验总结，也是“土十条”明确规定的符合土壤污染防治特点的基本原则。《土壤污染防治法》吸纳了国家有关文件内容和实际经验，如第49条规定：“国家建立农用地分类管理制度。按照土壤污染程度和相关标准，将农用地划分为优先保护类、安全利用类和严格管控类。”（4）风险管控原则。就土壤污染而言，由于其治理代价高昂，从成本效益考虑，应当以较小的成本寻求最大的环境效益，这也正是土壤污染防治与大气、水等污染防治有所区别之处。“土十条”首次在总体要求部分提出了“风险管控”的原则，还分别针对农用地污染、建设用地污染，提出了采取替代种植、隔离污染物等风险管控措施。《土壤污染防治法》第53条、第63条对风险管控措施作出了规定。（5）污染担责原则。造成环境污染的责任者应当为其造成的污染损害承担责任，这是《环境保护法》规定的基本原则之一，也是土壤污染防治的基本原则之一。《土壤污染防治法》对土壤污染责任人的责任作出了相应规定。（6）公众参与原则。如《土壤污染防治法》规定，任何组织和个人都有保护土壤、防止土壤污染的义务；公民、法人和其他组织享有依法获取信息、参与和监督土壤污染防治的权利；任何组织、个人对污染土壤的行为，有权依法报告或者举报；有关社会组织可以依法向法院提起环境公益诉讼等。

第十章 海洋环境保护法

知识逻辑图

- 海洋环境保护法
  - 海洋环境污染问题
    - 海洋环境
    - 海洋环境污染问题
    - 海洋环境污染的特点
      - 污染源广
      - 扩散迁移范围大
      - 污染物质难以排出、污染持续性强
  - 海洋环境保护立法概述
    - 国外和国际海洋环境保护立法
    - 我国海洋环境保护立法的发展历程
    - 海洋环境保护法的特点
      - 空间效力范围不限于国家管辖海域
      - 区域性国际条约大量存在
      - 力求平衡环境保护与资源开发利用、自由航行关系
  - 海洋环境保护的主要法律规定
    - 立法目的
    - 适用范围
    - 海洋环境监督管理的规定
    - 保护海洋生态系统
      - 政府对生态保护和整治的责任
      - 海洋自然保护区和海洋特别保护区制度
      - 对引进、开发活动的限制性规定
      - 防止海水养殖对海洋生态的破坏
    - 防治陆源污染物
      - 达标排放制度
      - 排污口管理制度
      - 排污申报制度
      - 特殊污染物禁排制度
    - 防治海岸工程建设项目对海洋环境污染损害的规定
    - 防治倾废对海洋环境污染损害的规定
      - 倾倒许可证制度
      - 废弃物分类管理制度
      - 海洋倾倒区制度
      - 依法倾倒、倾倒者对不利后果负责的制度
    - 防治船舶及有关作业活动对海洋环境污染损害的规定
    - 防止拆船污染的规定
  - 海域和海岛保护
    - 海域保护
      - 海域物权制度
      - 海域使用管理制度
    - 海岛保护

名词解释

1. 海洋环境污染损害
2. 自净能力
3. 海洋环境标准
4. 陆源污染物
5. 海域使用权

选择题

（一）单项选择题

1. 下列选项关于《海洋环境保护法》适用范围的表述，属于域外适用的是（　　）。

A. 中华人民共和国内水、领海

B. 中华人民共和国毗连区、中华人民共和国专属经济区

C. 在我国管辖海域以外，排放有害物质、倾倒废弃物等，造成污染损害的

D. 中华人民共和国大陆架

2. 下列选项关于我国海洋环境保护的监督管理体制，表述最为正确的是（　　）。

A. 国务院环境保护部门单独管理

B. 统一主管和分工负责相结合

C. 统一主管为主，分工负责为辅

D. 各相关部门分工负责

3. 下列说法正确的是（　　）。

A. 严重重金属污染可以引起“赤潮”

B. 海洋环境保护涵盖海岛保护

C. 海洋环境破坏只是一种引入性破坏

D. 海洋环境污染防治的法律规定最早出现在英国法律中

4. 下列哪一事件直接刺激了国际海洋环境保护的发展？（　　）

A. 日本公害事件

B. 1967 年英国沿海“TORREY CANYON”号油轮原油泄漏事件

C.《领海及毗连区公约》

D. 1972 年人类环境会议的召开

（二）多项选择题

1.《海洋环境保护法》中规定的主要防止对海洋环境的污染的对象有（　　）。

A. 海岸工程　　B. 海洋石油勘探开发

C. 陆源污染物　　D. 船舶

E. 倾倒废弃物

2.《海洋环境保护法》适用范围包括（　　）。

A. 中华人民共和国内水

B. 中华人民共和国领海

C. 中华人民共和国毗连区

D. 中华人民共和国专属经济区

E. 中华人民共和国大陆架

3. 法律规定的不得新建排污口的区域包括（　　）。

A. 具有特殊保护价值的海域、海岸

B. 重要渔业水域

C. 所有渔业水域

D. 海滨风景名胜区

E. 具有重大科学文化价值的海洋自然遗迹所在区域

4. 海洋环境保护法律的特点有（　　）。

A. 空间效力范围不限于国家管辖海域

B. 区域性国际条约大量存在

C. 力求平衡环境保护与资源开发利用、自由航行的关系

D. 对公海污染的保护力度不够

（三）不定项选择题

1. 下列说法错误的是（　　）。

A. 海岛保护不能适用《海洋环境保护法》

B. 我国《海洋环境保护法》坚持了属地管辖原则，别国领海污染事故波及我国时，只能通过外交方式解决

C. 内水也属于《海洋环境保护法》的调整范围

D. 海洋科学研究活动造成污染也适用《海洋环境保护法》

2. 我国海洋功能区划制度将海洋划分为（　　）。

A. 海洋普通保护区

B. 海洋特别保护区

C. 海上自然保护区

D. 海滨风景游览区

3. 根据《海洋自然保护区管理办法》，下列应当建立海洋自然保护区的是（　　）。

A. 典型的海洋自然地理区域、具有代表性的自然生态区域，以及遭受破坏但经保护能恢复的海洋自然生态区域

B. 海洋生物物种高度丰富的区域，或者珍稀、濒危海洋生物物种的天然集中分布区域

C. 具有特殊保护价值的海域、海岸、岛屿、滨海湿地、入海河口和海湾等

D. 具有重大科学文化价值的海洋自然遗迹所在区域

E. 其他需要予以特殊保护的区域

4. 我国《海洋环境保护法》规定建立油污损害赔偿基金制度采取的风险负担原则是（　　）。

A. 船东承担风险

B. 货主承担风险

C. 船东与货主共同承担风险

D. 过错方承担风险

简答题

1.《中华人民共和国海洋环境保护法》的适用范围和适用对象。（考研）

2. 简述海洋环境污染的特点。

案例分析题

1. A公司所属的油轮“东山”号因操作失误触礁，致使原油泄漏，污染了大片海域，导致大量海洋生物死亡。当地海洋行政主管部门代表国家提起民事诉讼，要求A公司承担清除油污的费用，并且赔偿恢复该片海洋生态所需的费用。A公司同意承担清除油污的费用，但拒绝赔偿恢复海洋生态的费用。

请问：A公司是否应当承担恢复海洋生态的费用？法律依据是什么？

2. 20××年12月7日，巴拿马籍“现代促进”轮与德国“地中海伊伦娜”轮在珠江口担杆岛东北处海域发生碰撞，德国“地中海伊伦娜”轮燃油舱破裂，450吨重油漂向大海，在海上形成一条长9海里的油带，成为我国最大的船舶碰撞溢油事故。交通部副部长、中国海事局局长亲自指挥了清污行动，事故指挥中心共出动飞机6架次对溢油进行监控，出动各类清污船、渔船百余艘次，清污专业人员数百人，投入了收油机、消油剂、吸油毡、吸油拖栏、吸油粉等大批物资，回收油垃圾138吨、油污水262吨。

请问：应向什么法院提起诉讼？谁承担赔偿责任？

论述与深度思考题

1. 试述海域物权制度。

2. 谈谈你对海岛立法的看法。

参考答案

名词解释

1. 海洋环境污染损害，是指直接或者间接地把物质或者能量引入海洋环境，产生损害海洋生物资源、危害人体健康、妨害渔业和海上其他合法活动、损害海水使用素质和减损环境质量等有害影响。

2. 自净能力就是指由于海水的不停运动以及海洋中发生的物理、化学、生物等过程的作用，污染物进入海洋环境后，会被海水稀释、扩散，或者由于氧化、还原、生物降解等综合作用而逐渐被分解破坏，转化为各种形式的物质。这种转化过程可以起到净化海水，或无害化处理污染物质的作用，从而使海洋免受污染。

3. 海洋环境标准是确定和衡量海洋环境好坏的一种尺度。一般分为三类，即海水水质标准、海洋沉积物标准和海洋生物体残毒标准。

4. 陆源污染物指由陆地污染源排放的污染物，主要有石油、农药、有机污染物、固体废弃物、放射性物质、热污染和传染病原体等。

5. 海域使用权是指民事主体依法取得的、对国家所有的特定海域享有的排他性权利，包括占有、使用、收益等权能。海域使用权依照法定方式设立，具有物权的支配性、排他性与绝对性。

由于海域属于自然资源的一种，在民法的权利体系之中，涉及自然资源开发利用的权利界定，基本属于特许物权的内容。

选择题

（一）单项选择题

1. 答案：C

《海洋环境保护法》的空间效力范围是“中华人民共和国管辖海域”，包括内水、领海、毗连区、专属经济区、大陆架以及中华人民共和国管辖的其他海域。值得注意的是，根据《海洋环境保护法》第2条第3款的规定，即使排污行为不发生在中国管辖海域范围内，但如果污染后果波及中国管辖海域，该法也具有管辖效力。

2. 答案：B

《海洋环境保护法》第4条第1款规定：“国务院环境主管部门生态负责全国海洋环境的监督管理，负责全国防治陆源污染物、海岸工程和海洋工程建设项目……海洋倾倒废弃物对海洋环境污染损害的环境保护工作……”

3. 答案：B

海岛是海洋的重要组成部分，保护海洋环境就是保护包括海岛在内的海洋的环境。有机物和重金属污染海洋，会造成鱼体内残留毒物增加，鱼质下降，甚至鱼类死亡。有机物污染还易引发“赤潮”。海洋环境遭受的另一种破坏是“取出性”的。一般认为，在1899年美国《河流和港口法》中出现了有关海洋环境污染防治最早的法律规定。

4. 答案：B

1967年发生在英国沿海的“TORREY CANYON”号油轮触礁事故造成近12万吨的原油泄漏。这次事件造成的巨大损害，直接刺激了国际海洋环境保护的发展。

（二）多项选择题

1. 答案：ABCDE

《海洋环境保护法》第2条第2款规定：“在中华人民共和国管辖海域内从事航行、勘探、开发、生产、旅游、科学研究及其他活动，或者在沿海陆域内从事影响海洋环境活动的任何单位和个人，应当遵守本法。”

2. 答案：ABCDE

《海洋环境保护法》第2条第1款规定：“本法适用于中华人民共和国管辖海域”。其包括内水、领海、毗连区、专属经济区、大陆架以及中华人民共和国管辖的其他海域。

3. 答案：ABDE

《海洋环境保护法》第48条第1款规定：“禁止在自然保护地、重要渔业水域、海水浴场、生态保护红线区域及其他需要特别保护的区域，新设工业排污口……”

4. 答案：ABC

由于保护对象——海洋的特殊性，海洋环境保护法律也有以下特点：空间效力范围不限于国家管辖海域；区域性国际条约大量存在；力求平衡环境保护与资源开发利用、自由航行的关系。

（三）不定项选择题

1. 答案：AB

《海洋环境保护法》第2条第1款规定：“本法适用于中华人民共和国管辖海域。在中华人民共和国管辖海域内从事航行、勘探、开发、生产、旅游、科学研究及其他活动，或者在沿海陆域内从事影响海洋环境活动的任何单位和个人，应当遵守本法。在中华人民共和国管辖海域以外，造成中华人民共和国管辖海域环境污染、生态破坏的，适用本法相关规定。”该条宣布了《海洋环境保护法》的对人效力和空间效力。根据该条第3款的规定，即使排污行为不发生在中国管辖海域范围内，但如果污染后果波及中国管辖海域，该法也具有管辖效力。海岛是海洋的重要组成部分，保护海洋环境就是保护包括海岛在内的海洋的环境。

2. 答案：BCD

我国重要的海洋功能区划如：海洋特别保护区，是为海洋渔业、航运、军事体育训练等事业的特殊需要而划定的海洋区域；海上自然保护区，是为保护海洋环境及其生态系统和自然资源的完整性，开展有关科学研究而划定的海洋区域；海滨风景游览区，是风景秀丽、气候宜人，适合游览旅行的海滨地区。

3. 答案：ABCD

《海洋自然保护区管理办法》第6条规定，凡具备下列条件之一的，应当建立海洋自然保护区：（1）典型海洋生态系统所在区域；（2）高度丰富的海洋生物多样性区域或珍稀、濒危海洋生物物种集中分布区域；（3）具有重大科学文化价值的海洋自然遗迹所在区域；（4）具有特殊保护价值的海域、海岸、岛屿、湿地；（5）其他需要加以保护的区域。

4. 答案：C

《海洋环境保护法》第 82 条规定，国家完善并实施船舶油污损害民事赔偿责任制度；按照船舶油污损害赔偿责任由船东和货主共同承担风险的原则，完善并实施船舶油污保险、油污损害赔偿基金制度。

简答题

1.《海洋环境保护法》适用范围：《海洋环境保护法》第 2 条第 1 款规定："本法适用于中华人民共和国管辖海域。"值得注意的是，根据该条第 3 款的规定，即使排污行为不发生在中国管辖海域范围内，但如果污染后果波及中国管辖海域，该法也具有管辖效力。

《海洋环境保护法》适用对象："在中华人民共和国管辖海域内从事航行、勘探、开发、生产、旅游、科学研究及其他活动，或者在沿海陆域内从事影响海洋环境活动的任何单位和个人，都必须遵守本法。"

2. 海洋在人类环境中的特殊地位和海洋的自然特性决定了海洋环境污染有与陆地环境污染不同的特点。这主要表现在以下几个方面。

第一，污染源广。污染物质进入海洋的途径主要有以下几个方面：陆地上的废物直接排入海洋；挥发到空气中的有毒物质经风吹雨打沉降入海洋；海上船舶排污和海损事故造成石油和其他有害物质流失入海；海上石油勘探开发活动中石油等向海洋跑、冒、滴、漏；人类有意而为的向海洋倾倒有毒有害物质等。人类行为可以直接控制的污染源主要有：陆源污染、海岸工程污染、海洋工程污染、船舶污染、倾废污染、拆船污染等。

第二，扩散迁移范围大。世界的海洋是一个整体，海洋中的水体一刻不停地运动并形成海流，海流可以把混入海水中的污染物从一海区搬运到另一个海区，从沿岸河口搬运到远洋。

第三，污染物质难以排出、污染持续性强。大气中的污染物质可以沉降于地面和海洋，陆地、河流、湖泊的污染物可以由河流带入海洋，而海洋只能接收这些污染物，没有或极少有向外排出的路径。

案例分析题

1.《海洋环境保护法》第 114 条第 2 款规定："对污染海洋环境、破坏海洋生态，给国家造成重大损失的，由依照本法规定行使海洋环境监督管理权的部门代表国家对责任者提出损害赔偿要求。"因此，A 公司应当依法承担恢复海洋生态所需的费用。

2. 应向广州海事法院提起诉讼。本案属于特殊管辖。环境侵权属于特殊侵权责任，实行无过错责任原则，所以油污损害赔偿责任应由漏油方巴拿马籍"现代促进"轮与德国"地中海伊伦娜"轮承担连带赔偿责任。

论述与深度思考题

1. 海域属于海洋国土的范畴。根据《联合国海洋法公约》和《中华人民共和国领海及毗连区法》的规定，国家对内水和领海享有主权。然而，海域物权并非简单等同于国家主权。主权是公法上的权利，而海域物权则是一国行使主权、通过财产法制度对海域实施支配与安排的结果，基本属于私权的范畴。民法一直为海域物权立法留有充足的发展空间，尽管发展缓慢，但总的趋势是由非法定所有权到法定所有权，由所有权逐步扩展到使用权，由非法定使用权扩展到法定使用权，由实质意义上的物权扩展到形式意义上的物权，由特别单行立法扩展到与物权立法相配合。

目前我国海域保护的主要法律规定包括：（1）海域物权制度。我国《民法典》第 247 条规定海域属于国家所有，第 328 条规定依法取得的海域使用权受法律保护。海域物权制度（包括海域所有权制度与海域使用权制度），是有效利用国有海域资源的必然选择。遵循物权法原理创设的海域使用权，通过权利分配的契约化与权利、义务的法定化，赋予海域使用权人占有、使用、收益海域的权利。

（2）海域使用管理制度。我国 2001 年 10 月 27 日公布的《海域使用管理法》，明确了“海域属于国家所有，国务院代表国家行使所有权”。同时，根据所有权与使用权分离的原则，确立了海域使用权制度，于第 3 条规定：“单位和个人使用海域，必须依法取得海域使用权。”并且规定了海域使用权的取得方式以及有偿使用制度。

2. 海岛直接涉及一国的主权安全，海岛归属涉及国家主权问题。海岛的生态系统和自然资源有其特殊性和独立性，海岛的生态系统与自然资源之间存在着相互制约、唇齿相依的密切关系：如果海岛自然资源被严重污染或破坏，那么必然引起其生态系统恶化而失衡。反之，如果海岛自然资源能得到很好的维护和可持续利用，那么其生态系统就能保持长期平衡和稳定。海岛权益直接涉及公民的基本权利，海岛权益的主体可以概括为单位和个人，在此统称为公民。这里的公民不单是指有居民海岛的单位和岛民，常住户口居住地在岛屿之外的其他单位和公民，也可以投资参与海岛的开发利用作为海岛开发利用的主体。只要公民通过合法程序取得海岛使用权证，在海岛的开发利用过程中，不违反法律规定，遵守海岛管理制度，履行保护海岛资源和生态环境的义务，公民的海岛权益就应该得到充分尊重，其合法的权益就应受到法律保护而不得被非法剥夺。为了保护海岛及其周边海域生态系统，合理开发利用海岛自然资源，维护国家海洋权益，促进经济社会可持续发展，第十一届全国人大常委会第十二次会议于 2009 年 12 月 26 日通过了《海岛保护法》，自 2010 年 3 月 1 日起施行。此外，我国对海岛各种资源的开发利用以及海岛生态环境的保护，还适用《环境保护法》《土地管理法》《矿产资源法》《渔业法》《海域使用管理法》《海洋环境保护法》《无居民海岛保护与利用管理规定》等法律法规。

作为一部海岛资源利用、管理与保护方面的综合性法律，《海岛保护法》的出台不但能够提高海岛法律规定的效力层次，而且也填补了我国海岛法规体系的立法空白。海岛法对于维护国家的海洋权益和领海安全，对于保护海岛资源、维护海岛生态系统平衡，对于加强政府涉海行政部门对海岛的监督管理、规范海岛的开发利用秩序，对于公民用岛合法权益的保护，进而促进海岛经济的可持续发展，都具有重大而深远的意义。

我国《海岛保护法》的主要内容如下。

第一，立法目的与基本原则。《海岛保护法》的立法目的是保护海岛及其周边海域生态系统，合理开发利用海岛自然资源，维护国家海洋权益，促进经济社会可持续发展。海岛保护的基本原则是科学规划、保护优先、合理开发、永续利用。

第二，海岛保护规划。国家实行海岛保护规划制度。海岛保护规划是从事海岛保护、利用活动的依据。制定海岛保护规划应当遵循有利于保护和改善海岛及其周边海域生态系统，促进海岛经济社会可持续发展的原则。全国海岛保护规划应当按照海岛的区位、自然资源、环境等自然属性及保护、利用状况，确定海岛分类保护的原则和可利用的无居民海岛以及需要重点修复的海岛等。国家建立完善海岛统计调查制度、建立海岛管理信息系统。

第三，海岛保护的一般规定。国务院和沿海地方各级人民政府应当采取措施，保护海岛的自然资源、自然景观以及历史、人文遗迹。禁止改变自然保护区内海岛的海岸线。禁止采挖、破坏珊瑚和珊瑚礁。禁止砍伐海岛周边海域的红树林。国家保护海岛植被，促进海岛淡水资源的涵养；支持有居民海岛淡水储存、海水淡化和岛外淡水引入工程设施的建设。国家支持利用海岛开展科学研究活动，依法保护和管理海岛生物物种，支持在海岛建立可再生能源开发利用、生态建设等实验基地。国家安排海岛保护专项资金，用于海岛的保护、生态修复和科学研究活动。

第四，有居民海岛生态系统的保护。有居民海岛的开发、建设应当遵守有关城乡规划、环境保护、土地管理、海域使用管理、水资源和森林保护等法律、法规的规定，保护海岛及其周边海域生态系统。有居民海岛的开发、建设不得超出海岛的环境容量。有居民海岛及其周边海域应当划定禁止开发、限制开发区域。严格限制在有居民海岛沙滩建造建筑物或者设施。严格限制在有居民海岛沙滩采挖海砂。严格限制填海、围海等改变有居民海岛海岸线的行为，严格限制填海连岛工程建设。

第五，无居民海岛的保护。未经批准利用的无居民海岛，应当维持现状；禁止采石、挖海砂、采伐林木以及进行生产、建设、旅游等活动。严格限制在无居民海岛采集生物和非生物样本。从事全国海岛保护规划确定的可利用无居民海岛的开发利用活动，应当遵守可利用无居民海岛保护和利用规划，采取严格的生态保护措施，避免造成海岛及其周边海域生态系统破坏。

第六，特殊用途海岛的保护。国家对领海基点所在海岛、国防用途海岛、海洋自然保护区内的海岛等具有特殊用途或者特殊保护价值的海岛，实行特别保护。

第七，监督检查。县级以上人民政府有关部门应当依法对有居民海岛保护和开发、建设进行监督检查。海洋主管部门应当依法对无居民海岛保护和合理利用情况进行监督检查。海洋主管部门及其海洋监督管理机构依法对海岛周边海域生态系统保护情况进行监督检查。

违反上述规定的，根据情节轻重应分别承担民事责任、行政责任，甚至刑事责任。

另外，我国政府制定了《中国 21 世纪议程》，其中把海岛的可持续开发与保护作为重要的行动方案领域之一。在随后制定的《中国海洋 21 世纪议程》中，第四章专门阐述了海岛可持续发展问题，涉及四个方案领域：海岛经济开发；海岛资源和环境保护；无人岛屿的管理和保护；海岛基础设施建设和社会发展。在每一方案领域内，又包括三部分：行动依据，说明该方案领域的国际、国内法律根据，要解决的主要问题及解决问题的时空可行性等；目标，主要说明该领域采取各种行动要达到的目标和目的；行动，实现目标需要采取的各种措施和行动。在国务院颁布的《全国海洋经济发展规划纲要》中，专门提到要加大扶持力度，促进海岛的建设和发展。

第十一章　环境噪声污染防治法

知识逻辑图

- 环境噪声污染防治法
  - 环境噪声污染问题
    - 环境噪声概念
    - 环境噪声污染的特点及危害
      - 感觉性公害
      - 能量型污染
      - 局部性和多发性公害
      - 暂时性的危害
      - 危害性不易评估的公害
    - 我国环境噪声污染的现状
  - 环境噪声污染防治立法概述
    - 国外环境噪声污染防治立法
    - 我国立法
    - 《环境噪声污染防治法》的制定
  - 我国防治环境噪声污染的主要法律规定
    - 监督管理体制
    - 各级人民政府防治环境噪声污染的主要职责
    - 关于声环境标准与城市功能分区控制环境噪声的规定
      - 声环境质量标准
      - 环境噪声排放标准
    - 关于环境噪声污染防治的监督管理制度
      - 环境影响报告和“三同时”
      - 落后设备淘汰制度
      - 偶发性强烈噪声排放
        - 申请
        - 公告
      - 环境噪声监测制度
    - 工业噪声污染防治之规定
      - 对噪声排放的要求
      - 环境噪声排放申报登记制度
      - 规定工业设备的噪声限值
    - 建筑施工噪声污染防治的法律规定
    - 交通运输噪声污染防治的法律规定
    - 社会生活噪声污染防治的法律规定
      - 商业企业噪声排放申报登记制
      - 文化娱乐场所
      - 商业经营活动
      - 使用声响器材
      - 室内装修

名词解释

1. 噪声污染
2. 噪声排放标准
3. 工业噪声
4. 建筑施工噪声
5. 交通运输噪声
6. 社会生活噪声

选择题

（一）单项选择题

1.《声环境质量标准》（2008 年）将城市区域的类别划分为（　　）。

A. 四类　　B. 五类
C. 六类　　D. 七类

2.《噪声污染防治法》不适用于（　　）。

A. 社会生活噪声污染的防治
B. 建筑施工噪声污染的防治
C. 航空噪声污染的防治
D. 从事本职工作受到噪声危害的防治

3.《声环境质量标准》（2008 年）规定夜间突发的噪声，其最大值不准超过标准值（　　）。

A. 20 分贝　　B. 15 分贝
C. 10 分贝　　D. 5 分贝

4. 下列不属于《噪声污染防治法》调整的是（　　）。

A. 汽车鸣笛　　B. 建筑施工
C. 闪电雷鸣　　D. KTV 歌声

（二）多项选择题

1. 按产生机能划分，环境噪声可以分为（　　）。

A. 机械性噪声　　B. 工业噪声
C. 空气动力性噪声　　D. 交通噪声
E. 电磁性噪声

2. 各国一般从以下哪几个方面来防治环境噪声污染？（　　）

A. 企业内部噪声防控
B. 声源控制
C. 传播途径
D. 受害者保护

3. 我国《噪声污染防治法》将噪声污染划分为（　　）。

A. 工业噪声　　B. 建筑施工噪声
C. 农村环境噪声　　D. 交通噪声
E. 社会生活噪声

4. 噪声污染的特点包括（　　）。

A. 噪声污染是一种感觉性公害
B. 噪声污染是一种能量型污染
C. 噪声污染是一种局部性和多发性公害
D. 噪声污染是一种暂时性危害
E. 噪声污染是一种其危害性不易评估的公害

5. 交通运输噪声，是指下列哪些交通运输工具在运行时所产生的干扰周围生活环境的声音？（　　）

A. 机动车辆　　B. 铁路机车
C. 机动船舶　　D. 航空器

（三）不定项选择题

1. 下列适用《噪声污染防治法》的是（　　）。

A. 某建筑工地施工影响周围居民休息
B. 某工厂车间机器运转造成工人精神失常
C. 某运输队一路鸣笛经过某市居民住宅旁的马路
D. 某 KTV 午夜歌声不断

2. 下列属于噪声敏感建筑物集中区域的是（　　）。

A. 医疗区　　B. 文教科研区
C. 居民住宅区　　D. 机关集中办公区

3. 下列哪一法律文件的颁行标志着我国环境噪声污染防治法律法规体系的建立？（　　）

A. 1989 年《环境噪声污染防治条例》
B. 1996 年《环境噪声污染防治法》
C. 1979 年《环境保护法（试行）》
D. 1982 年《城市区域环境噪声标准》

简答题

1. 简述噪声污染的特点。

2. 简述我国环境噪声污染防治的监督管理体制。

3. 简述《环境噪声污染防治法》关于社会生活噪声污染防治的法律规定。

案例分析题

1. 张某认为在自己家附近十多米处的一家橡胶厂每日产生的噪声严重影响了自己以及家人的生活和身心健康。当地环境监测站的噪声测试报告表明：环境噪声并未超标。

请问：（1）本案有无构成环境噪声污染？为什么？（2）张某通过何种方式可以获得救济？

2. 四川省某县一企业工厂建设在农村，其排放的环境噪声超过国家环境噪声厂界排放标准 10 分贝，但其前后左右都是荒地，因而没有其他单位和居民受到该厂环境噪声的干扰，只有其本厂的职工受到不同程度的噪声危害。当地环境保护局以该企业超标排放噪声为由，责令其限期治理，并征收其环境噪声超标排污费每月 1 600 元。该企业不服，向人民法院提起行政诉讼，要求撤销环保局的行政决定。其理由是：《噪声污染防治法》第 36 条规定："排放工业噪声的企事业单位和其他生产经营者，应当采取有效措施，减少振动，降低噪声……"按照该法第 2 条的规定，环境噪声污染必须有超标和扰民两个条件。我企业只满足超标一个条件，不属于限期治理和缴纳超标排污费的对象。结果，法院采纳了原告企业的意见，判决撤销环保局的决定。

请问：法院的判决是否正确？为什么？

论述与深度思考题

试论我国《环境噪声污染防治法》的立法不足与完善。

参考答案

名词解释

1. 我国《噪声污染防治法》第 2 条第 2 款规定，噪声污染"是指超过噪声排放标准或者未依法采取防控措施产生噪声，并干扰他人正常生活、工作和学习的现象"。

2. 环境噪声排放标准是判断企事业单位的噪声排放是否超标的直接依据。噪声排放是指声源向周围生活环境辐射噪声。环境噪声排放标准是噪声源向周围环境排放噪声的最高限值。

3. 工业噪声是指在工业生产活动中使用固定的设备时产生的干扰周围生活环境的声音。

4. 建筑施工噪声是指在建筑施工过程中产生的干扰周围生活环境的声音。

5. 交通运输噪声，是指机动车辆、铁路机车、机动船舶、航空器等交通运输工具在运行时所产生的干扰周围生活环境的声音。

6. 社会生活噪声是指人为活动所产生的除工业噪声、建筑施工噪声和交通运输噪声之外的干扰周围生产环境的声音。

选择题

（一）单项选择题

1. 答案：B

我国已颁布的声环境质量标准主要是《声环境质量标准》（2008 年）。该标准将城市区域划分为 0～4 五类：

0 类标准，昼间 50 分贝，夜间 40 分贝，适用于疗养区等特别需要安静的区域；

1 类标准，昼间 55 分贝，夜间 45 分贝，适用于以居民住宅、医疗卫生、文化教育、科研设计、行政办公为主要功能，需要保持安静的区域；

2 类标准，昼间 60 分贝，夜间 50 分贝，适用于以商业金融、集市贸易为主要功能，或者居住、商业、工业混杂，需要维护住宅安静的区域；

3 类标准，昼间 65 分贝，夜间 55 分贝，适用于以工业生产、仓储物流为主要功能，需要防止工业噪声对周围环境产生严重影响的区域；

4 类标准，昼间 70 分贝，夜间 55 分贝，适用于交通干线两侧一定距离之内，需要防止交通噪声对周围环境产生严重影响的区域，包括高速公路、一级公路、二级公路、城市快速路、城市主干路、城市次干路、城市轨道交通（地面段）、内河航道两侧区域和铁路干线两侧区域。

2. 答案：D

根据世界各国立法惯例，一般都是从声源控

制、传播途径控制和受害者保护三方面运用法律手段来防治环境噪声污染，而企业内部的噪声防护往往不受噪声防治法的调整，主要通过劳动、卫生立法加以解决。所以《噪声污染防治法》不适用于“因从事本职生产经营工作受到噪声危害的防治”。

3. 答案：B

《声环境质量标准》（2008 年）规定夜间突发的噪声，其最大值不准超过标准值 15 分贝。

4. 答案：C

按噪声污染资源的种类，可分为工业噪声、建筑施工噪声、交通噪声和社会生活噪声四大类，我国关于环境噪声污染防治的立法是针对这四类环境噪声污染而规定的，它们都是人为原因产生的噪声，而对自然现象产生的噪声，如山崩、风雷等，法律不予调整也不能调整。

（二）多项选择题

1. 答案：ACE

按环境噪声产生的机能可分为机械性噪声、空气动力性噪声和电磁性噪声三大类。

2. 答案：BCD

根据世界各国立法惯例，一般都是从声源控制、传播途径控制和受害者保护三方面运用法律手段来防治环境噪声污染，而企业内部的噪声防护往往不受噪声防治法的调整，主要通过劳动、卫生立法加以解决。所以《噪声污染防治法》适用于中华人民共和国领域内“噪声污染的防治”，对“因从事本职生产经营工作受到噪声危害的防治”，不适用该法。

3. 答案：ABDE

按噪声污染资源的种类，可分为工业噪声、建筑施工噪声、交通噪声和社会生活噪声四大类，我国关于环境噪声污染防治的立法是针对这四类环境噪声污染而规定的，它们都是人为原因产生的噪声，而对自然现象产生的噪声，如山崩、风雷等，法律不予调整也不能调整。

4. 答案：ABCDE

环境噪声污染与其他类型的环境污染公害相比，有以下几个特点：(1) 噪声污染是一种感觉性公害。(2) 噪声污染是一种能量型污染。(3) 噪声污染是一种局部性和多发性公害。(4) 噪声污染是一种暂时性的危害。(5) 噪声污染是一种其危害性不易评估的公害。

5. 答案：ABCD

《噪声污染防治法》第 44 条规定：“本法所称交通运输噪声，是指机动车、铁路机车车辆、城市轨道交通车辆、机动船舶、航空器等交通运输工具在运行时所产生的干扰周围生活环境的声音。”

（三）不定项选择题

1. 答案：ACD

根据世界各国立法惯例，一般都是从声源控制、传播途径控制和受害者保护三方面运用法律手段来防治环境噪声污染，而企业内部的噪声防护往往不受噪声防治法的调整，主要通过劳动、卫生立法加以解决。所以《噪声污染防治法》适用于中华人民共和国领域内“噪声污染的防治”，“因从事本职生产经营工作受到噪声危害的防治”，不适用该法。

2. 答案：ABCD

“噪声敏感建筑物集中区域”，是指医疗区、文教科研区和以机关或者居民住宅为主的区域。

3. 答案：B

1996 年，我国在全面总结环境噪声污染防治工作经验的基础上，制定通过了《环境噪声污染防治法》。至此我国环境噪声污染防治的法律法规体系已经建立。

简答题

1. 噪声污染的特点如下。

第一，噪声污染是一种感觉性公害。噪声污染只有当噪声声源通过传播媒介与人的听觉相联系的时候，才构成危害。

第二，噪声污染是一种能量型污染。它是声音能量在环境中的过量释放而造成的，其污染的范围与噪声声能所能波及的范围相一致，其污染的程度与噪声源的声能强度成正比例关系。

第三，噪声污染是一种局部性和多发性公害。噪声污染的局部性是指它对周围环境的影响只波及附近的区域。

第四，噪声污染是一种暂时性的危害。噪声污染随噪声声能的产生而产生，随噪声声能的消失而消失。

第五，噪声污染是一种其危害性不易评估的公害。环境噪声污染对人群的危害、特别是对环境变化比较敏感者的危害不可能以一定的客观数值来衡量或评价。

2. 我国实行统一管理与部门分工负责管理相结合的环境保护管理体制，因此，《环境噪声污染防治法》规定，国务院生态环境主管部门对全国环境噪声污染防治实施统一监督管理。县级以上地方人民政府生态环境主管部门对本行政区域内的环境噪声污染防治实施统一监督管理。各级公安、交通、铁路、民航等主管部门和港务监督机构，根据各自的职责，对交通运输和社会生活噪声污染防治实施监督管理。

在行使环境噪声污染监督管理权方面，县级以上人民政府生态环境主管部门和其他环境噪声污染防治工作的监督管理部门、机构，有权依据各自的职责对管辖范围内排放环境噪声的单位进行现场检查。被检查的单位必须如实反映情况，并提供必要的资料。

任何单位和个人都有保护声环境的义务，并有权对造成环境噪声污染的单位和个人进行检举、控告。

3.《环境噪声污染防治法》关于社会生活噪声污染防治主要有以下规定。

第一，商业企业噪声排放申报登记制度。在城市市区噪声敏感建筑物集中区域内，因商业经营活动中使用固定设备造成环境噪声污染的商业企业，必须按照国务院生态环境主管部门的规定，向所在地生态环境主管部门申报拥有的造成环境噪声污染的设备的状况和防治环境噪声污染的设施的情况。

第二，文化娱乐场所防治环境噪声污染的规定。新建的营业性文化娱乐场所的边界噪声必须符合国家规定的环境噪声排放标准；不符合国家规定的环境噪声排放标准的，文化行政主管部门不得核发文化经营许可证，市场监督管理部门不得核发营业执照。

第三，商业经营活动中防治环境噪声污染的规定。禁止在商业经营活动中使用高音广播喇叭或者采用其他发出高噪声的方法招揽顾客。

第四，使用声响器材时防治噪声污染的规定。禁止任何单位、个人在城市市区噪声敏感建筑物集中区域内使用高音广播喇叭。

第五，室内装修活动防治环境噪声污染的规定。

在已竣工交付使用的住宅楼进行室内装修活动，应当限制作业时间，并采取其他有效措施，以减轻、避免对周围居民造成环境噪声污染。

案例分析题

1. (1) 不构成环境噪声污染。因为根据《噪声污染防治法》关于环境噪声污染的立法解释，噪声污染是指超过噪声排放标准或者未依法采取防控措施产生噪声，并干扰了他人正常生活、工作和学习的现象。而本案根据当地环境监测站的噪声测试报告结果，环境噪声并未超标。

(2) 张某因环境噪声干扰而与橡胶厂发生妨害或损害等纠纷的，应当依照《民法典》中处理相邻关系的原则和规定予以解决。即向法院提起以橡胶厂为被告的环境噪声损害赔偿之诉。

2. 该法院对本案的判决是正确的，因为：依照《噪声污染防治法》第 2 条第 2 款规定，“本法所称噪声污染，是指超过噪声排放标准或者未依法采取防控措施产生噪声，并干扰他人正常生活、工作和学习的现象”。构成噪声污染必须具备排放噪声超标和扰民两个条件，只超标不扰民的噪声不构成环境噪声污染。

《噪声污染防治法》规定，因从事本职生产经营工作受到噪声危害的防治，不适用本法。因此噪声对该厂工人造成的危害，不属于生态环境主管部门管辖。

论述与深度思考题

第一，《环境噪声污染防治法》的某些规定过于原则，不便于执法操作。《环境噪声污染防治法》虽然对环境噪声污染防治的有关问题作出了比较全面的规定，但是其中的许多规定仍然过于原则，难以具体实施。

第二，环境噪声标准体系和某些标准的规定不完善。《环境噪声污染防治法》中有许多条款涉及环境噪声标准的规定，如果没有具体的环境噪声标准，这些规定便难以实施。在标准问题上还有一个很大的问题是排放标准与质量标准的界限模糊。

第三，我国目前的环境噪声污染防治立法，虽然涉及对许多方面环境噪声污染的控制，但是，它在地域上基本还是限于对城市环境噪声污染的防治，在适用的对象上仅限于工业、建筑施工、交通运输和社会生活噪声，而对广大乡村的农业、牧业、养殖业、农副产品加工业的环境噪声污染基本上都没有涉及。

第四，《环境噪声污染防治法》的某些规定缺乏严密性和合理性。由于立法技术的原因，《环境噪声污染防治法》中的有些条款尚欠严谨，有的规定甚至不太合理。关于环境噪声污染的定义，《环境噪声污染防治法》第2条第2款规定："本法所称环境噪声污染，是指所产生的环境噪声超过国家规定的环境噪声排放标准，并干扰他人正常生活、工作和学习的现象。"这一规定与环境法学关于环境污染的理论和实际生活中关于噪声污染的情况都是不符的。关于环境噪声排污费问题，自2018年1月1日起费改税后不再征收排污费，只征收环境保护税。这种规定也许并非是立法者的初衷，而是由于立法技术的问题才产生了这种矛盾。而关于义务的设定与法律责任的协调问题，《环境噪声污染防治法》却对一些违反义务性规定甚至是禁止性规定的行为没有规定法律责任。关于环境噪声污染危害的民事责任问题，并没有明确排污者的责任。

第五，对通过规划解决噪声污染问题强调得不够。现行的《环境噪声污染防治法》除了在第5条对人民政府提出了统筹规划、合理安排功能区和建设布局以及在第12条要求城市规划部门合理划定建筑物与交通干线的防噪声距离外，就没有更具体的规定。特别是没有对规划部门违反规划要求发放建设规划许可证造成环境噪声污染的责任问题作出规定。

参考文献：王灿发．试论环境噪声污染防治立法存在的问题．中国环境报，2001-09-08.

第十二章　有毒有害物质污染防治法

知识逻辑图

- 有毒有害物质污染防治法
  - 固体废物污染防治法
    - 固体废物污染概述
    - 我国立法现状
    - 主要法律规定
      - 防治原则
        - “三化”原则
        - 全过程控制原则
        - 集中处置和分数处置相结合原则
        - 分类管理原则
      - 监督管理体制
      - 一般规定
      - 防治工业固体废物污染
      - 防治城市生活垃圾污染
      - 防治危险废物污染
  - 放射性物质污染防治法
    - 放射性物质污染概述
      - 概念
      - 特点
    - 放射性污染防治的主要法律规定
      - 监督管理体制
      - 对放射性物质和核设施的监督管理
      - 防治放射性污染的管理制度
        - 放射许可制
        - 环境影响评价
        - 设置危险标志
        - 双轨监测制度
  - 有毒化学品污染防治法
    - 有毒化学品污染环境概述
      - 化学品、化学危险物品和有毒化学品的概念
      - 有毒化学品污染的危害
    - 防治有毒化学品污染立法现状
    - 防治有毒化学品污染的主要法律规定
      - 生产经营许可制度
      - 安全防护和污染防治措施或制度
      - 进出口管理制度
      - 化学品监控制度
      - 污染事故应急救援和善后处理制度

- 有毒有害物质污染防治法
  - 农药污染防治法
    - 农药污染环境概述
    - 防治农药污染立法现状
    - 防治农药污染的主要法律制度
      - 农药管理的原则
        - 安全
        - 高效
        - 经济
      - 农药监督管理体制的法律规定
      - 农药登记制度
      - 农药生产
      - 农药经营
      - 农药使用
      - 农药管理

名词解释

1. 有毒化学品（考研）
2. 固体废物污染防治的“三化”原则（考研）
3. 固体废物
4. 固体废物污染
5. 放射性污染
6. 农药污染

选择题

（一）单项选择题

1. 我国固体废物的法律控制监督管理体制是（　　）。

A. 政府统一监督管理
B. 各政府部门分工合作
C. 生态环境主管部门统一管理
D. 各级政府环保部门统一监督管理与其他各部门分别负责相结合

2. 危险废物的识别标志上不需要标注的是（　　）。

A. 警告性、针对性的通用图案
B. 危险废物的名称和种类
C. 危险特性
D. 危险废物的产生地

3. 我国现行有效的对农药进行管理的法律法规是（　　）。

A.《农药管理办法》
B.《农药管理条例》
C.《农药法》
D.《农药污染防治法》

4.《放射性污染防治法》制定于（　　）。

A. 1999 年　　B. 2002 年
C. 2003 年　　D. 2004 年

5. 对放射性废物的管理，首先应当（　　）。

A. 无害化　　B. 减量化
C. 资源化　　D. 当量化

（二）多项选择题

1. 我国《固体废物污染环境防治法》所要控制和防治产生污染的固体废物包括（　　）。

A. 工业固体废物
B. 城市生活垃圾
C. 农业废弃物
D. 危险废物
E. 化学废物

2. 对固体废物实行的三化原则是指（　　）。

A. 再生化　　B. 无害化
C. 减量化　　D. 资源化
E. 有效化

3. 与一般固体废物相比，危险废物要执行下列哪些特别的管理制度？（　　）

A. 清洁生产制度
B. 国家危险废物名录和标识制度
C. 经营许可制度
D. 转移管制制度
E. 计划生产制度

4. 固体废物管理的原则包括（　　）。

A. 减量化、资源化和无害化

B. 全过程管理
C. 分类管理
D. 排污收费
E. 责任承担制度化

5. 下列禁止建设工业固体废物集中储存、利用、处置的设施和场所包括（　　）。
A. 自然保护区
B. 风景名胜区
C. 饮用水水源保护区
D. 永久基本农田集中区域
E. 其他需要特别保护的区域

（三）不定项选择题

1. 下列适用《化学品首次进口及有毒化学品进出口环境管理规定》的有（　　）。
A. 化学品的首次进口
B. 食品添加剂
C. 列入《中国禁止或严格限制的有毒化学品名录》的化学品进出口
D. 医药、兽药
E. 放射性物质

2. 我国防治放射性污染的管理制度包括（　　）。
A. 许可制度　　B. 标志制度
C. 监测制度　　D. 环境影响评估制度

简答题

1. 简述我国防治固体废物污染环境的主要原则。
2. 简述放射性污染的特点。
3. 简述我国防治有毒化学品污染的主要法律规定。

案例分析题

随着危房改造，银川市相继建成了一些新的居民小区。其中芳园小区 2 号楼的居民与小区内的变压器仅一墙之隔，受到噪声干扰。但监测结果表明，居民室内噪声基本符合厂界噪声标准(居民文教区)。然而居民仍然反映变压器的运行使其浑身乏力、记忆力减退，并出现易激动等症状，因此强烈要求环保部门处理。环保部门认为这是变压器运行过程中电磁辐射污染造成的症状。

请问：什么是电磁辐射？什么是电磁辐射污染？我国对电磁辐射污染有哪些规定？

论述与深度思考题

谈谈我国电子废弃物回收的法律规制与建议。

参考答案

名词解释

1. 有毒化学品指进入环境后通过环境蓄积、生物积累、生物转化或化学反应等方式损害健康和环境，或者通过接触对人体具有严重危害和具有潜在危险的化学品。

2. 固体废物污染防治的“三化”原则，其中“三化”即减量化，使固体废物不产生和少产生；资源化，已产生的固体废物在生产过程中回收、循环、再利用或用为另一种生产的原料；无害化，通过各种处理、处置方式使固体废物安全、无污染地进入环境。

3. 固体废物是指在生产建设、日常生活和其他活动中产生的污染环境的固态、半固态废物。固态废物是指具有一定形状、体积，占有一定空间的物体，包括工业固体废物、城市生产垃圾和危险废物等。半固态废物是指一些未纳入废气、废水管理范围的高浓度液体或混状物质，如在工业生产建设中产生的污泥、废油、废溶剂、废沥青，以及在城市生活和其他生活中产生的下水道污泥、厨房垃圾、人畜粪便等。

4. 固体废物污染是指因对固体废物的处置不当而使其进入环境，从而导致危害人体健康或财产安全，以及破坏自然生态系统、造成环境质量恶化的现象。

5. 放射性污染是指因人类的生产、生活活动排放的放射性物质，使环境中的放射性水平改变，从而危害人体健康的现象。放射性污染主要来源于三个方面：（1）核利用过程中产生的核污染。

(2) 放射性同位素和射线装置使用时产生的放射性污染。(3) 伴生放射性矿物资源开发利用中产生的放射性污染。

6. 农药污染是指因生产、运输、储藏、销售和施用农药而污染环境，引起人体和动植物急性或慢性中毒，以及影响生态系统良性循环的现象。

选择题

（一）单项选择题

1. 答案：D

国务院生态环境主管部门是全国的固体废物污染环境防治工作的主管机关，对全国的固体废物污染环境防治工作实施统一监督管理。县级以上地方人民政府生态环境主管部门对本行政区域内固体废物污染环境的防治工作实施统一监督管理。国务院和县级以上地方人民政府有关部门在各自的职责范围内负责固体废物污染环境防治的监督管理工作。

国务院建设行政主管部门和县级以上地方人民政府环境卫生行政主管部门负责城市生活垃圾清扫、收集、贮存、运输和处置的监督管理工作。

2. 答案：D

我国实行危险废物识别标志制度。危险废物的容器和包装物以及收集、贮存、运输、处置危险废物的设施、场所，必须设置危险废物识别标志。

3. 答案：B

为了进一步加强对农药生产、经营和使用的监督管理，保证农药质量，保护农业、林业生产和生态环境，维护人畜安全，国务院于 1997 年 5 月 8 日以第 216 号令发布了《农药管理条例》(2022 年修订)。

4. 答案：C

2003 年 6 月 28 日《中华人民共和国放射性污染防治法》通过，同年 10 月 1 日起实行。

5. 答案：B

固体废物污染环境防治实行“三化”原则。“三化”即减量化，使固体废物不产生和少产生；资源化，已产生的固体废物在生产过程中回收、循环、再利用或用为另一种生产的原料；无害化，通过各种处理、处置方式使固体废物安全、无污染地进入环境。

（二）多项选择题

1. 答案：ABD

对固体废物实行分类管理的原则。根据固体废物的种类和对环境的危害程度，应规定不同的污染环境防治措施。如对工业固体废物、城市生活垃圾的污染环境防治采取一般性的管理措施，而对危险废物则规定采取严格的管理措施。

2. 答案：BCD

固体废物污染环境防治实行“三化”原则。“三化”即减量化，使固体废物不产生和少产生；资源化，已产生的固体废物在生产过程中回收、循环、再利用或用为另一种生产的原料；无害化，通过各种处理、处置方式使固体废物安全、无污染地进入环境。

3. 答案：BCD

1998 年 2 月，我国公布了第一批共包含 47 类危险废物的《国家危险废物名录》（现为 2025 年版——编辑注）。除名录制度外，国家还需确立并实行统一的危险废物鉴别制度。我国实行危险废物识别标志制度。我国实行危险废物经营环境行政许可制度。转移危险废物的，必须按照国家有关规定填写危险废物转移联单，并向危险废物移出地和接受地的县级以上地方人民政府环境保护行政主管部门报告。

4. 答案：ABC

固体废物污染环境防治实行“三化”原则。对固体废物实行全过程控制原则。对固体废物实行集中处置和分散处置相结合的原则。对固体废物实行分类管理的原则。

5. 答案：ABCDE

《固体废物污染环境防治法》（2020 年修订）第 21 条规定，在生态保护红线区域、永久基本农田集中区域和其他需要特别保护的区域内，禁止建设工业固体废物、危险废物集中贮存、利用、处置的设施、场所和生活垃圾填埋场。

（三）不定项选择题

1. 答案：AC

首次进口化学品必须事先向国家环境保护局提交化学品首次进口环境管理登记申请，并提交规定的资料和样品。对《中国禁止或严格限制的有毒化学品名录》中所列的化学品，在每批次进口前，均须向国家环境保护局提交有毒化学品进口环境管理登记申请，取得登记证和放行通知单。

2. 答案：ABCD

防治放射性污染的管理制度：(1) 放射许可制度。(2) 环境影响评估制度。(3) 设置危险标志制度。(4) 实行“双轨监测制度”。

简答题

1. 我国防治固体废物污染环境的主要原则如下。

第一，固体废物污染环境防治实行“三化”原则。“三化”即减量化、资源化、无害化。

第二，对固体废物实行全过程控制原则。固体废物在各个环节都可能产生污染危害，因此，必须对其产生、排放、收集、贮存、运输、利用、处置的全过程实行不同程度和不同形式的监督管理，采取防治措施。

第三，对固体废物实行集中处置和分散处置相结合的原则。建立区域性、专业化的集中处置设施，可以节约投资，降低处置费用，也有利于提高治理水平。

第四，对固体废物实行分类管理的原则。根据固体废物的种类和对环境的危害程度，应规定不同的污染环境防治措施。

2. 放射性污染的特点如下。

第一，对人体和环境损害严重。放射性物质对人体照射到一定积存量时，能对人体健康产生损害，引起多种疾病；放射性污染能破坏人体免疫功能，降低肌体的防疫能力，缩短人的寿命；放射性污染能引起基因突变和染色体畸变并遗传给后代；X射线和各种放疗和射线能导致孕妇流产、胎儿死亡；放射性物质还会对大气、水、土壤、农作物、畜禽类、鱼虾类以及建筑物、器具等造成放射性污染。

第二，放射性污染影响面广、危害大。如1986年4月的前苏联切尔诺贝利核电站事故，导致7 000多人死亡，而受放射性伤害的人数则难以统计。这次核事故使整个欧洲都付出了沉重的代价：欧洲各国放射性尘埃强度增高，瑞典增高达100倍，欧洲各邻国的蔬菜、牛奶不能食用，给人们心理上造成了巨大的恐慌。

第三，放射性污染危害时间长，难以消除。如苏联切尔诺贝利核电站事故虽然经各方面努力，但到20世纪末残存的污染仍很严重。

3. 我国防治有毒化学品污染的主要法律规定如下。

第一，生产经营许可制度。我国对有毒化学品实行生产前申报审查制度和生产、经营环境行政许可制度。

第二，安全防护和污染防治措施制度。生产、储存、使用有毒化学品，应根据其种类、性质，设置相应的通风、防爆、泄压、防火、防雷、监测、报警、自动联锁、降温、防潮、消除静电、隔离操作等安全防护设施和用具。储存有毒化学品必须修建专用危险、场地或使用专用储存室(柜)，并设专人管理。运输装卸有毒化学品必须按国家有关危险货物运输管理的规定和要求办理。禁止在自然保护区、风景名胜区、饮用水源保护区等需要特别保护的区域内，新建有毒化学品生产项目和装卸、储存设施。

第三，进出口管理制度。我国在有毒化学品进出口环境管理中实施环境风险评价制度和进出口有毒化学品名录制度。

第四，化学品监控制度。生产第一类监控化学品，需要经过国务院化学工业主管部门批准，并在指定的小型设施中生产。对第二、三、四类监控化学品中含磷、硫、氟的特定有机化学品的生产，实行特别许可制度。需要使用第一类监控化学品的，需经国务院化学工业主管部门审查批准。需要使用第二类监控化学品的，需经省级人民政府化学工业主管部门审查批准。

第五，污染事故应急救援和善后处理制度。有关法律、法规明确规定有毒化学品突发性污染事故的应急救援工作，由地方人民政府负责组织、协调和实施。应急措施包括控制、减少和消除污染的设施，如控制通道、食物、水源、人员撤离、物品迁移、对受污染地区的去污，以及受污染人员的救护、洗消、转运和医学处置等。

案例分析题

变压器在运行过程中，除了会产生环境噪声外，确实还会产生电磁辐射。电磁辐射是由电波和磁场产生的振幅所引起的辐射，按其来源可以分为天然产生和人工产生两类。电磁辐射超过规定的能量限值，就会形成电磁辐射污染。电磁辐射污染能造成许多危害，其中对人体的危害主要是造成人体植物神经功能紊乱，血压、血相失调，甚至损伤眼睛。芳园小区2号楼的居民浑身乏力、记忆力减退、易激动等症状可以说是电磁辐射污染对人体危害的常见症状。为了防治电磁辐射污染，国家除在《环境保护法》第42条中作出了要求产生环境污染和其他公害的单位必须采取有效措施防治在生产建设或者其他活动中产生的电磁辐射等对环境的污染和危害的规定外，国家环境保护局还于1997年3月25日发布了《电磁辐射环境保护管理办法》，对电磁辐射污染的防治管理作出了比较具体的规定。该管理办法第2条规定的“电磁辐射”就包括“高压送变电中产生的电磁辐射”，因此，对变压器造成的电磁辐射污染是可以按照该办法进行环境保护管理的。管理所适用的标准为1988年发布的《电磁辐射防护规定》(GB8702—88)。该规定第2条规定了公众所受电磁辐射照射在一天24小时内任意连续6分钟按全身平均的比吸收率（SAR）应小于0.02W/kg。这里的“比吸收率”，是指生物体每单位质量所吸收的电磁辐射功率，即吸收剂量率。为了便于监测，该规定还规定了公众照射导出限值，即在一天24小时任意连续6分钟内环境电磁辐射场的场量参数平均限值。如果电磁辐射体（场）的辐射超出标准限值，就说明存在电磁辐射污染，也就应当让从事电磁辐射活动的单位或个人承担相应的法律责任。《电磁辐射环境保护管理办法》第30条第2款规定：“造成环境污染危害的，必须依法对直接受到损害的单位或个人赔偿损失。”根据此规定，受到电磁辐射污染的居民有权要求污染者排除危害、赔偿损失，并可以请求环境保护行政主管部门调查、调解处理与污染者的纠纷；调解处理不成的，居民还可以向人民法院提起诉讼；居民也可以不经环境保护行政主管部门调解处理，而直接向人民法院提起民事诉讼。

论述与深度思考题

我国电子废弃物回收治理现状的相关建议

(1) 电子废弃物回收市场的规制改进

综合目前我国相关法律法规来看，关于电子废弃物立法方面，主要存在着以下问题：第一，立法层次低。我国主要的电子废弃物立法属于规章范畴，级别较低，法律效力有限。第二，执法存在交叠。“电子废弃物的管理涉及科技部、财政部、建设部、公安部、信息产业部、商务部、海关总署、税务总局、工商总局、质检总局、环保总局等多个部门。综合性、统率性立法的缺乏致使对电子废弃物的管理处于政出多门、职责交叉重叠和政策矛盾的境地。”第三，缺乏完整性，可操作性差。现行有关的法律规定中，原则性的规定较多，在实践运作中缺乏可操作性和强制力。第四，部门立法利益化，政府部门主导立法，在利益驱动下，会有意无意地排除政府自身的部分义务，加强自身的部分权力和利益，这不仅存在于环境立法中，也存在于其他立法中。此外，针对电子废弃物回收的立法，建立起电子废弃物的综合、处置的财政、税收等方面的鼓励措施，以及打击各种严重破坏资源、污染环境的随意处置电子废弃物的行为的相关制度，也需要得到更多的重视。目前民间作坊回收散乱而污染严重，正规企业无货可收、即使依赖补贴也无法生存，背后的主要症结在于政府规制不足，政府应在电子废弃物循环利用的过程中承担更多的法律和政策供给以及严格执行的责任。

(2) 生产者延伸责任制度细化

生产者延伸责任制度是环境保护立法中的一项重要原则，目的在于要求生产者对产品的整个生命周期负责，具体包括五大责任制度：环境损害责任、经济责任、行为责任、物主责任以及信息责任。生产者延伸责任制度的意义在于延伸了产品整个循环周期中的生产者责任，生产者不再只对生产过程中的产品负责，而且还要负担产品流通中的部分管理责任，在一定程度上督促生产者在生产伊始就注重产品的资源化，保证了产品的环保性和回收再利用。对于我国的电子废弃物回收市场而言，加强生产者的延伸责任，有利于推广生产——回收——再利用的模式，生产者对自己的产品知根知底保证了电子废弃物推广回收利用的效率，同时也降低了有关部门的管理成本。以生产者延伸责任制度为基础，对于环境危害大的电子废弃物，生产者应承担更为严格的责任。除此以外，应当明确的是，作为整个产品流通链条中的最大受益者，生产者无疑要承担主要的义务，但是除了生产者，还应当明确市场产业链条的各方责任，包括销售者和消费者，因为，销售者和消费者在产品的流通过程中也是受益者，理应承担相应的义务和责任。

（3）激励措施增加

生产者在制造一个产品的过程中，经济利益的考量往往对产品质量有着相当的决定性。因为电子废弃物回收拆解的困难和复杂性，所以作为废物前身的商品配件如何选择，就具有一定的意义，可以说，生产者在制造产品的时候，就决定了产品最后变为废弃物回收利用时的难度和效率。如何有效地引导生产者制造出绿色循环的产品，一个关键的因素在于对生产者实行激励措施。目前，我国的激励政策仍有待完善。首先，出台的相应法律法规已经有针对性地对合格的回收企业予以补贴，但是，我国目前的补贴力度较小，激励不足，回收企业发展步履艰难。其次，电子废弃物回收市场需要灵活的税收机制加以辅助。生产环节的高标准税收不仅能鼓励生产者对电子产品采用绿色可循环的设计及生产方式，而且可以促使生产者采用高科技、改良设备和工艺。而在回收治理环节，应当完善计税方法，针对回收企业收购电子垃圾得不到发票导致的高纳税问题提供合理的税收机制。最后，还可以加大对生产者的环保形象宣传。对于将环保契合在产品设计和生产过程中的生产者进行社会宣传，使企业形象与环保紧密联系，将环保投入转换为企业投资，树立企业社会责任和环保形象会为企业赢得信任和客户，这是激励生产者投入回收市场的一个途径。

（4）电子废弃物回收市场的监管强化

作为一个理想的监督者和管理者，政府在其主要干预的环境领域，应当做到以公众为中心，以环境为目标，一改对上级负责的态度，这种行政理念是确定政府在环保领域角色定位的总体依据。但是如今我国电子废弃物回收市场政府职能紊乱，具体表现在各部门虽然各司其职，但是不可避免地会出现交叉执法、重叠执法，以及怠于执法的情况。因此，政府部门之间的沟通交流需要进一步加强。另外，解决目前问题的主要因素仍在于明确政府职能和责任，注重部门协调，避免出现部门职能缺失或者“权力寻租”的现象：一方面，应当加强监管工作；另一方面，还要严格回收市场准入，建立电子废弃物回收的行政许可制度。严格市场准入的意义在于实现国家对电子废弃物回收市场的统一管理，在一定程度上防止尚未达到回收处理标准的拆解企业或民间作坊对废物的不正规拆解，从而预防环境污染的发生。同时，环境主管部门还能因地制宜，根据不同情况对拆解企业进入回收市场适当放松或严格准入条件，有效制止违法电子废弃物的回收拆解。对于不符合回收标准，扰乱回收市场秩序的小企业和黑作坊，不予准入许可。

（5）价值观的内化

消费者处在一个产品流通链条的最后一环，是产品变为废品的最后经手人，因此，消费者的合理处置对环保事业的推动助力巨大。由此观之，舆论宣传和教育必不可少。宣传的目的在于逐渐在全社会范围内达成“谁受益、谁付费”的共识，使消费者自觉支持和参与电子废弃物的回收处理工作，为我国电子废弃物回收处理产业的健康发展营造良好的舆论氛围和文化基础。具体而言，有以下途径。第一，提倡公众参与，社会消费每天都在进行，每个人都在参与，公民的参与是一个从量变到质变的过程，广泛地调动群众参与到环保事业当中，才能保证电子废弃物处理的效率。第二，转变消费观念，环境问题日益严峻，国家应当适时号召大家理性消费、绿色消费，通过自身努力实现废物的二次价值，平时注重绿色产品的消费，减少危害环境的产品购置。通过提高公众的电子废弃物危害意识，提高法律的遵从度，节约环保成本。

电子废弃物已成为全球化问题，我国针对电子废弃物的治理仍有很长的路要走。目前，我国在立法工作上已给予了重视，此外，在电子废弃物的回收处理一端，我国近来还涌现出了一批良好的尝试与创新，但是，总体上来看目前形势仍不容乐观。我国应采取包括立法工作、责任制度、政府职能、公众参与等一系列的手段，多管齐下，共同为电子废弃物资源化这一“静脉产业”的发展做出努力。

参考文献：胡苑，葛畅．电子废弃物回收处理的法律规制：基于实例的思考．上海政法学院学报，2017（4）．

第十三章　自然资源保护法概述

知识逻辑图

- 自然资源保护法概述
  - 自然资源与自然资源保护法
    - 自然资源概述
      - 含义
      - 种类
      - 特征
        - 有用性
        - 稀缺性
        - 地域性
        - 整体性
        - 相对性
      - 我国现状与特点
    - 自然资源的法律保护
      - 传统环境保护法的局限性
      - 自然资源保护法的发展
      - 我国法律体系
  - 生态保护与建设
    - 我国的生态环境问题
    - 对生态建设的法律监管
      - 强化生态建设管理，遏制新的重大生态破坏
      - 环评和三同时制度＋全程管理
      - 预防关口前移
      - 建立完善生态建设统一监管机制
  - 生态安全和自然灾害防治法
    - 生态安全
      - 国土安全
      - 环境安全
      - 自然灾害
      - 国际环境安全
    - 气象法
      - 气象事业的性质和原则
        - 公益性与有偿性相结合原则
        - 依靠科技发展气象事业原则
        - 规划、共享
      - 气象设施建设与管理
      - 气象探测环境保护
      - 气象预报和灾害性天气警报
      - 气象灾害防御
      - 气候资源开发利用和保护
    - 自然灾害防治法
      - 防洪法
      - 防震减灾法
      - 防沙治沙法

名词解释

1. 自然资源保护法
2. 生态安全
3. 防洪规划
4. 土地沙化

选择题

（一）单项选择题

1. 下列不属于实物资源的是（　　）。
A. 土壤资源　　B. 生物资源
C. 水资源　　D. 景观资源
2. 下列属于可再生资源的是（　　）。
A. 森林　　B. 石油
C. 煤炭　　D. 天然气
3. 下列说法错误的是（　　）。
A. 我国水资源居世界第一位
B. 我国主要资源地区分布比较平衡
C. 我国人工林保存面积居世界首位
D. 我国人均资源占有量低
4. 下列属于气候资源的是（　　）。
A. 海洋　　B. 森林
C. 风能　　D. 草原
5.《中华人民共和国防沙治沙法》于何时颁布？（　　）
A. 2002 年 8 月 31 日
B. 2001 年 8 月 31 日
C. 2002 年 7 月 31 日
D. 2001 年 7 月 31 日

（二）多项选择题

1. 在我国，下列哪些自然资源只属于国家所有？（　　）（司考改编）
A. 水库中的水
B. 具有科研价值的化石
C. 矿藏
D. 林地
2. 下列属于环境资源的是（　　）。
A. 土壤资源　　B. 景观资源
C. 水资源　　D. 气候资源
3. 下列属于恒定资源的是（　　）。
A. 太阳能　　B. 潮汐能
C. 淡水　　D. 土壤
4. 从生态学要素的角度，自然资源可以分为（　　）。
A. 恒定资源　　B. 生物群体
C. 无生命物质　　D. 特定空间
5. 自然资源的使用价值可以分为（　　）。
A. 直接使用价值　　B. 不可选择价值
C. 间接使用价值　　D. 选择价值
6. 自然资源具有如下哪些特征？（　　）
A. 有用性　　B. 稀缺性
C. 地域性　　D. 整体性
E. 相对性

（三）不定项选择题

1. 我国自然资源具有如下哪些特点？（　　）
A. 资源地区分布比较平衡
B. 资源地区分布不平衡
C. 人均资源占有量低
D. 多数资源储量在世界前列
2. 我国生态环境面临的主要问题是（　　）。
A. 边建设、边破坏、建设赶不上破坏
B. 边建设、边保护、生态环境不再恶化
C. 生态功能下降，生态平衡严重失调
D. 生物多样性锐减
3. 我国生态安全问题主要包括（　　）。
A. 国土安全　　B. 环境安全
C. 自然灾害　　D. 国际环境安全

简答题

1. 简述自然资源的种类与特征。
2. 简述传统环境保护法在保护自然资源方面的局限性。
3. 简述我国生态安全主要包括的内容。

案例分析题

1. 原告达木林扎布等系东乌旗草牧场承包人，自 1986 年即取得该地域的草场使用权。被告东乌珠穆沁旗淀花浆板厂在圈围生产污水排放场堤坝时，占用原告所承包的草场，后 2001 年污水坝溃坝，污水流入原告所承包的草场，造成草场大规模污染。因此原告起诉要求被告就污染赔偿损失。

请问：该案该如何处理？

2. 2005 年 6 月，云南省某县滇金丝猴（国家重点保护野生动物）保护区发生森林火灾，猴群外逃至近邻保护区的猴王乡猴头村觅食，毁坏了大片的农作物。猴头村村委会决定组织人力驱赶和捕杀金丝猴，被猴王乡人民政府及时制止。

问：猴头村农民的损失能否得到补偿？

论述与深度思考题

1. 试述我国自然资源保护法律体系存在的问题与对策。

2. 浅议自然资源物权化。

3. 试述我国自然保护区法律制度的完善。

参考答案

名词解释

1. 实质上的自然资源保护法，是调整人们在开发、利用、管理和养护自然资源的过程中所产生的保护自然资源生态效益的各种社会关系法律规范的总称。

2. 生态安全亦称环境安全，有时被冠以国家的含义，称为国家生态安全或国家环境安全。在《全国生态环境保护纲要》中，它是指国家生存和发展所需的生态环境处于不受或少受破坏与威胁的状态。

3. 防洪规划是指为防治某一流域、河段或者区域的洪涝灾害而制定的总体部署，是江河、湖泊治理和防洪工程设施的基本依据。

4. 土地沙化，是指主要因人类不合理活动所导致的天然沙漠扩张和沙质土壤上植被及覆盖物被破坏，形成流沙及沙土裸露的过程。

选择题

（一）单项选择题

1. 答案：D

自然资源可分为实物资源和环境资源两大类，在实物资源中，包括土壤资源、生物资源、水资源、矿产资源，而其中又可进一步细分，如生物资源可细分为森林、草原、野生动植物、海洋鱼类等。在环境资源中，包括环境容量资源、景观资源、生态平衡自调节资源、气候资源等。

2. 答案：A

自然资源还可以分为可再生资源、不可再生资源与恒定资源。可再生资源即可以通过繁殖和更新而持续利用的资源，如森林、草原等植物和动物资源，以及淡水和土壤等资源；不可再生资源指数量有限又不可再生的资源，如各种矿产资源。

3. 答案：B

中国的水力资源尤为丰富，理论蕴藏量 6.76 亿千瓦，居世界第 1 位。我国自然资源的特点是主要资源地区分布不平衡，人均资源占有量低。我国森林面积占世界的 4.5%，列世界第 5 位，森林蓄积占世界的 3.2%，列世界第 6 位，人工林保存面积居世界首位。

4. 答案：C

气候资源是指有利于人类经济活动的气候条件。例如，自然界的热量，光照、水分和风能等，是合理进行农业区划和工业布局的依据之一。

5. 答案：B

2001 年 8 月 31 日第九届全国人民代表大会常务委员会第二十三次会议通过，并于 2002 年 1 月 1 日起施行《中华人民共和国防沙治沙法》，后于 2018 年 10 月 26 日修正。

（二）多项选择题

1. 答案：ABC

根据《水法》第 3 条规定，水资源属于国家所有，A 项为应选项。《森林法》第 14 条第 1 款规定："森林资源属于国家所有，由法律规定属于集体所有的除外。"由此可知，D 项不符合题意。根据《矿产资源法》的规定可知矿藏属于国家所有，因此 C 项符合题意。根据《文物保护法》的规定可知 B 项也为应选项。

2. 答案：BD

自然资源可分为实物资源和环境资源两大类，在实物资源中，包括土壤资源、生物资源、水资源、矿产资源，而其中又可进一步细分，如生物资源可细分为森林、草原、野生动植物、海洋鱼类等。在环境资源中，包括环境容量资源、景观资源、生态平衡自调节资源、气候资源等。

3. 答案：AB

恒定资源指人类不可能耗尽的资源，如太阳能、风能、潮汐能等。

4. 答案：BCD

从生态学要素来分，自然资源可分为：生物群体（包括各种动物、植物和微生物资源等）、无生命物质（包括土地、水、矿等）和特定空间（包括自然保护区、城乡环境、人文景观、能源、气象等）。

5. 答案：ACD

自然资源的使用价值可分为三类。第一类是直接使用价值，指自然资源可直接用于生产和消费的经济价值，如采伐林木、开采矿藏、取水灌溉等。第二类是间接使用价值，大体相当于自然资源具有的生态功能。第三类是选择价值，指人们保存或保护某一自然资源以便将来做各种用途，它代表资源的未来使用价值，产生于人类未来在偏好上的可能变化、技术和信息的可能提高、资源开发的不可逆转及不确定性。

6. 答案：ABCDE

自然资源一般都具有以下五个基本特征：有用性、稀缺性、地域性、整体性和相对性。

（三）不定项选择题

1. 答案：BC

我国自然资源的特点：（1）主要资源地区分布不平衡。（2）人均资源占有量低。

2. 答案：ACD

我国生态环境破坏的范围在扩大、程度在加剧、危害在加重，如黄河断流问题、沙尘暴问题，主要表现为：一是边建设、边破坏、建设赶不上破坏。二是生态功能下降，生态平衡严重失调。三是生物多样性锐减。

3. 答案：ABCD

我国生态安全主要包括以下问题：（1）国土安全问题。（2）环境安全问题。（3）自然灾害问题。（4）国际环境安全问题。

简答题

1. 第一，自然资源的种类：自然资源可分为实物资源和环境资源两大类；还可以分为可再生资源、不可再生资源与恒定资源；从生态学要素来分，自然资源可分为：生物群体（包括各种动物、植物和微生物资源等）、无生命物质（包括土地、水、矿等）和特定空间（包括自然保护区、城乡环境、人文景观、能源、气象等）。

第二，自然资源的特征：一是有用性，即各种自然资源从不同的角度都能满足人类的某种需要，也就是自然资源具有使用价值。二是稀缺性，人类的需要实质上是无限的，而自然资源是有限的，对自然资源的使用具有竞争性。三是地域性，自然资源在自然界中的分布并不是均匀的，它随着地域的改变而在种类、数量、质量上产生明显的差异。四是整体性，各种自然资源在生物圈中都是相互依存、互相制约的构成一个自然综合体。五是相对性，某种物质和能量能否成为自然资源不是一成不变的，在不同的条件下会有不同的结果，自然资源的形成是一个历史的过程，它的内涵与外延随着科技水平的提高和经济的发展而不断扩展和延伸。

2. 传统的环境保护法起源于污染防治法，以污染防治为重心，忽视自然资源的保护，因而不利于生态环境的整体保护与建设。其局限性主要体现在以下方面。

第一，在法律属性方面，污染防治法主要针对环境污染的损害赔偿问题，属于事后救济。这种制度对预防环境污染功能有限。

第二，在调整范围方面，污染防治法直接针对向环境排放有毒有害物质的行为，即污染行为。而那些同样危害环境的，诸如滥伐森林、乱垦土地等破坏自然资源的行为，并不属于污染防治法的调整范围。

第三，从法学原理的角度观察，污染防治法可以借助环境科学技术规范以及政府的行政管理行为，防治对象主要是企业行为，因而法律实施的难度相对较小。然而，针对破坏自然资源行为的防治，却与传统的所有权制度在法律上有所冲突，传统污染防治法的原理和各项制度并不能适应保护生态环境的客观需要。

第四，从调整模式上看，污染防治法在本质上属于民事损害赔偿制度，只要有污染损害的行为和结果，通常就会有受害人主张权利。法律责任的确定也有一整套成熟的民事制度可以借鉴。但在自然资源保护领域，问题却要复杂得多。一方面，许多自然资源的价值难以用金钱计算，民事赔偿制度对此问题无能为力。另一方面，自然资源的保护工作不仅有利于当代人，而且也是对后代人利益的保护，是可持续发展的必然要求。这是污染防治法所依赖的民事损害赔偿制度所不能调整的。此外，自然资源保护的对象主要是一种公共利益，而非私人利益。环境公益的法律保护难度很大，环境保护中经常引用西方经济学家称为“公有物的悲剧”（the tragedy of commons）的规律，其直接来源主要是自然资源保护问题，是私法保护的一个盲区。

3. 我国生态安全主要包括以下问题。

第一，国土安全问题。国土安全又称国土资源安全，目前我国国土资源中对国家安全造成影响的主要问题是：水土流失严重、土地荒漠化严重、水安全问题、生物安全问题和能源安全问题。

第二，环境安全问题。这里的环境安全主要是指因环境污染对国家安全造成的严重影响。目前我国环境污染中最严重的问题是大气污染、水污染、海洋污染、土壤污染和化学品污染。

第三，自然灾害问题。我国自然灾害的特点是种类多、频次高、强度大、影响面广，除火山灾害较轻微外，其他自然灾害均很严重。防灾减灾已成为我国社会经济持续稳定发展的一个重要因素，是维护我国国家生态环境安全的艰巨任务。

第四，国际环境安全问题。我国面临的国际环境安全问题主要有两类：一类是国外的或全球性生态环境问题对我国的国家环境安全的影响；另一类是外国特别是西方国家可能以其自己的国家环境安全受到他国环境问题威胁为由，对他国主权的干涉或对他国经济安全的威胁，并因此对我国环境安全构成危害。

案例分析题

1. 本案是一起因环境污染引起的损害赔偿案，在内蒙古自治区范围内引起了社会的广泛关注，被评为2004年度自治区十大法治事件之一。环境问题已经成为21世纪全球人类共同关注的问题，自然界是包括人类在内的一切生物的摇篮，是人类赖以生存和发展的基本条件，在人类生存环境日益恶化的今天，保护自然环境就是保护人类自己。对自然界只索取不投入，只利用不建设的行为最终危害的是人类自己。因此，根据《民法通则》第117条、第124条、134条第1款第7项之规定，应判决被告赔偿原告的损失和草场的补偿费用。

2. 猴头村农民的损失应当由当地政府给予补偿。《野生动物保护法》（2018年修正）第19条规定：“因保护本法规定保护的野生动物，造成人员伤亡、农作物或者其他财产损失的，由当地人民政府给予补偿。具体办法由省、自治区、直辖市人民政府制定。有关地方人民政府可以推动保险机构开展野生动物致害赔偿保险业务。有关地方人民政府采取预防、控制国家重点保护野生动物造成危害的措施以及实行补偿所需经费，由中央财政按照国家有关规定予以补助。”

论述与深度思考题

1. 第一，我国自然资源保护的立法现状。

经过多年的努力，我国的自然资源保护法已经初具规模，其主要构成如下。

（1）宪法对自然资源和环境问题的原则性规定。此类规定不仅确定了自然资源的产权关系，而且明确了“国家保障自然资源的合理利用，保护珍贵的动物和植物。禁止任何组织或者个人用任何手段侵占或者破坏自然资源”（第9条）与“一切使用土地的组织和个人必须合理地利用土地”（第10条）。为自然资源保护法奠定了坚实的宪法基础。

（2）《环境保护法》中的有关规定。作为综合性的环境基本法，其中的基本任务，保护对象，基本原则与基本制度，管理机构与管理权限，以及法律责任等相关规定，均是自然资源保护法的重要法律渊源。

（3）自然资源保护法的单行法律法规。

有关自然资源保护的法律法规主要有：《野生

动物保护法》及其实施条例，《野生植物保护条例》，《渔业法》《森林法》《草原法》及其实施条例，《土地管理法》及其实施条例，《水法》《矿产资源法》及其实施细则，《基本农田保护条例》，《水土保持法》及其实施条例。

有关人文生态环境保护的法律法规包括《风景名胜区条例》、《自然保护区条例》、《文物保护法》及其实施细则，以及《水下文物保护管理条例》、《国家级自然公园管理办法（试行）》、《国家湿地公园管理办法》等。

第二，自然资源保护法律体系存在的问题与对策分析。

尽管我国的自然资源保护法已经初步形成体系，但也存在许多突出问题有待解决。

（1）在自然资源管理方面，政府各职能部门条块分割的现象严重，不利于自然资源的整体规划与保护。因此，需要在职权分工上进行调整，以便统一行使管理职能。

（2）在土地利用规划方面，国土整治，农业区域规划，村镇规划等领域尚处于无法可依的局面，亟须立法加以完善。

（3）由于多数公众对于环境法的认识还停留在污染防治的基础上，对自然资源保护的认识往往局限于部门经济的概念。因此需要通过宣传教育来转变观念，促使公众正确认识生态保护建设的法律意义。

有鉴于此，完善我国自然资源保护的法治建设任重而道远，需要社会各界的积极合作与共同努力。这既是现代环境法发展的客观需要，也是我国经济和社会可持续发展的根本保障。

2. 第一，自然资源物权化的含义和途径。

自然资源物权化，就是在尊重自然资源的自然属性和经济规律的基础上，通过国内立法赋予自然资源物权人依法或者依合同取得、在法律规定的范围内按照自己的意志支配法定自然资源、享受其利益并排除他人干涉的特定民事权利的过程。近现代后兴大国崛起的历史实践和近现代民法发展的现实理论都充分表明：自然资源物权化，是自然资源权利制度建设的理论基础，是促进自然资源可持续利用的法律保障。

自然资源自身独特的自然属性和法律属性，使法律制度对它的规制无法与一般的“物”相提并论，与此相应，传统的物权制度也很难对其作出令人满意的法理解释，种种原因造成了对自然资源物权化理论研究的严重滞后和自然资源物权法律制度的长期欠缺，在很大程度上这也是我国自然资源开发利用效率低下以及资源要素市场难以形成的重要原因。立足于传统民法物权的基本理论，结合自然资源的本质特点，对传统民法物权理论实行适当的改造，在社会公益和个人私益之间寻求一种平衡，是自然资源物权化理论发展的必然；通过对传统民法物权理论的改造，实现自然资源物权化理论的创新和完善，符合现代民法物权开放式理论体系的构建要求，也是对现代民法物权理论的丰富和发展。

自然资源物权化，应当充分重视市场在自然资源有效合理配置中的作用，建立和完善自然资源要素市场和流转机制，充分发挥自然资源物权的各项效能，对自然资源物权实行必要的国家干预和法定限制，以自然资源的保护与合理开发利用为目的，以自然资源物权的平等保护为手段，以自然资源物权法律制度建设为重点，努力建立归属清晰、权责明确、保护严格、流转顺畅的现代自然资源物权制度，依法保护各类自然资源物权，保障自然资源物权人的合法权益，逐步建立和完善我国自然资源物权的法律体系。

自然资源物权化，应当将“全面、协调、可持续发展战略”作为指导思想并贯穿始终，遵循“个体私益与社会公益、公法手段与私法手段、所有与用益、保护与合理开发利用、市场机制与宏观调控”兼顾的思路，通过自然资源的物权化体现现代民法物权以社会公共利益为中心的人本思想与人文精神，使自然资源物权化理论将公法的行政强制与私法的意思自治、公法的人文关怀与私法的社会化，以及宪政精神与私法秩序有机地融为一体。

第二，我国实现自然资源物权化的主要任务。

一是要进一步明确自然资源所有权，丰富和完善自然资源用益物权，强化自然资源权利制度建设。二是要对自然资源实行严格的物权登记制度，促进自然资源物权的依法、自愿、有偿流转，发挥自然资源效能的最大化。三是建立和完善自然资源物权的保护和救济机制，依法保障自然资源物权人的合法权益。总之，通过自然资源的物权化，进一步加强对自然资源的保护和合理利用，有利于解决我国产权结构不合理的问题。特别是对中国特色的具有债权性质的自然资源承包行为的物权化，更有利于我国经济结构和产业结构的调整。对于因经济发展所带来的高耗能、高污染产业的物权化，进而物权资本化，更有利于促进物权的流转，进一步形成资本，加快自然资源的科学调配和合理流转，形成激励机制，使产权主体和资源权益更加清晰，物权与投资者具有更加密切的关系，以抗拒行政权力对债权的干扰。因此，通过自然资源的物权化，提升自然资源物权的地位，可以将全面、协调、可持续发展、自然资源的可持续利用，以及自然资源的权利制度建设等有机地结合起来，为实现中国和平崛起的伟大战略提供强有力的保障。

3. 我国自然保护区法律制度的完善包括以下内容。

第一，确立生态管理的指导思想和立法原则。美国国家公园立法体现的一个重要理念就是在“保护自然环境”的同时也要“保证子孙后代不受影响”和“提供当代人欣赏上述资源的机会”，这种体现人与自然的生态和谐理念值得我们不断地体会和学习。鉴于此，完善我国自然保护区立法首先要确立正确的指导思想，就是说要从目的上体现自然保护区保护的多元目标和最终价值追求——既要保持生物多样性，维持生态平衡，保障国家生态安全，又要实现人与自然和谐共进，促进经济社会的可持续发展。在新型理念的指导下，我国的自然保护区立法应当体现这种可持续发展原则。可持续发展是既满足当代人的需求，又不对后代人满足其需求的能力构成危害的发展。自然保护区的可持续发展，作为生态环境建设和实现国民经济可持续发展战略的重要组成部分，在保护生物多样性、改善生态环境、维护生态平衡和促进国民经济可持续发展中有着不可替代的作用。因此，我国的相关立法中应当体现这种人与自然的生态和谐理念。

第二，协调我国自然保护区的法律体系。纵观美国国家公园各个立法，上有最高的《国家公园基本法》，下有各个国家公园的具体的专门的立法，又有各种针对的法规规章和判例，在法律纵向位阶上有条有序，共同构成了一个统一协调的立法体系。从我国的自然保护区立法现状及国外各国自然保护区的立法经验看，制定统一的《自然保护区法》是自然保护区立法发展的必然趋势。加快《自然保护区法》的制定，是搞好自然保护区管理的关键，对于制定其他自然保护区单行法规和地方法规都有重要的指导意义。完善环境立法，首先要做到有法可依，健全环境法律体系的第一步就是在《自然保护区条例》的基础上，以体现生态规律、利益分配公平、因地制宜、保护合理性与完整性为立法基本原则来制定《自然保护区法》，使自然保护区的法律地位从行政法规上升到法律层面。我们所要制定的《自然保护区法》应当是自然保护区立法体系中的基本法，没有统一的《自然保护区法》就不能保障自然保护区立法的体系化。所以，应由全国人大或其常委会制定或颁布《自然保护区法》，从法律位阶的层面上给予自然保护区法律更大的支持，有利于法律体系的协调性和完整性，最终将有利于自然保护区的建设。综上所述，制定法律层面的《自然保护区法》是很必要的而且是亟待解决的。

第三，通过立法引进美国国家公园的公众参与管理体制。我国的环境立法中有关于公众参与的规定，如 1989 年的《环境保护法》第 6 条规定：“一切单位和个人都有保护环境的义务，并有权对污染和破坏环境的单位和个人进行检举和控告。”但是诸如此类的规定都过于抽象，没有具体的实施细则和办法，在具体实践中难以引用。所以具体的公众参与制度必须写入《自然保护区法》。公众参与，需要特别注意一个特别人群——自然保护区周边居民。自然保护区周边居民长期与当地环境相处，其生存依赖于当地的自然资源，在千百年的日常生活中，他们对当地环境中的各种资源形成了比较深刻的理解，他们的参与对于自然保护区内的动植物资源更为有利。而当今我国的自然保护区法律将周边居民割裂于自然保护区之外，形成了一个个“生态孤岛”，自然保护区的地域设置缺乏协调性和连续性，导致自然保护区周边的环境没有得到一定的保护，并威胁到自然保护区的生态发展。所以，协调自然保护区与当地居民的关系，通过立法保障当地居民参与自然保护区管理和进行自然保护区发展规划决策是很有必要的。

参考文献：余俊，解小冬．从美国国家公园制度看我国自然保护区立法目的定位．生态经济，2011（3）．

第十四章　生物资源保护法

知识逻辑图

- 生物资源保护法
  - 生物多样性保护
    - 生物多样性概述
      - 概念
      - 法律特征
        - 全球性
        - 区域性
        - 立体性
        - 内部性和外部性
      - 调整范围
        - 基因多样性
        - 物种多样性
        - 生态系统多样性
    - 生物多样性保护的历史沿革及现状
    - 生物多样性保护的法律制度现状
      - 国际
      - 我国
    - 我国生物多样性保护的主要法律制度
      - 监管制度
      - 自然保护区及风景名胜区制度
      - 许可证制度
      - 检疫制度
  - 野生动植物资源保护法
    - 保护野生动物的法律规定
      - 野生动物概述
      - 立法现状
      - 野生动物保护的基本法律规定
        - 保护对象
        - 权属规定
        - 保护原则
        - 监督管理体制
      - 野生动物保护的主要法律措施
      - 法律责任
    - 保护野生植物的法律规定
      - 基本规定
      - 主要法律措施
        - 野生植物的保护
          - 分类分级保护制度
          - 保护目录制度
          - 生长环境的保护
        - 野生植物的管理
          - 资源档案制度
          - 采集管理
          - 经营利用
      - 法律责任

- 生物资源保护法
  - 渔业资源保护法
    - 渔业资源概述
    - 立法现状
    - 基本法律规定
    - 主要法律措施
      - 关于养殖业
        - 渔业养殖使用证制度与承包经营制度
        - 管理措施
      - 关于捕捞业
        - 保护近海渔业资源，鼓励外海及远洋捕捞
        - 捕捞限额制度
        - 捕捞许可证制度
      - 关于渔业资源的增殖和保护
        - 增殖保护费制度
        - 水产种质自然保护区
        - 其他
    - 法律责任
  - 森林资源保护法
    - 林业与森林资源保护
    - 立法概况
    - 森林资源保护法的基本原则
      - 森林、林木、林地的所有者和使用者合法权益受法律保护的原则
      - 对林业给予经济扶持原则
        - 建立林业发展基金
        - 投资鼓励措施
        - 税费减免措施
      - 森林资源永续利用原则
    - 林权法律制度
      - 林权种类
        - 国有林权
        - 集体林权
        - 个人林权
      - 林权管理
      - 森林资源的转让
    - 森林经营管理的法律规定
      - 林业主管部门
      - 林种的划分
        - 防护林
        - 用材林
        - 经济林
        - 薪炭林
        - 特种用途林
      - 森林资源清查和森林资源档案
      - 林业长远规划和森林经营方案
    - 植树造林的法律规定
      - 全民义务植树
      - 植树造林规划
      - 收益分配
    - 森林采伐的法律规定
      - 森林采伐量与年度木材生产计划
      - 森林采伐方式
      - 森林采伐许可证制度
      - 森林更新的规定
      - 木材管理的规定

- 生物资源保护法
  - 草原资源保护法
    - 草原及草原资源概况
    - 立法现状
    - 基本法律规定
      - 监督管理体制
      - 权属规定
    - 主要法律措施
      - 发展规划
      - 草原建设
      - 草原利用
      - 草原保护
      - 草原防火
    - 法律责任

名词解释

1. 森林功能（考研）
2. 野生动物（考研）
3. 草原（考研）
4. 生物多样性
5. 渔业资源
6. 林权

选择题

（一）单项选择题

1. “生物多样性”这一名词于何时提出？（　　）

A. 1975 年　　B. 1985 年

C. 1976 年　　D. 1986 年

2. 全球物种保护唯一的框架性法律文件是（　　）。

A.《非洲公约》

B.《生物多样性公约》

C.《全球生物多样性评估》

D.《亚西来公约》

3. 下列不属于保护陆地生物资源国际法律文件的是（　　）。

A.《波恩公约》

B.《非洲公约》

C.《大陆架公约》

D.《湿地保护公约》

4. 为海洋生物资源的养护带来革命性变化的公约是（　　）。

A.《联合国海洋法公约》

B.《公海捕鱼及生物资源养护公约》

C.《生物多样性公约》

D.《南极海洋生物资源养护公约》

5.《生物多样性公约》于何时签署？（　　）

A. 1982 年 6 月 5 日

B. 1983 年 6 月 5 日

C. 1993 年 6 月 5 日

D. 1992 年 6 月 5 日

（二）多项选择题

1. 在我国，下列哪些对自然资源的权利可以依法转让？（　　）（司考改编）

A. 用材林的林地使用权

B. 狩猎权

C. 捕捞权

D. 采矿权

2. 下列哪些国际性法律文件对“生物多样性”进行过阐释？（　　）

A.《非洲公约》

B.《生物多样性公约》

C.《全球生物多样性评估》

D.《大陆架公约》

3. 生物多样性具有以下哪些法律特征？（　　）

A. 全球性　　B. 区域性

C. 立体性　　D. 内部性

E. 外部性

4. 生物多样性保护的范围主要包括（　　）。

A. 基因多样性

B. 资源多样性

C. 物种多样性

D. 生态系统多样性

5. 最主要的国际生物多样性保护的法律文件是（　　）。

A.《京都议定书》

B.《生物多样性公约》

C.《卡塔赫纳生物安全议定书》

D.《波恩准则》

6. 下列属于我国《野生动物保护法》保护的动物有（　　）。

A. 螃蟹

B. 圈养的驯鹿

C. 扬子鳄

D. 东北虎

（三）不定项选择题

1. 下列涉及野生植物保护的法律法规是（　　）。

A.《野生植物保护条例》

B.《环境保护法》

C.《森林法》

D.《农业法》

E.《草原法》

2. 有关野生植物生长环境保护的法律措施包括（　　）。

A. 野生植物资源档案制度

B. 建立自然保护区

C. 环境监测

D. 环境影响评价制度

3. 下列属于可以转让的森林资源是（　　）。

A. 用材林　　B. 防护林

C. 经济林　　D. 薪炭林

4. 下列说法正确的是（　　）。

A. 防护林、用材林、特种用途林不允许转让

B. 特种用途林严禁采伐

C. 防护林严禁采伐

D. 自然保护区的森林严禁采伐

5. 为强化草原资源的保护，国家实行（　　）。

A. 全部草原保护制度

B. 基本草原保护制度

C. 草原自然保护区制度

D. 退耕还草制度

简答题

1. 简述生物多样性的法律特征。

2. 简述我国野生植物保护的主要法律措施。

3. 简述我国林权法律制度。

案例分析题

1. 某省渔业行政主管部门确定每年的 7、8、9 三个月为黄海渔场的休渔期，在此期间禁止任何单位和个人在黄海从事捕捞活动。20××年 8 月，A 渔业公司私自组织 5 艘渔船在黄海渔场进行捕捞活动，被渔政监督部门查获。渔政监督部门经过调查确认，A 渔业公司在 20××年休渔期内总计出动 22 船次进行捕捞活动，获利 367 万元。

请问：A 渔业公司应当承担哪些法律责任？

2. 只有小学文化程度的王兰英，是河南确山县农民。在确山县老家，王兰英务过农，当过教师，开过小门市部。2001 年她来到郑州，开始做贩卖猫狗小动物和鸟类的生意。2004 年 5 月 1 日，王兰英到广西南宁圆湖路花鸟市场贩卖小鸟，结识了一位姓马的当地人。王兰英从其手中以 700 元的价格购得 10 只野生猴，包括 9 只倭蜂猴和 1 只食蟹猴。王兰英知道这 10 只野生猴子是国家保护的珍贵动物，为不被发现，她将 10 只猴子分别装在 10 个透气的白纱袋里，藏匿在两个旅行包内。王兰英在南宁火车站避开检查，绕道进入站台，乘坐 316 次广西南宁至西安的火车将这 10 只猴子带回郑州准备高价出卖。5 月 2 日，郑州公安局火车站分局民警接到群众举报，在火车站北出站口将王兰英抓获。经河南林业司法鉴定中心司法鉴定，9 只倭蜂猴为国家一级重点保护野生动物，1 只食蟹猴为非国家重点保护野生动物。现 10 只猴子临时寄养于郑州动物园。

请问：王兰英触犯了刑法的何种罪名？

论述与深度思考题

1. 论滥伐林木行为承担法律责任的现状及其缺陷。

2. 浅谈外来物种入侵的防治。

3. 试述我国 2016 年修订的《野生动物保护法》的特色。

参考答案

名词解释

1. 森林作为重要的环境要素，具有蓄水保土、调节气候、改善环境（防风固沙、保障农牧业生产、保存生物物种、维持生态平衡）和提供林产品的作用（功能）。

2. 野生动物是相对于人工养殖的动物而言的，泛指一切在自然状态下生存且未被驯化的动物。然而，列为法律保护对象的野生动物往往是某些特定的类别。我国《野生动物保护法》规定的野生动物是指珍贵、濒危的陆生、水生野生动物和有重要生态、科学、社会价值的陆生野生动物。

3. 草原是指生长在温带、半干旱地区，以旱生多年生草本植物或饲用灌木植物为主体的，可用于畜牧业的土地。草原也是以草本植物为主体的生物群落及其环境构成的陆地生态系统。《草原法》所称的草原是指天然草原和人工草地。天然草原包括草地、草山和草坡，人工草地包括改良草地和退耕还草地，但不包括城镇草地。

4. 全球范围内，生物多样性是指各国在调整生物多样性中所有来源活的生物体的变异性而产生的权利义务关系的总和。在一国范围内，生物多样性是指调整该国生物多样性中所有来源活的生物体的变异性而产生的权利义务关系的总和。

5. 渔业资源是指可供养殖、采捕利用的水生动植物资源。渔业资源一般可以分为淡水渔业资源和海水渔业资源两大类，包括鱼类、虾蟹类、贝类、海藻类、淡水食用水生植物类（如莲藕、菱角等），以及其他水生动植物资源。

6. 林权是指森林、林木、林地等森林资源的所有权和使用权。森林、林木的所有权是指所有人依法对森林、林木享有占有、使用、收益和处分的权利。使用权是所有权权能的一种，使用权可以由所有者行使，也可以由非所有人行使。

选择题

（一）单项选择题

1. 答案：B

“生物多样性（biodiversity）”这一名词最早是在 1985 年由威尔森（Wilson）提出的科学术语，它原是 biological diversity 或 biotic diversity 的缩写。

2. 答案：B

《生物多样性公约》是唯一作为全球物种保护的框架性公约。公约旨在保护生物多样性、持续利用其组成部分以及公平合理分享由利用遗传资源而产生的惠益。

3. 答案：C

对陆地生物资源的国际保护主要是通过全球性、地区性和双边条约来进行的。有些公约是只在全球范围内保护一种或一组物种，这类公约有 1946 年的《国际捕鲸管制公约》，1979 年的《野生动物迁徙物种养护的波恩公约》，而区域性的公约一般都包括不同的物种，例如，1940 年的《西半球公约》则表明了美洲国家保护所有物种基因的决心。这类公约还有 1968 年的《非洲公约》、1979 年的《欧洲野生生物养护的伯尔尼公约》、1980 年的《南极海洋生物资源养护公约》、1985 年的《亚西来协议》、1950 年的《保护鸟类国际公约》、1970 年的《捕猎和保护鸟类贝勒拉克斯公约》、1986 年的《南太平洋地区自然资源和环境保护公约》、1973 年的《北极熊养护协议》、1972 年的《南极海狮养护公约》以及 1974 年的《维克那养护和管理公约》。还有些公约引进了一些具有创见性的保护技术和观念，其中最主要的有四个条约，它们是 1971 年的《湿地保护公约》、1972 年的《保护世界文化和自然遗产公约》、1973 年的《濒危野生动植物物种国际贸易公约》和 1979 年的《野生动物迁徙物种养护公约》。

4. 答案：A

1972 年召开的斯德哥尔摩人类环境会议上所通过的宣言把国际社会的注意力引到对自然资源进行养护的需要上来。这次会议也促成了第三次联合国海洋法会议的准备和谈判合作，并终于在 1982 年通过了《联合国海洋法公约》。该公约的通过可以说是给海洋生物资源的养护带来了革命性的变化。

5. 答案：D

1992 年 6 月 5 日在里约热内卢签署《生物多样性公约》。

（二）多项选择题

1. 答案：AD

《矿产资源法》第 6 条规定：“除按下列规定可以转让外，探矿权、采矿权不得转让：（一）探矿权人有权在划定的勘查作业区内进行规定的勘查作业，有权优先取得勘查作业区内矿产资源的采矿权。探矿权人在完成规定的最低勘查投入后，经依法批准，可以将探矿权转让他人。（二）已取得采矿权的矿山企业，因企业合并、分立，与他人合资、合作经营，或者因企业资产出售以及有其他变更企业资产产权的情形而需要变更采矿权主体的，经依法批准可以将采矿权转让他人采矿。前款规定的具体办法和实施步骤由国务院规定。禁止将探矿权、采矿权倒卖牟利。”由此可知，采矿权可以依法转让。因此 D 项符合题意。《森林法》第 16 条第 1 款规定：“国家所有的林地和林地上的森林、林木可以依法确定给林业经营者使用。林业经营者依法取得的国有林地和林地上的森林、林木的使用权，经批准可以转让、出租、作价出资等。具体办法由国务院定。”根据此条可知，用材林的林地使用权可以依法转让。因此 A 项符合题意。《野生动物保护法》（2022 年修订）第 42 条第 1 款规定：“禁止伪造、变造、买卖、转让、租借特许猎捕证、狩猎证、人工繁育许可证及专用标识，出售、购买、利用国家重点保护野生动物及其制品的批准文件，或者允许进出口证明书、进出口等批准文件。”由此可知，狩猎权不可以转让。B 项错误。《渔业法》第 23 条规定：“国家对捕捞业实行捕捞许可证制度。到中华人民共和国与有关国家缔结的协定确定的共同管理的渔区或者公海从事捕捞作业的捕捞许可证，由国务院渔业行政主管部门批准发放。海洋大型拖网、围网作业的捕捞许可证，由省、自治区、直辖市人民政府渔业行政主管部门批准发放。其他作业的捕捞许可证，由县级以上地方人民政府渔业行政主管部门批准发放；但是，批准发放海洋作业的捕捞许可证不得超过国家下达的船网工具控制指标，具体办法由省、自治区、直辖市人民政府规定。捕捞许可证不得买卖、出租和以其他形式转让，不得涂改、伪造、变造。到他国管辖海域从事捕捞作业的，应当经国务院渔业行政主管部门批准，并遵守中华人民共和国缔结的或者参加的有关条约、协定和有关国家的法律。”由此可知，捕捞权禁止转让，C 项错误。

2. 答案：BC

1992 年《生物多样性公约》第 2 条用语中对生物多样性作出如下的解释：生物多样性是指所有来源活的生物体的变异性。1995 年联合国环境规划署发表了《全球生物多样性评估》，赋予生物多样性一个比较简明的定义：生物多样性是生物和它的组成的系统的总体多样性和变异性。生物多样性这一定义在随着时间及人们认识的深化而在不断发展。

3. 答案：ABCDE

生物多样性是全球共同关注的问题，其法律特征是：全球性、区域性、立体性、内部性和外部性。

4. 答案：ACD

生物多样性保护的范围，1992 年《生物多样性公约》（Convention on Biological Diversity）以目录的形式把保护的范围确定下来。主要表现为：（1）基因多样性；（2）物种多样性；（3）生态系统多样性。

5. 答案：BCD

国际生物多样性保护的法律文件最主要的是 1992 年 6 月 5 日里约热内卢签署的《生物多样性公约》《卡塔赫纳生物安全议定书》和《关于获取遗传资源并公正和公平分享通过其利用所产生惠益的波恩准则》。

6. 答案：CD

我国《野生动物保护法》所保护的野生动物，是指珍贵、濒危的陆生、水生野生动物和有益的或者有重要经济、科学研究价值的陆生野生动物。濒危的水生野生动物以外的其他水生野生动物的保护，适用渔业法的规定。

（三）不定项选择题

1. 答案：ABCDE

我国野生植物保护的主要法规是 1997 年 1 月 1 日起施行的《野生植物保护条例》，后于 2017 年

10 月 7 日修正，其他内容则散见于《环境保护法》《森林法》《农业法》《草原法》《野生药材资源保护管理条例》等法律法规之中。

2. 答案：BCD

为保护野生植物，法律禁止任何单位和个人破坏其生长环境。具体法律措施包括：第一，建立自然保护区。第二，环境监测。第三，环境影响评价制度。

3. 答案：ACD

根据《森林法》的规定，可以转让的森林资源有用材林、经济林和薪炭林。

4. 答案：D

对于防护林只准进行抚育和更新性质的采伐，不得进行以取材为目的的采伐。特种用途林中的国防林、母树林、环境保护林、风景林只准进行抚育和更新性质的采伐。名胜古迹和革命纪念地的林木、自然保护区的森林严禁采伐。根据《森林法》的规定，可以转让的森林资源有用材林、经济林和薪炭林。

5. 答案：BC

为强化草原资源的保护，国家实行基本草原保护制度与草原自然保护区制度。

简答题

1. 生物多样性是全球共同关注的问题，从法律关系及其角度来讲，有如下法律特征。

第一，全球性。全球性又可称国际性、世界性。这一特征区别于只有缔约国才享有权利、承担义务的公约，表明生物多样性是全球共性的问题。保护生物多样性也应是全人类共同努力来完成的一项伟大事业，世界各国包括我国在内在保护生物多样性方面都应互相借鉴其法律制度的建设，站在全球的立场上建立自己的法律制度。

第二，区域性。该特征是指根据生物资源的生存特性及全球的生物现状，生物及其物种都分布在全球一定的区域内。根据生物多样性的区域不同，法律调整方式及其适用法律手段不同，这就是生物多样性区域性的特征。

第三，立体性。立体性不同于广泛性，现代科学研究表明，生物多样性的分布不仅包括平面的还包括垂直的。所以生物多样性的保护是一个立体性、多方位的保护。它包括陆地、海洋、天空、宇宙等区域内的所有保护。

第四，内部性和外部性。内部性是指生物基因多样性的本质法律保护，是生物多样性保护区别于其他法律保护的一种独有的特征。外部性是指物种的多样性及物种生存环境和外部环境多样性，同一物种由于外部性不同，它的大小、形状等有区别。

2. 我国野生植物保护的主要法律措施如下。

第一，野生植物的分类分级保护制度。我国野生植物分为国家重点保护野生植物和地方重点保护野生植物。国家重点保护野生植物又可分为国家一级保护野生植物和国家二级保护野生植物。

第二，野生植物保护目录制度。1984 年国务院环境保护委员会公布了《中国珍稀、濒危保护植物的名录》，1987 年国家环境保护局、中科院植物所对该名录进行了修订。1992 年林业部公布了第一批《国家珍贵树种名录》，《濒危野生动植物种国际贸易公约》的附录Ⅰ、Ⅱ所列物种，《中国生物多样性保护行动计划》中优先保护的植物。该名录是中国首次以国务院名义发布并与国家行政法规配套的植物保护名录，因而是我国迄今最具权威的植物保护名录。

目前施行的是 2021 年公布的《国家重点保护野生植物名录》。

第三，野生植物生长环境的保护。一是建立自然保护区。在国家重点保护野生植物物种和地方重点保护野生植物物种的天然集中分布区域，应当依照有关法律、行政法规的规定，建立自然保护区；在其他区域，县级以上人民政府野生植物行政主管部门和其他有关部门可以根据实际情况建立国家重点保护野生植物和地方重点保护野生植物的保护点或者设立保护标志。二是环境监测。野生植物行政主管部门及其他有关部门应当监视、监测环境对国家重点保护野生植物生长和地方重点保护野生植物生长的影响，并采取措施，维护和改善国家重点保护野生植物和地方重点保护野生植物的生长条件。三是环境影响评价制度。建设项目对国家重点保护野生植物和地方重点保护野生植物的生长环境产生不利影响的，建设单位提交的环境影响报告书中必须对此作出评价；生态环境主管部门在审批环境影响报告书时，应当征求野生植物行政主管部门的意见。

3. 第一，林权的种类：一是国有林权。我国的森林、林木等森林资源主要是属于国家所有，即所有权的主体是国家，国家享有占有、使用、收益和处分国有森林、林木等森林资源的权利。二是集体林权。集体林权是乡村劳动群众等集体经济组织在法律规定的范围内对属于集体经济组织的森林、林木等森林资源享有占有、使用、收益和处分的权利。三是个人林权。《森林法》第 20 条确认了个人对林木的所有权，保护了农民自留山和承包荒山造林的合法权益。

第二，关于林权管理的法律规定。《森林法》第 15 条从法律上规定了确认林权的办法，即林权证制度。林地权证是林地所有权或者使用权的法律凭证。《森林法》第 15 条第 1 款规定：林地和林地上的森林、林木的所有权、使用权，由不动产登记机构统一登记造册，核发证书。

第三，森林资源的转让。根据《森林法》的规定，可以转让的森林资源有用材林、经济林和薪炭林；用材林、经济林、薪炭林的林地使用权；用材林、经济林、薪炭林的采伐迹地、火烧迹地的林地使用权；国务院规定的其他森林、林木和其他林地使用权。

案例分析题

1.《渔业法》第 41 条规定：“未依法取得捕捞许可证擅自进行捕捞的，没收渔获物和违法所得，并处以十万元以下的罚款；情节严重的，并可以没收渔具和渔船。”根据本案的情况，渔政部门可以没收 A 渔业公司的渔获物和违法所得，处以罚款，并可以没收 A 渔业公司的渔具和渔船。

《刑法》第 346 条规定，“单位犯本节（第六章妨害社会管理秩序罪之第六节破坏环境资源保护罪——引者注）第三百三十八条至第三百四十五条规定之罪的，对单位判处罚金，并对其直接负责的主管人员和其他直接责任人员，依照本节各该条的规定处罚”。第 340 条规定，“违反保护水产资源法规，在禁渔区、禁渔期或者使用禁用的工具、方法捕捞水产品，情节严重的，处三年以下有期徒刑、拘役、管制或者罚金”。根据本案的情况，A 渔业公司以及对非法捕捞作业直接负责的主管人员和其他直接责任人员应当承担刑事责任。对 A 渔业公司可以判处罚金，对有关责任人员处 3 年以下有期徒刑、拘役、管制或者罚金。

2. 被告人王兰英的行为已构成非法运输珍贵、濒危野生动物罪。

非法猎捕、杀害珍贵、濒危野生动物罪是指违反野生动物保护法律法规，未经有关部门批准，猎捕、杀害国家重点保护的珍贵、濒危野生动物的行为。非法收购、运输、出售珍贵、濒危野生动物、珍贵、濒危野生动物制品罪是指违反野生动物保护法律法规，非法收购、运输、出售珍贵、濒危野生动物、珍贵、濒危野生动物制品的行为。“运输”，包括采用携带、邮寄、利用他人、使用交通工具等方法进行运送的行为；“出售”，包括出卖和以营利为目的的加工利用行为。本案中，河南省郑州市二七区人民法院以非法运输珍贵、濒危野生动物罪，判处被告人王兰英有期徒刑 4 年，罚金 5 000 元；并依法没收 9 只倭蜂猴，上交国家。

论述与深度思考题

1. 滥伐林木行为是指行为人违反《森林法》及其他保护森林的法规，未经林业行政主管部门及法律规定的其他主管部门批准并核发林木采伐许可证，或者虽持有林木采伐许可证，但违反林木采伐许可证规定的时间、数量、树种或者方式，任意采伐本单位所有或者本人所有的森林或者其他林木的；或者超过林木采伐许可证规定的数量，采伐他人所有的森林或者其他林木的行为。目前在实践中，针对滥伐林木行为，我们主要通过追究行为人的刑事责任或者行政责任的方式进行惩罚和制裁。

第一，滥伐林木行为的刑事责任存在的问题。一是对滥伐林木行为追究刑事责任的最低行为程度的规定，使得对滥伐低于 10 立方米或者幼树低于 500 株的森林或者其他林木的行为，只能作为一般的违法行为，由有关主管部门根据《森林法》等法律法规的规定给予行政处罚，而不得追究刑事责任。而伴以行政执法不力和处罚不严的现状（详见下文分析），使得这类行为得不到较好地遏制。二是尽管《刑法》规定，滥伐森林或者其他林木，数量较大的行为构成犯罪，但根据最高人民法院、最高人民检察院《关于办理盗伐、滥伐林木案件应用法律的几个问题的解释》规定，滥伐林木的立案认定标准为10立方米～20立方米，而盗伐林木的立案认定标准为2立方米～5立方米，滥伐林木起点显然高于盗伐林木。因此，在司法实践中，犯罪分子往往以“已审批的采伐许可证”为借口，故意违背采伐许可证所规定的地点、数量、树种而肆意采伐林木，只要未达到10立方米这个“起点”，就可以逃避法律的制裁。三是虽然滥伐林木案件的立案标准高，但对许多滥伐林木的犯罪分子量刑偏低，适用缓刑、判处拘役的多，特别是对于犯罪分子的罚金处罚“畸轻”，导致犯罪成本非常的“经济”。尤其是对单位犯罪所判处的罚金根本起不到以儆效尤的作用。

第二，滥伐林木行为的行政责任存在的问题。一是实践中，行政处罚执法存在较大阻力。森林公安机关的行政执法存在较多的困难，而其中主要阻力来自地方政府，从而导致了达不到刑事处罚标准的滥伐林木的违法行为实际不承担或者明显承担较轻的法律责任的现象频频出现。二是征收罚款的理论依据值得推敲。一方面，对于滥伐林木行为显著轻微的情形，是否必须适用罚款？如果执法时机械地对不法行为不加以区分地处以同一计算标准的罚款，显然有悖法律必须“公平”的基本要求，甚至会因此得不到违法行为人和社会其他公众的理解，进而不利于行政处罚的执行，并进而危及法律的权威性，相对于预防森林和其他林木资源破坏的生态保护整体目标而言，对该行为处以罚款的作用“微乎其微”。另一方面，行政罚款可否代替民事赔偿？实践中，滥伐林木行为主体在承担缴纳罚款的行政责任或罚金的刑事责任后，往往不再被追究民事赔偿责任，长期的实践导致了对这种现象存在一种误解：误将行政主体等同于一切林木所有权主体，进而误以罚款的行政责任或罚金的刑事责任“吸收”了赔偿损失的民事责任。在一个各类所有权均受到宪法和法律保护的国度里，对财产所有权进行侵犯的行为必须承担民事赔偿责任，而不能用罚款和罚金来取代。

第三，实践中，通过对滥伐林木行为处以行政罚款和罚金而得来的资金的管理和使用是否考虑到环境资源保护的特殊性？据笔者了解，对滥伐林木行为处以罚款和罚金得到的款项均归财政收入，而并未采取类似“专款专用”的方式来将此两笔资金用于事后治理和改善被破坏的森林和其他林木资源，或用于提高和改善国家有关行政部门或司法机关防范、监督、查处破坏森林和其他林木资源的违法行为的能力。显然这种制度设计没有考虑到环境资源保护事业的特殊性，如林业行政执法的复杂性和高耗资性、树木成长和生态效益见效的长期性、生态系统的相关性、环境保护的紧迫性和较大资金消耗性、生态系统彻底破坏后的难以补救性等。

我们必须正确地认识滥伐林木行为的行政责任、刑事责任与民事责任的不同目的——维护公共利益与保护个别受（侵）害人的财产权之间的区别，走出实践中以行政罚款责任、刑事罚金责任代替民事赔偿责任的误区。笔者认为，机械地适用刑事罚金和行政罚款制度不利于环境保护，不严格适用刑事罚金和行政罚款制度又损害了维护法律统一性和严肃性所产生的法益。所以，笔者主张明确界分滥伐林木行为所应承担的民事赔偿责任与行政罚款责任、刑事罚金责任之间的界线，建立起依据滥伐林木行为的社会危害程度而追究其民事的、行政的、刑事的逐级递进的法律责任的制度，以及允许民事责任与行政责任或刑事责任并用的法律制度。对于滥伐林木行为所应承担的民事责任的具体方式必须设计一些符合法律制度经济分析和低成本且能有效遏制违法行为的新制度，如引入惩罚性民事损害赔偿责任制度。

2. 第一，我国外来物种入侵防治立法的现状。早在20世纪50年代，我国政府就在部门规章中确立了国内不同地区之间引入农业物种的管理规则。但我国政府真正意识到外来物种入侵的危害是在20世纪末叶以后。对此，我国的法律策略主要是采取了国务院和各部门分别制定条例或者部门规章的方式，对防治外来物种入侵予以规范。20世纪末叶以后，全国人大常委会陆续通过制定的或者修订的国家法律，在《进出境动植物检疫法》《动物防疫法》《海洋环境保护法》《草原法》《农业法》《种子法》《渔业法》以及《畜牧法》等八部法律中规定了防治外来物种入侵的条款。

第二，我国现有外来物种入侵防治立法存在的问题。

从法律渊源的角度看，因法律规定与国务院授权环保、卫生、动植物检疫、海洋、草原、农业、林业、渔业以及畜牧兽医等九大行政主管部门负有防治外来物种入侵的管理责任，所以在尚未构建国家统一管制模式的前提下，各该立法目的与防治外来物种入侵无关的上述法律只对防治外来物种入侵作出原则性规定，而未能在实质上对外来物种入侵管制的法定职权关系作出明晰的规定。因外来物种防治所涉及的事项领域非常广泛，各部门只能在权限范围内通过制定部门规章或者决定的方式，确立与防治外来物种入侵“单打独斗”的执行措施。

从制度内容上看，上述涉及外来物种入侵管理的八部国家法律，它们大多运用的是禁止性规范、号召性规范和授权性规范，尚未明确确立包括预防、早期监测和快速反应、控制管理评估等一整套防治外来物种入侵在内的行政监控和规制制度，更缺乏专门防治外来物种入侵的法律或者行政法规。

第三，解决对策——外来物种入侵防治立法。

一是应当选择“法律＋国家防治战略”模式构建我国防治外来物种入侵的法律制度。这种模式一方面可以与国际社会有关外来物种入侵的防治对策保持一致并可以适时更新，另一方面对各国现行行政管理体制的影响也较小，有利于国家采取综合防治对策应对日益加剧的外来物种入侵现象。

二是应当以预防原则为基础构建防治外来物种入侵的法律对策。主要应当建立三方面的法律制度：(1) 对有意引入外来物种行为实行风险评估制度；(2) 对外来物种有意引入实行许可制度；(3) 对有意引入外来物种行为构建全过程规制制度。

三是应当建立跨部门的专门机构负责外来物种防治的统一管理。应当通过立法将外来物种防治的统一综合监督管理职权授权某个部门行使，辅之以农、林、检验检疫、科技、财政、外贸等部门内部的专门管理。

参见汪劲：《抵御外来物种入侵：我国立法模式的合理选择》，载《现代法学》，2007 (2)。

3. 2016 年修订的《野生动物保护法》有如下特色。

第一，认可了实质性的动物福利。新法以生态文明为指导，将依德与依法保护野生动物相结合，认可了实质性的动物福利，明确提出不得虐待野生动物，对待野生动物不得违反社会公德。在现行法中，对虐待动物等一些违反社会公德的行为并没有明确地加以限制和禁止。此次修订，新法在保障动物福利方面作出了具有历史飞跃性的规定：其一，虽然新法没有明确写出“动物福利”这 4 个字，但是在第 26 条中却规定了实质性的动物福利保护内容：“人工繁育国家重点保护野生动物……根据野生动物习性确保其具有必要的活动空间和生息繁衍、卫生健康条件，具备与其繁育目的、种类、发展规模相适应的场所、设施、技术，符合有关技术标准和防疫要求。”这种用实质性规定来取代名义条款的做法，在转型期也是一个明智之举，等社会进一步形成动物保护意识之后，再明确规定“动物福利”一词，水到渠成。其二，第 26 条明确规定“不得虐待野生动物”。新法增设此规定，是我国反虐待动物史上的一个里程碑，也体现了立法与国际社会的接轨趋势。其三，新法第 29 条规定：“利用野生动物及其制品的，应当以人工繁育种群为主，有利于野外种群养护，符合生态文明建设的要求，尊重社会公德，遵守法律法规和国家有关规定。”这为禁止残忍地对待野生动物、残忍地利用野生动物奠定了法制基础，是我国人道立法的重大进步，是中华文化法制化的进步。对待动物人道，必然促进人与人之间的和谐。

第二，加强了对野生动物栖息地的保护。新法第二章的标题就是“野生动物及其栖息地保护”，第一次以法律的形式确定了野生动物栖息地的范围及实施机制，确定了保护对象的全面性、系统性和相关性。如在制定规划的时候，对野生动物栖息地、迁徙通道的影响要进行论证；建设铁路、桥梁等工程时，可能会破坏一些野生动物的栖息地和迁徙通道，应该采取一些补救的措施。此外，新法还规定国家林业行政主管部门要确定并发布野生动物重要栖息地名录。另外，很多野生动物的消失和它们的栖息地碎片化有很大关系，所以必须促进野生动物栖息地的整体化。目前我国正在根据国家公园改革方案，研究国家公园立法，这对于整合自然保护区、湿地公园、森林公园、野生动物保护栖息地等相关区域是一个利好。

第三，将“驯养繁殖”改为“人工繁育”。因为一些野生动物是难以驯养的，所以与“驯养繁殖”相比较，“人工繁育”一词要科学一些。为此，驯养繁殖许可证也改成了人工繁殖许可证。人工繁育分为公益性质和商业性质两类，新法对商业性人工繁育进行了收紧，采取了名录制。

第四，限制和规范了野生动物的利用。具体而言，其一，新法把现行法的“合理利用”改成了“规范利用”，这个修改是一个进步，有助于培育公民保护野生动物的意识，促进人与自然和谐发展。在具体规定上，新法第30条明确规定：“禁止生产、经营使用国家重点保护野生动物及其制品制作的食品，或者使用没有合法来源证明的非国家重点保护野生动物及其制品制作的食品。禁止为食用非法购买国家重点保护的野生动物及其制品。”其二，新法把“三有”动物的判定标准“有益的或者有重要经济、科学研究价值”修改为“有重要生态、科学、社会价值”。删掉了经济价值的判定标准，意味着利用野生动物在我们国家会越来越规范，条件或者限制会越来越严格，保护的野生动物品种会越来越多，既体现了国家的经济进步，也体现了公众思想的进步。

第五，重视对野生动物所致损害的补偿。目前，野生动物伤人和毁坏财物的案子很多，对财产和人身伤害的补偿，现行法仅规定因保护国家和地方重点保护野生动物，造成农作物或者其他损失的，由地方政府给予适当补偿，具体办法由省级人民政府制定。而新法规定“有关地方人民政府可以推动保险机构开展野生动物致害赔偿保险业务”，通过保险制度来部分解决损害的补偿。另外，新法还规定“有关地方人民政府采取预防、控制国家重点保护野生动物造成危害的措施以及实行补偿所需经费，由中央财政按照国家有关规定予以补助”，解决了地方资金紧缺和对损失补偿不充分的现实问题。

第六，提出了多方参与保护的制度和机制。新法提出了各方参与保护的制度和机制，如规定国家鼓励公民、法人和其他组织依法通过捐赠、资助、志愿服务等方式参与野生动物保护活动，支持野生动物保护公益事业；各级人民政府应当加强野生动物保护的宣传教育和科学知识普及工作，鼓励和支持基层群众性自治组织、社会组织、企业事业单位、志愿者开展野生动物保护法律法规和保护知识的宣传活动；教育行政部门、学校应当对学生进行野生动物保护知识教育；新闻媒体应当开展野生动物保护法律法规和保护知识的宣传，对违法行为进行舆论监督。

参考文献：李丽．聚焦新版《野生动物保护法》．生态经济，2016（8）.

第十五章　非生物资源保护法

知识逻辑图

- 非生物资源保护法
  - 土地资源保护法
    - 土地资源的特征
      - 数量有限
      - 位置固定
      - 难以替代
    - 我国的耕地保护法律制度
      - 用途管理制度
      - 占用耕地补偿制度
      - 基本农田保护制度
      - 退耕补贴制度
      - ⇒关于稳定耕地数量
      - 防止水土流失
      - 防止耕地盐碱化
      - 防止耕地污染
      - 土地复垦制度
      - 耕作层的保护
      - ⇒关于保护耕地质量
  - 水资源保护及水土保持法
    - 水资源保护
      - 水资源概述
      - 立法
      - 水资源保护法的主要内容
        - 权属制度
        - 有偿使用制度
        - 水资源保护的基本原则
        - 管理体制
      - 水资源保护的主要法律措施
        - 水资源规划
        - 开发利用
          - 水能
          - 水运
        - 水资源、水域和水工程的保护
        - 用水管理
        - 水事纠纷处理与执法监督检查
      - 法律责任
    - 水土保持立法
      - 基本法律规定
        - 工作方针
        - 管理制度
          - 管理机构
          - 水土保持规划制度
          - 划定重点防治区制度
          - 监测与公告制度
      - 主要法律措施
        - 预防水土流失
        - 工程建设项目管理
        - 治理水土流失
      - 法律责任

- 非生物资源保护法
  - 矿产资源保护法
    - 概述
    - 基本原则
      - 矿产资源国家所有原则
      - 国家实行集中统一管理原则
      - 有偿使用＋依法勘查、开采的原则
      - 合理开发利用
      - 保护矿产资源与保护环境相协调的原则
    - 基本法律制度
      - 矿产资源集中统一管理和分级管理制度
      - 矿业权管理制度
      - 矿产资源有偿使用制度
      - 矿山生态环境保护制度
      - 矿产资源监督管理制度
      - 矿产资源规划和矿业权设置方案制度
      - 矿产资源储量登记、统计管理制度
    - 法律责任

名词解释

1. 土地资源
2. 基本农田
3. 水资源
4. 矿产资源
5. 矿业权
6. 矿业权有偿出让

选择题

（一）单项选择题

1. 下列关于矿产资源的说法中，哪一项是正确的？（　　）（司考）

A. 任何矿产资源一律属于国家所有

B. 关系国计民生的矿产资源归国家所有，一般矿产资源可以由集体所有

C. 除依法由集体所有的以外，矿产资源一律属于国家所有

D. 个人不能成为开采国有矿产资源的主体

2. 依照《土地管理法》的规定，各省、自治区、直辖市划定的基本农田应占本行政区域内耕地的（　　）。

A. 70%以上　　B. 80%以上

C. 75%以上　　D. 85%以上

3. 在水资源权属制度方面，下列说法正确的是（　　）。

A. 国家所有与集体所有结合

B. 农村集体经济组织的水塘由该农村集体经济组织所有

C. 我国对水资源实行国家单一所有制

D. 农村集体经济组织及其成员使用本集体经济组织的水塘、水库中的水也实行有偿使用制度

（二）多项选择题

1. 土地资源的主要特征包括（　　）。

A. 价值有限　　B. 数量有限

C. 位置固定　　D. 难以替代

2. 我国对耕地的保护主要体现在（　　）。

A. 稳定耕地面积　　B. 扩大耕地面积

C. 保护耕地质量　　D. 提高耕地质量

3. 下列属于我国《水法》调整范围的是（　　）。

A. 长江　　B. 洞庭湖

C. 黄海　　D. 地下河

4. 下列属于国家所有的水资源是（　　）。

A. 京杭运河　　B. 鄱阳湖

C. 北京密云水库　　D. 天池

5. 我国《水法》规定的保护水域的法律措施包括（　　）。

A. 水功能区划

B. 饮用水源保护

C. 保护水道，防止行洪、航运障碍
D. 禁止围湖造田，围垦河道
E. 地下水保护

（三）不定项选择题

1. 矿产资源按性质和用途可以分为（　　）。
A. 能源矿产　　B. 金属矿产
C. 非金属矿产　　D. 水气矿产

2. 下列属于由国务院国土资源主管部门负责审批并颁发勘查许可证的勘查项目是（　　）。
A. 东海石油勘查
B. 华北地区天然气勘查
C. 25 平方公里煤炭区勘查
D. 矿泉水勘查
E. 铀矿勘查

3. 下列说法不正确的是（　　）。
A. 在我国探矿权由国务院统一审批登记
B. 在我国采矿权由省统一审批登记
C. 在我国探矿权实行国务院和省两级审批登记
D. 在我国采矿权实行国务院、省、市、县四级审批登记

4. 下列说法正确的是（　　）。
A. 探矿权转让由国务院审批，采矿权转让由省审批
B. 探矿权、采矿权转让均由国务院审批
C. 探矿权、采矿权转让均由省审批
D. 探矿权、采矿权转让实行国务院和省两级审批

5. 矿业权可以采取下列哪些方式转让？（　　）
A. 招标　　B. 拍卖
C. 挂牌　　D. 出让

简答题

1. 简述我国矿产资源保护的基本原则。
2. 简述我国水资源开发利用的基本原则。

案例分析题

A 煤炭公司拥有山西省太原市甲一275 矿区的采矿权。2017 年 2 月，A 煤炭公司将所属的 3 个矿井转让给宋某用于其个人开采，公司收取开采所得利润的 30%作为管理费。宋某接管这 3 个矿井后进行破坏性的开采，造成矿产资源的严重破坏。2019 年 3 月，山西省煤炭开采整顿检查组发现了这一问题并立即予以制止。

请问：A 煤炭公司和宋某的行为违反了哪些法律规定？

论述与深度思考题

试述矿产资源保护与管理的基本原则。

参考答案

名词解释

1. 土地资源一般是指在当代技术条件下已被开发利用和将来可能被开发利用的土地。它是自然资源中最重要、最基本的组成部分，是陆地上一切可更新资源赖以存在或繁衍的基础，也是人类最重要的生态环境要素。

2. 基本农田是根据一定时期人口和国民经济对农产品的需求以及对建设用地的预测而确定的，在土地利用总体规划期内未经国务院批准不得占用的耕地。

3. 生态保护法中的水资源，主要是指陆地水资源。我国《水法》规定：本法所称水资源，是指地表水和地下水。地表水是指江河、湖泊、池塘、水库、运河、冰川、积雪等所含的水，而地下水则指位于地壳上部岩石中的浅层地下水。

4. 矿产资源是在地球演化过程中经过地质作用形成的，存在于地下或者地表的，具有利用价值的，呈固态、液态、气态的天然富集物。

5. 矿业权即探矿权和采矿权，是矿产资源管理的核心内容。矿业权由矿产资源国家所有权衍生出来，具有明显的公权特征，适用一般的用益物权规定。

探矿权是指投资人依法取得的、在特定勘查区块范围内进行矿产资源勘查并依法享有勘查成果和相应收益的特殊的物权。申请人在依法取得探矿权后成为探矿权人。采矿权是投资人依法取

得的、对特定矿区范围内的矿体进行开采并通过矿产品销售、权利转让等形式获取相关收益的特殊的物权。申请人在依法取得采矿权后成为采矿权人。

6. 矿业权有偿出让，是指国家作为矿产资源所有权人，通过招标、拍卖、挂牌等市场竞争方式确定受让人并与之签订探矿权或者采矿权出让合同，国家将特定范围内的探矿权或者采矿权出让给探矿权或者采矿权申请人，并由后者向国家支付对价即缴纳价款，然后依法办理探矿权或者采矿权审批登记。协议出让是一种矿业权有偿出让的特殊形式。

选择题

（一）单项选择题

1. 答案：A

本题考查《宪法》第 9 条规定的知识。即矿藏、水流、森林、山岭、草原、荒地、滩涂等自然资源，都属于国家所有，即全民所有。由法律规定属于集体所有的森林和山岭、草原、荒地、滩涂除外。本题容易使人混淆之处在于森林、山岭、草原、荒地和滩涂可以由法律另行规定属于集体所有，但不包括矿藏和水流在内，即矿藏和水流只属于国家所有。故选项 A 为正确说法。

2. 答案：B

依照《土地管理法》（2019 年修正）第 33 条的规定，各省、自治区、直辖市划定的基本农田应占本行政区域内耕地的 80%以上。

3. 答案：C

我国对水资源实行国家单一所有制。《水法》规定，水资源属于国家所有，水资源的所有权由国务院代表国家行使。农村集体经济组织的水塘和由农村集体经济组织修建管理的水库中的水，归各该农村集体经济组织使用。

（二）多项选择题

1. 答案：BCD

作为非生物资源的土地资源，主要具有以下几个特征：（1）数量有限。在一个国家或区域内土地的总面积是基本不变的，虽然人类活动可以改变某一类土地的数量，但其必然导致另一种土地面积的减少，无法增加其总量。（2）位置固定。土地的位置具有不可移动性。人们对土地的开发利用行为只能在其固有的位置上进行。（3）难以替代。土地不仅是其他各种生物资源赖以生存和发展的基本条件，也是农业生产的基本生产资料，其功能和作用具有不可代替性。

2. 答案：AC

从有关立法的发展可以看出，我们国家对耕地的保护主要体现在两个方面：一是稳定耕地的面积；二是保护耕地的质量。

3. 答案：ABD

生态保护法中的水资源，主要是指陆地水资源。我国《水法》规定：本法所称水资源，是指地表水和地下水。海水的开发、利用、保护和管理，另行规定。

4. 答案：ABCD

我国对水资源实行国家单一所有制。《水法》规定，水资源属于国家所有，水资源的所有权由国务院代表国家行使。农村集体经济组织的水塘和由农村集体经济组织修建管理的水库中的水，归各该农村集体经济组织使用。

5. 答案：ABCDE

为有效保护水域，法律规定了以下措施：第一，水功能区划。第二，饮用水水源保护。第三，保护水道，防止行洪、航运障碍。第四，禁止围湖造田，围垦河道。第五，地下水保护。

（三）不定项选择题

1. 答案：ABCD

根据《矿产资源法实施细则》，矿产资源按其性质和用途分为能源矿产、金属矿产、非金属矿产和水气矿产四大类。

2. 答案：ABE

由国务院国土资源主管部门负责审批并颁发勘查许可证的勘查项目范围包括：勘查作业区范围跨省、自治区、直辖市行政区域的；在领海及我国管辖的其他海域勘查的；石油、天然气、煤成气、放射性矿产勘查；煤炭勘查区块面积大于 30 平方公里（含）的勘查项目；钨、锡、锑、稀土等矿产勘查投资大于 500 万元（含）或者勘查区块面积大于 15 平方公里（含）的勘查项目；油页岩、金、银、铂、锰、铬、钴、铁、铜、铅、锌、铝、镍、钼、磷、钾、锶、铌、钽等矿产勘查投资大于 500 万元（含）的勘查项目；原外商投资勘查矿产资源的审批权限按照内资勘查的有关规定办理。

由省级国土资源主管部门负责审批并颁发勘查许可证的勘查项目范围包括：煤炭勘查区块面积小于30平方公里的勘查项目；钨、锡、锑、稀土等矿产勘查投资小于500万元或者勘查区块面积小于15平方公里的勘查项目；油页岩、金、银、铂、锰、铬、钴、铁、铜、铅、锌、铝、镍、钼、磷、钾、锶、铌、钽等矿产勘查投资小于500万元的勘查项目；二氧化碳气、地热、硫、金刚石、石棉、矿泉水等矿产的勘查项目。

3. 答案：AB

探矿权实行国务院和省两级审批登记。根据矿产资源对社会经济发展的重要程度和各类矿产的不同特点，法律规定采矿权实行国务院、省、市（地）、县四级国土资源主管部门审批登记。

4. 答案：D

探矿权、采矿权转让实行国务院和省两级审批。国务院国土资源主管部门和省级国土资源主管部门是探矿权、采矿权转让的登记管理机关。国务院国土资源主管部门负责由其审批发证的探矿权、采矿权转让的审批；省级国土资源主管部门负责其他的探矿权、采矿权转让的审批。

5. 答案：ABCD

矿业权有偿出让，是指国家作为矿产资源的所有人通过招标、拍卖、挂牌等市场竞争方式确定受让人并与之签订探矿权或者采矿权出让合同，由探矿权或者采矿权受让人向国家支付对价，国家将一定期限的探矿权或者采矿权出让给探矿权或者采矿权受让人。探矿权或者采矿权受让人必须依法办理探矿权或者采矿权审批登记手续。

简答题

1. 我国矿产资源保护的基本原则如下。

第一，矿产资源国家所有的原则。我国《宪法》第9条规定：“矿藏、水流、森林、山岭、草原、荒地、滩涂等自然资源，都属于国家所有，即全民所有……”矿藏即指矿产资源。

《矿产资源法》（2009年修正）第3条第1款规定：“矿产资源属于国家所有，由国务院行使国家对矿产资源的所有权。地表或地下的矿产资源的国家所有权，不因其所依附的土地的所有权或者使用权的不同而改变。”

第二，国家对矿产资源实行集中统一管理的原则。宪法规定对矿产资源实行单一的国家所有制，决定了对矿产资源应当实行自上而下的主管部门集中统一管理，以确保矿产资源的有序开发利用和国家所有者权益。

第三，矿产资源有偿使用和依法勘查开采的原则。从事矿产资源勘查、开采活动的探矿权、采矿权申请人必须按照法律规定履行勘查、开采登记手续，在领取勘查许可证、采矿许可证即取得探矿权、采矿权后，表明他们在法律上被赋予勘查、开采矿产资源的权利，同时还应履行法律规定的义务。

第四，合理开发利用的原则。我国必须坚持“在保护中开发、在开发中保护”的方针，坚持统一规划、综合勘查、综合评价、综合开采、综合利用，不断改进生产工艺，合理开发和节约使用资源，推动我国矿业走出一条科技含量高、经济效益好、资源利用率高、环境污染少、安全有保障、人力资源优势得到充分发挥的新路子。

第五，保护矿产资源与保护环境相协调的原则。必须将矿产资源开发利用和保护同环境保护工作有机结合起来，实现经济效益、社会效益和环境效益的统一。

2. 开发利用水资源，应当遵循以下原则。

第一，开发利用水资源，不得损害社会公共利益和他人的合法权益。

第二，开发利用水资源，应当服从防洪的总体安排，实行兴利与除害相结合的原则，兼顾上下游、左右岸和地区之间的利益，充分发挥水资源的综合效益。

第三，开发利用水资源，应当首先满足城乡居民生活用水，并兼顾农业、工业、生态环境用水以及航运等需要。在干旱和半干旱地区开发、利用水资源，应当充分考虑生态环境用水需要。

第四，开发利用水资源，应当结合本地区水资源的实际情况，按照地表水与地下水统一调度开发、开源与节流相结合、节流优先和污水处理再利用的原则，合理组织开发、综合利用水资源。

案例分析题

根据《矿产资源法》第3、6条规定，从事矿产资源勘查和开采的，必须符合规定的资质条件，并且只有在符合法定的条件下、履行了法定的程序后才可以转让采矿权，禁止将采矿权倒卖牟利。本案中A煤炭公司并未履行任何法定的程序，擅自将采矿权予以转让，属于违法行为。

根据《矿产资源法》第29、30条规定，在采矿过程中应当尽量使用合理的开采方法、顺序和工艺，防止对矿产资源的破坏。宋某对接管的3个矿井进行破坏性的开采，违反了上述法律规定。

《矿产资源法》第35条规定了只允许个人"采挖零星分散资源和只能用作普通建筑材料的砂、石、粘土以及为生活自用采挖少量矿产"，因此宋某对于本案中涉及的3个矿井是没有开采权的。

论述与深度思考题

矿产资源保护与管理的基本原则是指在规划、管理、保护和开发利用矿产资源的过程中，有关各方必须遵循的基本原则。这些原则高于具体法律条款的规定，贯穿于矿产资源规划、管理、保护和开发利用的全过程。

(1) 矿产资源国家所有的原则。《宪法》第9条规定："矿藏、水流、森林、山岭、草原、荒地、滩涂等自然资源，都属于国家所有，即全民所有……"矿藏即指矿产资源。《矿产资源法》第3条第1款规定："矿产资源属于国家所有，由国务院行使国家对矿产资源的所有权。地表或者地下的矿产资源的国家所有权，不因其所依附的土地的所有权或者使用权的不同而改变。"矿产资源与土地、水、森林、草原等自然资源不同，中国对矿产资源实行单一的全民所有制，矿产资源不属于地方、集体、个人所有，而由中央政府即国务院代表国家行使所有权。同时，法律赋予有关部门相应的行政管理权，对矿业权即探矿权和采矿权进行依法授予和对勘查、开采矿产资源实施监督管理，同时保护合法的探矿权、采矿权不受侵犯，保障矿区、勘查作业区的生产秩序不受非法侵扰。

(2) 国家对矿产资源实行集中统一管理的原则。《宪法》规定对矿产资源实行单一的国家所有制，决定了对矿产资源应当实行自上而下的主管部门集中统一管理，以确保矿产资源的有序开发利用和国家所有者权益。各类矿产资源具有相同的自然属性，都是经过漫长的地质作用形成的，具有稀缺性、隐蔽性、耗竭性、不可再生性等特征，由此决定了对其开发利用活动的管理工作具有共性，必须打破原有行政管理体制下形成的部门分割、各行其是、管理弱化的格局。经过几次机构改革，特别是对相关工业部门的精简撤并，由一个中央政府部门对各类矿产资源勘查、开采进行集中统一管理的体制基本建立，并向矿产品冶炼、加工及矿产品国内流通和国际贸易等相关的矿业产业链适当延伸，从而有利于在社会主义市场经济体制下加强国家对矿产资源的宏观调控，更好地保障经济社会可持续发展，也有利于保证国家的统一规划得到全面落实。

(3) 矿产资源有偿使用和依法勘查、开采的原则。矿产资源属于国家所有，任何单位和个人都无权擅自占有和处分。因此，欲从事矿产资源勘查、开采活动的探矿权、采矿权申请人，必须按照法律规定履行勘查、开采登记手续，在领取勘查许可证、采矿许可证即取得探矿权、采矿权后，表明其在法律上被赋予勘查、开采矿产资源的权利，同时还应履行法律规定的义务。国家依法保护其合法的勘查、开采活动不受侵犯。同时，开采国家所有的矿产资源，应当向国家支付一定的对价。实行探矿权、采矿权有偿取得和矿产资源有偿开采，是为了建立起能够反映资源稀缺程度、市场供求关系和环境治理成本的价格形成机制，有利于更好地体现矿产资源国家所有者和出资人权益，也有利于各类矿山企业节约和集约利用矿产资源，公平竞争，进而促进整个矿业经济良性发展。

(4) 合理开发利用的原则。矿产资源的合理开发利用，是指在矿产资源的开发利用过程中，由不可再生性决定的特殊经济规律调节，依据矿产资源的各种组分和数量，在一定的经济技术条件和经济发展水平上，进行充分的开发和综合利用。中国矿产资源本身具有总量大、人均少，贫矿、难选矿多，共伴生矿多、单一矿床少等特点，在转型经济形势下，必须坚持“在保护中开发，在开发中保护”的方针，不断改进生产工艺，提高综合利用水平，合理开发、节约集约利用资源。

（5）保护矿产资源与保护环境相协调的原则。矿业是污染性产业，同时，矿产开发活动也受自然环境的制约，因此必须将矿产资源开发利用同环境保护工作有机结合起来。《矿产资源法》第32条中规定：“开采矿产资源，必须遵守有关环境保护的法律规定，防止污染环境。”此外还规定，在港口、机场、国防工程设施圈定地区以内，铁路、重要公路两侧一定距离以内，国家划定的自然保护区、重要风景区，国家重点保护的不能移动的历史文物和名胜古迹所在地等区域限制开采矿产资源。《环境保护法》《水法》《森林法》《草原法》等法律法规中也都对此作出了相关规定。矿业权人在矿产开发活动中必须采取措施，保护生态环境、保持水土、恢复植被，不得破坏土地、森林、草原，否则就要承担相应的法律责任。

第十六章　特定区域环境保护法

知识逻辑图

- 特定区域环境保护法
  - 特定区域环境及其法律保护概述
    - 概念和特征
      - 特定区域性
      - 不可再生性
      - 价值典型性
    - 特定区域环境的法律保护及特定区域环境法
  - 人文生态环境保护法
    - 人文生态环境及其法律保护的意义
    - 自然遗迹（产）和人文遗迹（产）的法律保护
      - 概念
      - 世界自然遗产和文化遗产
      - 我国法律保护
    - 风景名胜区的法律保护
    - 森林公园的法律保护
      - 管理体制
      - 管理制度
        - 分级管理
        - 审批制度
        - 规划制度
      - 建设和保护
      - 管理的规定
  - 自然保护区法
    - 自然保护区立法
      - 概念及发展概况
      - 自然保护区的主要法律规定
        - 管理体制
        - 管理制度
          - 分级和分区管理制度
          - 审批制度
          - 规划制度
          - 限期治理制度
          - 污染或破坏事故报告和处理制度
  - 城市环境的法律保护
    - 城市环境与城市环境问题
    - 主要法律规定
      - 城乡规划环境保护的规定
      - 城市市容和环境卫生管理的规定
      - 城市绿化的规定

- 特定区域环境保护法
  - 农村环境的法律保护
    - 农村环境及其保护概述
    - 农村环境保护的主要法律规定
      - 村庄和集镇规划建设
      - 乡镇企业环境管理
    - 保护农业环境的法律规定
      - 污染防治
      - 水土保持
      - 植树造林
      - 保护草原植被
      - 退耕还林、草、湖、湿
      - 保护渔业资源及其水域环境
      - 保护生物物种资源
      - 保护基本农田

名词解释

1. 农村环境（考研）
2. 特定区域环境
3. 人文生态环境
4. 风景名胜区
5. 自然保护区

选择题

（一）单项选择题

1.《保护世界文化和自然遗产公约》于何时通过？（　　）

A. 1983 年 11 月 21 日

B. 1973 年 11 月 21 日

C. 1972 年 11 月 21 日

D. 1982 年 11 月 21 日

2. 我国第一个自然保护区始建于（　　）。

A. 1956 年　　B. 1957 年

C. 1966 年　　D. 1967 年

3. 我国于何时加入《保护世界文化和自然遗产公约》？（　　）

A. 1986 年　　B. 1985 年

C. 1987 年　　D. 1977 年

4. 建立国家级森林公园须经（　　）审批。

A. 建设部　　B. 国务院

C. 林业部　　D. 农业部

（二）多项选择题

1. 某节目演出组到某山区演出，该地属自然保护区范围。演出组在某一天然景点搭设了一座栈桥，为运送演出设备在区内修建了一条简易公路。区内环境和植被因此遭受一定程度的毁坏。演出计划得到了主管部门和当地政府批准，演出组并已付钱请当地人承担恢复原貌工作。关于该事件的下列哪些意见是错误的？（　　）（司考改编）

A. 演出组在该自然保护区内景点修建的是临时建筑物，其影响环境的行为不受我国环境保护法的约束

B. 演出组为了演出需要而搭设栈桥，不属于工业性项目，也没有排放污染，环境保护管理部门无须过问

C. 演出组的行为即使对当地环境有影响，也不构成跨区环境问题，不属于国务院环境保护行政主管部门的监管范围

D. 对于该演出组的上述行为，我国法律目前没有可适用的处罚规定

2. 特定区域环境具有下列哪些特征？（　　）

A. 特定区域性　　B. 不可再生性

C. 价值典型性　　D. 可再生性

3. 下列属于特定区域环境保护法的是（　　）。

A.《自然保护区条例》

B.《风景名胜区条例》

C.《国家级自然公园管理办法（试行）》

D.《城乡规划法》

E.《村庄和集镇规划建设管理条例》

4. 人文生态环境资源主要有哪些价值？（　　）

A. 历史文化与科学研究的价值

B. 美学价值
C. 生态价值
D. 哲学价值
E. 经济价值

（三）不定项选择题

1. 自然保护区可以分为（　　）。

A. 实验区　　B. 核心区
C. 生态区　　D. 缓冲区

2. 下列哪些受《文物保护法》保护？（　　）

A. 龙门石窟　　B. 岱庙
C. 泰山碑刻　　D. 中共一大会址

3. 以下哪个是自然保护区管理机构的主要职责？（　　）

A. 贯彻执行国家有关自然保护的法律、法规和方针、政策
B. 制定自然保护区的各项管理制度，统一管理自然保护区
C. 调查自然资源并建立档案，组织环境监测，保护自然保护区内的自然环境和自然资源
D. 进行自然保护的宣传教育

简答题

1. 建立自然保护区的条件。（考研）
2. 简述特定区域环境保护法的特点。
3. 简述人文生态环境法律保护的意义。

案例分析题

1. 20××年11月大丰市A水产养殖有限公司将大丰麋鹿自然保护区第三核心区部分土地租赁给个人B从事水产品开发经营活动。后A和B于2004年在核心区境内开挖水产养殖水塘三处，拉接了高压线路，并兴建大棚、生产生活用房等开发设施，占地约150亩。

请问：该案中有哪些违反法律规定的地方？

2. 杨某到丽江玉龙雪山风景名胜区旅游，临走时用小刀在古城墙上乱刻画，并撬取城墙砖，被管理人员制止，并处以罚款。但杨某不服，认为自己不过是想带块砖留念，算不上违法行为。

请问：杨某的行为是否违法行为？若是，应如何处理？

论述与深度思考题

1. 试述我国人文生态环境的法律保护。
2. 试述自然保护地立法。

参考答案

名词解释

1. 农村环境是指在农村区域环境范围内，影响农村居民生存和发展的各种天然的和经过人工改造的自然因素的总和，包括该区域范围内土地、大气、水体、动植物、交通、道路设施及构筑物等。

2. 特定区域环境是指基于生态保护、经济文化建设、科学研究等方面的特殊需要，人为依法划定并通过法律特殊保护的区域环境。

3. “人文生态环境”简称“人文环境”或“人文生态”，是指体现人类社会各种文化现象的生态环境，相对于自然生态环境而言，它是由人类所创设、且经时代演变已与人类生存环境相融合之特定生活空间载体、物及非物质的环境因素。就人文生态环境的法学意义而言，即指由法律所列举并受到法律保护的与人类文化现象或意识形态相关的生态环境要素所构成并表现为人为划定的环境区域及人文景观。

4. 风景名胜区即指风景名胜资源集中、自然环境优美、具有一定规模和游览条件，经县级以上人民政府审定命名、划定范围，供人游览、观赏、休息和进行科学文化活动的地域。

5. 自然保护区，是指对有代表性的自然生态系统、珍稀濒危野生植物物种的天然集中分布区、有特殊意义的自然遗迹等保护对象所在的陆地、水体或者海域，依法划出一定面积予以特殊保护和管理的区域。

选择题

（一）单项选择题

1. 答案：C

1972 年 11 月 21 日，在巴黎召开的第十七届联合国教育、科学及文化组织大会上通过了《保护世界文化和自然遗产公约》，并于 23 日签字生效。

2. 答案：A

我国第一个自然保护区始建于 1956 年，经过半个世纪的发展，目前已建立了一个分布广泛、类型多样、功能较为齐全的自然保护区网络，使 85%的陆地生态系统、85%的野生动物种群、65%的野生植物种群，特别是珍稀濒危野生动植物得到较好的保护。

3. 答案：B

我国于 1985 年加入该公约。《保护世界文化和自然遗产公约》对文化和自然的标准作出了明确规定，确认了世界遗产的存在，并申明它们属于全人类所有。《保护世界文化和自然遗产公约》是在全球范围内制定和实施的一项具有广泛和深远影响的国际准则性文件，它的主要任务是确定世界范围内的自然与文化遗产，将那些被认为具有突出意义和普遍价值的古迹和自然景观，让全人类承担起保护的责任。自 1985 年中国成为《保护世界文化和自然遗产公约》缔约国以来，中国与联合国教科文组织在世界遗产保护领域有着良好的合作关系。

4. 答案：C

建立国家级森林公园，由省级林业主管部门提出书面申请、可行性研究报告和图表、照片等资料，报林业部审批。

（二）多项选择题

1. 答案：ABCD

《环境保护法》第 6 条规定，一切单位和个人都有保护环境的义务。该演出组的行为虽然是临时的，也没有排放污染，但构成了对环境的破坏，故 AB 错误；《环境保护法》第 10 条第 1 款规定："国务院环境保护行政主管部门，对全国环境保护工作实施统一监督管理。"虽然该演出组的行为不构成跨区环境问题，但国务院环境保护行政主管部门仍有权监管，故 C 错误；《民法典》第 1229 条规定："因污染环境、破坏生态造成他人损害的，侵权人应当承担侵权责任。"可见，我国法律对此类环境破坏行为明确规定了民事责任和行政责任，故 D 项错误；由此可知，本题答案为 ABCD。

2. 答案：ABC

相对于一般环境而言，特定区域环境具有下列特征：(1) 特定区域性。(2) 不可再生性。(3) 价值典型性。

3. 答案：ABCDE

特定区域环境法律保护除了适用环境保护基本法、污染防治单行法和自然资源保护单行法之外，还适用针对该区域的专门法律规范，如《自然保护区条例》《风景名胜区条例》《国家级自然公园管理办法（试行）》《城乡规划法》《城市绿化条例》《村庄和集镇规划建设管理条例》等。

4. 答案：ABCE

人文生态环境资源更具有一种经济价值所不能涵盖的意义，要求人们不能追求其眼前的、短期的、直接的经济利益，而忽视其长期的、潜在的且独特的社会效益价值——其主要体现为：一是历史文化与科学研究的价值，二是美学价值，三是生态价值，四是经济价值。

（三）不定项选择题

1. 答案：ABD

《自然保护区条例》第 18 条规定，自然保护区可以分为核心区、缓冲区和实验区。自然保护区内保存完好的天然状态的生态系统以及珍稀、濒危动植物的集中分布地，应当划为核心区，禁止任何单位和个人进入；除依照本条例第 27 条的规定经批准外，也不允许进入从事科学研究活动。核心区外围可以划定一定面积的缓冲区，只准进入从事科学研究观测活动。缓冲区外围划为实验区，可以进入从事科学试验、教学实习、参观考察、旅游以及驯化、繁殖珍稀、濒危野生动植物等活动。原批准建立自然保护区的人民政府认为必要时，可以在自然保护区的外围划定一定面积的外围保护地带。

2. 答案：ABCD

我国《文物保护法》第 2 条规定下列文物受到国家保护：具有历史、艺术、科学价值的古文化遗址、古墓葬、古建筑、石窟寺和石刻、壁画；

与重大历史事件、革命运动或者著名人物有关的以及具有重要纪念意义、教育意义或者史料价值的近代重要史迹、实物、代表性建筑；历史上各时代珍贵的艺术品和工艺美术品；历史上各时代重要的文献资料以及具有历史、艺术、科学价值的手稿和图书资料等；反映历史上各时代、各民族社会制度、社会生产、社会生活的代表性实物。

3. 答案：ABCD

《自然保护区条例》第 22 条规定："自然保护区管理机构的主要职责是：（一）贯彻执行国家有关自然保护的法律、法规和方针、政策；（二）制定自然保护区的各项管理制度，统一管理自然保护区；（三）调查自然资源并建立档案，组织环境监测，保护自然保护区内的自然环境和自然资源；（四）组织或者协助有关部门开展自然保护区的科学研究工作；（五）进行自然保护的宣传教育；（六）在不影响保护自然保护区的自然环境和自然资源的前提下，组织开展参观、旅游等活动。"

简答题

1.《自然保护区条例》对建立各种类型的自然保护区的条件作出统一规定，凡具有下列条件之一的，应当建立自然保护区：一是典型的自然地理区域、有代表性的自然生态系统区域以及已经遭受破坏但经保护能够恢复的同类自然生态系统区域；二是珍稀、濒危野生动植物物种的天然集中分布区域；三是具有特殊保护价值的海域、海岸、岛屿、湿地、内陆水域、森林、草原和荒漠；四是具有重大科学文化价值的地质构造、著名溶洞、化石分布区、冰川、火山、温泉等自然遗迹；五是经国务院或者省、自治区、直辖市人民政府批准，需要予以特殊保护的其他自然区域。

此外，《森林和野生动物类型自然保护区管理办法》对建立森林和野生动物类型自然保护区的条件作出具体规定。

2. 特定区域环境保护法的特点如下。

第一，特定区域环境保护法以建立和保护、管理特定区域环境为主要内容，一般都规定了设置特定环境保护区的法定程序和标准，并专门发布特定环境资源保护区的名录、设置专门的管理机构对这些特定区域的环境进行管理。

第二，特定区域环境保护法所规定的保护措施和制度较之于一般区域环境保护法更为严格，要求也更高。

第三，特定区域环境保护法因各类特定区域设置的目的与功能的不同而存在差异。这是由特定区域环境结构和功能特性不同而决定的。

3. 根据人文生态环境独特的内涵价值，若从法律调整保护的角度来考究，其重要意义主要表现如下。

首先，人文生态的环境法律调整是人类对自然的干预范围日益扩大和深入的结果，表明环境法已经突破了传统意义上的对纯自然生态或环境因素的保护，关注的是以体现人类智力成果的文化因素为核心的人文生态资源的保护，拓宽了法律调整人与自然关系的视野。

其次，人文生态环境受法律调整保护的权利是以体现人类智力成果的文化因素为核心，但与其他生态环境资源要素密不可分，与人类享有良好生活环境的权利亦密切相关，因此，人文生态环境法律保护的权利是一种复合性的权利。

最后，重视人文生态环境的法律保护，有助于人们树立生态环境意识，宣扬绿色文化（生态文化），提高人们应对生态危机的能力，促进社会经济、文化、环境的协调发展。

案例分析题

1.（1）违反了禁止任何人进入自然保护区核心区的规定。《自然保护区条例》第 18、27 条规定，核心区"禁止任何单位和个人进入"，A 和 B 不仅擅自进入，还在其中进行了与自然保护区目的不一致的行为，显然是违法的行为。

（2）违反了在自然保护区的核心区不得建设任何生产设施的规定。《自然保护区条例》第 32 条规定，"在自然保护区的核心区和缓冲区内，不得建设任何生产设施"，A 和 B 在核心区内开挖水塘、拉接高压线路、新建大棚等活动，是对该条规定的直接违反。

（3）违反了不得在自然保护区核心区内从事经营活动的规定。《自然保护区条例》第 26 条规定，"禁止在自然保护区核心区内进行砍伐、放牧、狩猎、捕捞、采药、开垦、烧荒、开矿、采石、挖沙等活动”，其目的是杜绝核心区内的经营活动，B在核心区内从事水产养殖的行为是对该条例的违反。

2. 杨某的行为是违法行为。《风景名胜区条例》第24条规定：“风景名胜区内的景观和自然环境，应当根据可持续发展的原则，严格保护，不得破坏或者随意改变。风景名胜区管理机构应当建立健全风景名胜资源保护的各项管理制度。风景名胜区内的居民和游览者应当保护风景名胜区的景物、水体、林草植被、野生动物和各项设施。”第26条规定：“在风景名胜区内禁止进行下列活动：……（三）在景物或者设施上刻划、涂污……”

对杨某应根据《风景名胜区条例》第44条“违反本条例的规定，在景物、设施上刻划、涂污或者在风景名胜区内乱扔垃圾的，由风景名胜区管理机构责令恢复原状或者采取其他补救措施，处50元的罚款；刻划、涂污或者以其他方式故意损坏国家保护的文物、名胜古迹的，按照治安管理处罚法的有关规定予以处罚；构成犯罪的，依法追究刑事责任”之规定处理。

论述与深度思考题

1. 人文生态环境的价值特征决定了法律调整保护的重要性。以保护自然遗迹和人类文化遗产为主体的人文生态环境立法是环境立法的重要组成部分，人文生态环境法是环境法的一个最新领域，体现现代环境法发展的趋势。我国幅员辽阔，民族众多，垦殖繁衍的历史悠久，人文资源丰富，自然遗迹与人文遗产遍布。构建社会主义和谐社会，其中很重要的一个方面就是要实现人与环境的全面、协调、和谐发展。科学发展观的倡导实践，则为我国在新的历史条件下保护人文生态环境资源提供了契机。加强我国人文生态环境资源保护的关键在于完善人文生态环境法律体系的构建。

目前，我国尚未制定一部综合性的针对自然遗迹与人文遗产保护的人文生态环境法，有关自然遗迹和文化遗产保护的法律规范散见于既有的这些立法中：首先，《宪法》第22条规定“国家保护名胜古迹、珍贵文物和其他重要历史文化遗产”，此即我国有关自然遗迹和文化遗产保护的基本原则与立法依据。其次，《环境保护法》《文物保护法》《城乡规划法》《自然保护区条例》《风景名胜区条例》《文物保护法实施条例》等法律法规中存在某些针对自然遗迹与人文遗产保护的管理方针、重要制度及规范措施。

今后，在确定国家统一保护原则与基本规范框架范围内，要针对人文生态环境资源分布的区域性特点及各自然遗迹与人文遗产所具有的不同的价值意义，加强专项性、地方性相关方面的法规建设，国务院有关行政主管部门及各地方人民政府及其工作部门根据各具体领域各区域的人文生态环境保护工作的需要，应逐级分类项制定和颁布一些行政规章及其他规范性文件，突出专项或地方立法调整的针对性、实效性及对国家基本立法的补充性、可实施性。

2.2019年1月23日，中央全面深化改革委员会第六次会议审议通过了《关于建立以国家公园为主体的自然保护地体系指导意见》，强调：要按照山水林田湖草是一个生命共同体的理念，创新自然保护地管理体制机制，实施自然保护地统一设置、分级管理、分区管控，把具有国家代表性的重要自然生态系统纳入国家公园体系，实行严格保护，形成以国家公园为主体、自然保护区为基础、各类自然公园为补充的自然保护地管理体系。自然保护地管理体系的建立离不开法律的保障，多年来，我国不断探索，积累了一定经验，生态文明改革部署和政策导向也为新时代制定“自然保护地法”创造了良好的条件，制定“自然保护地法”，解决各类自然保护地问题“无法可依”的现状，是当务之急。

(1) 自然保护地立法面临的机遇与挑战

自然保护地立法涉及多种主体的不同权利和利益，是一个复杂的“权利—权力”系统。正在进行的生态文明体制改革和完善以宪法为核心的中国特色社会主义法律体系，为自然保护地立法提供了良好的机遇。但是，体制改革推进过程中的一些不确定性以及自然保护地立法研究基础的薄弱，也使得自然保护地立法面临着挑战。

生态文明体制改革和法治建设的重大部署，为立法提供了重大机遇。

生态文明体制改革目标，为自然保护地立法

指明了方向。中共十九大报告明确提出了生态文明建设的“两步走”目标，第一个阶段，从2020年到2035年：生态环境根本好转，美丽中国目标基本实现。第二个阶段，从2035年到21世纪中叶：把我国建成富强民主文明和谐美丽的社会主义现代化强国。为实现这个目标，国家正在迅速推进生态文明体制改革，其中包括机构改革、制度改革、运行机制改革等方面内容。在生态文明体制改革的总体部署中，为自然保护地立法提供了三个方面的重要机遇，即自然资源产权制度改革将为自然保护地立法提供所有权制度基础；管理体制改革将为自然保护地立法提供体制机制基础；国家公园体制改革将为保护地立法提供实践经验。“顶层设计＋经验示范”既是我国改革开放四十年的成功路径，也是立法的有益经验。

完善以宪法为核心的中国特色社会主义法律体系的相关立法活动，为自然保护地立法提供了基础和依据。2018年3月通过的《宪法修正案》，完成了“生态文明”入宪过程，并增加了国务院承担生态环境保护职责的规定，为自然保护地立法提供了更为充分的宪法依据；已实施的《民法典》也为保护地立法提出基本法遵循。此外，正在进行的环境保护、自然资源、规划、财税等相关法律的立改废工作，也会为自然保护地立法提供相关制度支撑和衔接。

自然保护地立法涉及多方主体，面临不少的困难和问题。

自然保护地立法的法学理论基础还相当薄弱。立法是一门大学问，没有成熟的法学理论支撑，立法寸步难行。立法过程需要法学家与立法决策者共同参与，他们分别承担着不同的立法使命。法学家掌握专门知识，以将对社会的深刻了解融入立法中的方式承担其责任。立法决策者以听取法学家的立法建议、吸纳法学家的研究成果，选择并决定法律制度的方式承担责任。法学家在立法中的作用在许多时候不可替代，如果简单认为谁都可以代替法学家提出立法建议，那么必将付出牺牲法律质量的代价。但现实的情况是，自然保护地立法理论研究还处于起步阶段，虽然有一些成果，但基本上是对问题的梳理或国外情况的介绍。我国自然保护地立法的现实需求、制度基础等重大实践问题基本没有研究成果，自然保护地立法的价值取向和价值顺位、核心范畴和权利基础、自然保护地立法和环境保护法及相关法律的关系等一些进行保护地立法必须厘清的基本问题尚缺乏有说服力的研究成果。因此，当决策者启动立法时，法学家对社会的了解还不够深刻，更没有找到融入立法的良好途径，不利于制定高质量的自然保护地法。

自然保护地立法的多学科基础支撑和衔接尚待加强。自然保护地立法涉及多个学科和领域的问题，其制度设计既要符合自然规律、又要体现法律属性，这就需要采取“科技＋法律”的方式，需要科学家和法学家在立法过程中共同工作、相互支持。科学家主要是按照“生态规律——生态规律与经济规律——影响保护地的自然因素——科学技术方案”的基本逻辑提出自然保护地立法中解决科学技术问题的方案；法学家则是按照“社会规律——经济社会关系——影响保护地的人为因素——权利和义务”的基本逻辑，把科学家提出的科学技术方案结合社会关系规制方式进行表达，建立法律制度。二者不能相互混淆和替代，否则，也很难立出良法。但目前的情况是，科学家与法学家的合作存在诸多障碍，科研体制上对跨学科研究的认同与支持严重不足、不同学科的学者交流困难、各种研究体系的话语系统开放度不够等。虽然不同学科对自然保护地都有相关研究，但研究成果与立法需求脱节现象比较严重，不足以为立法提供有力支撑。

（2）自然保护地立法的现实路径选择

按照已经出台的改革方案，我国自然保护地体系将形成“国家公园为主体、自然保护区为基础、各类自然公园为补充”的格局。这也意味着，自然保护地立法应该是一个综合性的立法体系，理想模式是“基本法＋专类保护地法”模式，理应是以宪法为基础、以自然保护地基本法为主干、以国家公园等不同类型的自然保护地法规规章为基础的立法体系。但从现实情况看，第十三届全国人大常委会将“国家公园法”列入了二类立法计划，而自然保护地法没有进入本届人大立法计划。且“国家公园法”的制定工作已经启动，各方面正在加紧工作。这意味着“国家公园法”审议通过成为大概率事件；而“自然保护地法”是否能够进入立法计划，尚不确定。现实为立法路径选择带来了两个必须解决的问题：一是在已经启动的“国家公园法”制定过程中，如何考虑与未来的“自然保护地法”衔接；二是“自然保护地法”与“国家公园法”的效力等级将如何处理。当务之急是在研究制定“国家公园法”时，如何为今后的自然保护地法预留空间，并且设计相应的衔接机制，统筹谋划并协同推进国家公园法与自然保护地法研究。

合理确定“国家公园法”的制度类型。

统筹考虑“国家公园法”与“自然保护地法”之间的关系，按照充分保障自然保护地体系中各类保护地协同发展，兼顾特殊性与一般性的原则，确定“国家公园法”的制度内容。从该角度看，“国家公园法”大致应包括三类制度：一是仅适用于国家公园的目标、原则、机制和制度。如国家代表性，如划定国家公园之后其他类型摘牌，还有中央政府直接行使全民所有自然资源产权、中央政府资金保障等；二是普遍适用于其他保护地类型的共性制度，如监管制度、责任追究制度。此类制度在适用于其他类型时可能会有一定的调整，在“国家公园法”中只规定体现国家公园特征的部分内容。三是体现自然保护地体系基本方向和基本原则的规定，如将生态系统原真性、完整性保护、全民公益性保护作为基本目标等，这些必须在“国家公园法”中得到充分体现。目前，对第一类制度的研究思路较为明确，并且基本能够达成共识；但对第二类制度的研究尚且不够，应该尽快展开专题性的研究；第三类制度基本上还没有涉及。事实上，第三类制度是真正体现国家公园改革先行意义和价值的制度，对于自然保护地改革的整体性推进非常必要，是在自然保护地立法缺位时可以较好规制其他类型保护地管理、防止自然保护地变性变味的重要制度安排。

同步开展“自然保护地法”的立法研究。

在将制定“国家公园法”作为建立完善的自然保护地体系的改革实验的同时，启动“自然保护地法”的立法研究工作，并及时向立法机关提出立法建议，争取尽早将其纳入十三届全国人大立法计划。从自然保护地体系建设上看，自然保护地发展也需要总体定位，特别是在保护目标、原则、类型划分与治理模式上必须顶层设计先行。虽然国家公园法可能会涉及大部分与自然保护地相关的制度，可以极大地推动自然保护地建设，但自然保护地也有其独特内容，而且自然保护地体系原有问题仍存续，并不会因国家公园法颁布而化解，因此需要有自然保护地体系的整体规划，有对现行各类、各种保护地现状的综合分析，有对涉及的中央、地方、企业和居民的各种职责权限、权利义务的理性判断等。这些不可能也不应该等到国家公园法制定后再进行研究。“自然保护地法”的立法研究，至少需要解决如下问题。一是立法任务：建立法律原则和基本制度。以解决共性问题为导向，宣示国家对自然保护地的政策，明确保护地价值、功能、保护目标与原则，确定监管体制与机制，建立基本制度。二是立法目标：以生态完整性为宗旨完善自然保护地空间体系；解决自然资源保护与资源开发的矛盾，解决自然保护地人地关系“马太效应”；理顺央地关系、明确多元主体权利义务，形成共享共治格局；保障主体合法权益。三是制度体系：建立生态空间保护制度、发展与保护协调制度、监管制度、部门协同制度、权属制度、法律责任制度、纠纷解决制度等。

自然保护地立法研究，必须坚持“良法善治”理念。在方法论上“既见树木又见森林”，在价值取向上克服“见物不见人”的弊端，秉持法律作为人与人之间关系规则的根本，通过制度安排，实现人与人的关系、人与自然的关系双重和谐的目标。

参考文献：吕忠梅．关于自然保护地立法的新思考．环境保护，2019（Z1）．

第十七章　能源法

知识逻辑图

- 能源法
  - 能源法概述
    - 能源与能源问题
      - 能源
      - 能源问题
        - 体制改革
        - 结构调整
        - 能源安全
        - 能源福利
        - 能源环境
    - 能源法的概念
    - 我国能源立法的历史沿革
      - 计划经济时期（20 世纪 50 年代～80 年代）
      - 经济体制转轨时期（20 世纪 80 年代～20 世纪末）
      - 进入新世纪的能源立法（2000 年以来）
    - 国外能源法的发展
  - 能源法的具体制度
    - 电力法
      - 体系
      - 内容
    - 煤炭法
    - 石油天然气法
    - 原子能法
    - 可再生能源法
      - 法律体系
      - 主要内容
        - 总量目标制度
        - 强制上网制度
        - 分类电价制度
        - 费用分摊制度
        - 专项资金制度
    - 节约能源法

名词解释

1. 能源
2. 能源法

选择题

（一）单项选择题

1. 我国第一部能源专门法律是（　　）。

A.《电力法》　　B.《煤炭法》

C.《节约能源法》　　D.《可再生能源法》

2. 我国《可再生能源法》中核心和关键的制度是（　　）。

A. 强制上网制度　　B. 总量目标制度

C. 分类电价制度　　D. 费用分摊制度

E. 专项资金制度

3. 目前，我国能源生产与消费在世界上处于（　　）。

A. 第一位　　B. 第二位

C. 第三位　　D. 第四位

（二）多项选择题

1. 21 世纪我国面临的主要能源问题是（　　）。

A. 能源体制改革问题

B. 能源结构调整问题

C. 能源安全问题

D. 能源福利问题

E. 能源环境问题

2. 我国现有的能源专门法律包括（　　）。

A.《电力法》　　B.《煤炭法》

C.《节约能源法》　　D.《可再生能源法》

3. 下列哪些是我国《可再生能源法》确立的重要制度？（　　）

A. 总量目标制度　　B. 强制上网制度

C. 分类电价制度　　D. 费用分摊制度

E. 专项资金制度

4. 以能源的生成方式为标准，能源可以分为（　　）。

A. 可再生能源　　B. 一次能源

C. 二次能源　　D. 恒定能源

（三）不定项选择题

1. 我国《煤炭法》的主要制度包括（　　）。

A. 权属制度

B. 开发规划制度

C. 办矿管理制度和生产许可制度

D. 矿区保护制度

E. 监督管理制度

2. 我国能源资源处于世界前三位的是（　　）。

A. 水资源　　B. 石油

C. 天然气　　D. 煤炭资源

简答题

1. 简述我国面临的能源问题。

2. 简述我国《可再生能源法》的主要法律制度。

3. 简述我国《煤炭法》的主要内容。

论述与深度思考题

试述《放射性污染防治法》、《核安全法》与“原子能法”的关系。

参考答案

名词解释

1. 能源是指能够提供某种形式能量的物质或物质运动。提供能量的物质包括能源资源与能源产品。

2. 能源法的概念有形式意义和实质意义之分。形式意义上的能源法是指能源法律规范借以表现的各种形态，主要指能源法律，如能源基本法、节约能源法、石油法、煤炭法、电力法、原子能法、可再生能源法，以及有关具体能源行政法规、规章和地方法规。实质意义上的能源法是指调整能源开发、加工、转换、储运、供应、贸易、利用及其规制等活动的法律规范的总称。

选择题

（一）单项选择题

1. 答案：A

《电力法》（1995 年）是我国第一部能源法律，以此为契机，我国电力和其他能源工业逐步迈向法治化的轨道。

2. 答案：B

总量目标制度是可再生能源法的核心和关键，是政府推动和市场引导原则的具体体现。

3. 答案：B

我国是仅次于美国的第二大能源生产和消费大国。

（二）多项选择题

1. 答案：ABCDE

我国目前能源领域存在着诸多难以解决的问题：（1）能源体制改革问题。（2）能源结构调整问题。（3）能源安全问题。（4）能源福利问题。（5）能源环境问题。

2. 答案：ABCD

迄今为止，我国已先后颁布实施了《电力法》《煤炭法》《节约能源法》《可再生能源法》4 部能源专门法律。

3. 答案：ABCDE

我国《可再生能源法》构建了五项重要的制度，即总量目标制度、强制上网制度、分类电价制度、费用分摊制度和专项资金制度。

4. 答案：BC

能源按照不同的标准可以进行多种分类：以能源的生成方式为标准，能源可以分为一次能源和二次能源；以能源是否可再生、可持续利用为标准，能源可以分为可再生能源、非可再生能源和恒定能源；以能源的利用状况为标准，能源可以分为常规能源和新能源。

（三）不定项选择题

1. 答案：ABCDE

我国《煤炭法》确立了我国煤炭法的几项基本制度：（1）权属制度。（2）开发规划制度。（3）安全管理制度。（4）加工利用制度。（5）经营管理制度。（6）矿区保护制度。（7）煤矿职工权益保护制度。（8）监督管理制度。

2. 答案：AD

虽然我国能源资源的蕴藏量比较丰富，但目前煤炭、石油、天然气等常规化石能源资源的探明储量在世界总量中所占比重不高，煤炭资源探明储量为世界第 3 位，石油和天然气探明储量分别为世界第 10 位和第 18 位，只有水能资源蕴藏量居世界第一位。

简答题

1. 一是能源体制改革问题，二是能源结构调整问题，三是能源安全问题，四是能源福利问题，五是能源环境问题。我国能源问题的大量存在要求能源立法作出及时的反映，要求能源法采取不同于以往的法律原则、制度来规范能源经济关系。

2. 我国《可再生能源法》构建了五项重要的制度。

一是总量目标制度。总量目标制度是可再生能源法的核心和关键，是政府推动和市场引导原则的具体体现。

二是强制上网制度。实行强制上网制度，可以起到降低可再生能源项目交易成本、缩短项目准入时间、提高项目融资的信誉度等作用，有利于可再生能源产业的迅速发展。

三是分类电价制度。对于可再生能源发电，需要建立分类电价制度，即根据不同的可再生能源技术的社会平均成本，分门别类地制定相应的固定电价或招标电价，并向社会公布。投资商按照固定电价确定投资项目，减少了审批环节；电网公司按照发电电价全额收购可再生能源系统的发电量，减少了签署购电合同的谈判时间和不必要的纠纷，从而降低了可再生能源发电上网的交易成本。

四是费用分摊制度。实施费用分摊制度后，地区之间、企业之间负担公平的问题可以得到有效地解决，从而可以促进可再生能源开发利用的大规模发展。

五是专项资金制度。可再生能源专项资金，专门用于费用分摊制度无法涵盖的可再生能源开发利用项目的补贴、补助和其他形式的资金支持。

3. 我国《煤炭法》的立法目的为合理开发利用和保护煤炭资源，规范煤炭生产、经营活动，促进和保障煤炭行业的发展。该法共 8 章 81 条，确立了我国煤炭法的几项基本制度：（1）权属制度。我国的煤炭资源属于国家所有。（2）开发规划制度。国家对煤炭开发实行统一规划、合理布局、综合利用的方针。（3）安全管理制度。煤矿企业必须遵守有关安全生产的法律法规，执行安全生产责任制度。（4）加工利用制度。提倡和支持煤矿企业提高煤炭质量，发展煤炭深加工和精加工、煤炭转化、综合利用和多种经营。（5）经营管理制度。从事煤炭经营的企业必须领取营业执照，禁止一切非法经营活动。（6）矿区保护制度。国家维护煤矿矿区的生产、工作秩序，保护煤炭企业设施。（7）煤矿职工权益保护制度。国家对煤矿井下作业的职工采取特殊保护措施。（8）监督管理制度。煤炭管理部门对煤矿企业和煤炭经营企业的执法情况进行监督检察，对违法行为追究法律责任。

论述与深度思考题

《放射性污染防治法》是现行与《核安全法》相关的一部法律，加之“原子能法”也正在起草过程中，三者的关系密切，但侧重又有所不同，应该分别立法。

就《放射性污染防治法》来说，这部法律从污染防治的角度出发，对核设施、核技术应用和伴生放射性矿开采中涉及的核安全问题作出了相应的规范，但由于从污染防治的角度出发，对核安全问题的规范不完整、不深入，也不够准确。由于放射性污染防治法规范的内容中包含核技术应用和伴生放射性矿开采中可能发生的相对轻微的核污染问题，因此强调污染防治。与之相比，

《核安全法》更多从防范核事故，寻求确保核安全，即从不发生环境污染的角度去规范人们的行为，对核安全行为规范得更为严格、更为完整、更为准确。

而“原子能法”是核领域中带有整体性、综合性、基础性的一般法，《核安全法》则是核领域中有关核安全的特别法。鉴于二者为一般法与特别法的关系，“原子能法”对核问题规范得更为全面，对核安全的一般性、全局性问题，对有关原子能的权属、开发与和平利用以及科学研究等所有活动作出全面规范。

而《核安全法》是有关核领域安全问题的专门法，重点以核设施、核材料安全为主要规范内容。对于核安全问题规范得更为专一、更为深入、更为突出重点，以防范核领域可能发生重大污染事件和核安全事故作为主要规范内容。因此，《核安全法》立法过程中一项重要的工作就是首先协调好《核安全法》与另外两部法律的关系，做好合理的规范分割。

第十八章　国际环境法概述

知识逻辑图

- 国际环境法概述
  - 国际环境问题
    - 国际环境问题
      - 臭氧层破坏
      - 气候变化
      - 酸雨
      - 沙漠化和干旱
      - 海洋污染
      - 生物多样性破坏
      - 资源匮乏，能源短缺
      - 太空污染
    - 国际环境保护
  - 国际环境法
    - 国际环境法的概念与特点
      - 广泛的国际性
      - 与科学技术的联系较为密切
      - 较强的公益性
      - 历史比较短
    - 国际环境法的渊源
      - 国际条约
      - 国际习惯法
      - 国际会议与国际组织的重要宣言、决议
      - 重要的国际环境标准、准则、建议
      - 一般法律原则
      - 司法判例和法学学说
    - 国际环境法体系
      - 国际环境保护纲领性法律文件
      - 针对大气、海洋等重要国际环境领域的国际环境法律文件
      - 国际区域环境保护法律
      - 针对影响环境的具体事项制定的国际法律文件
  - 国内环境法与国际环境法的关系
    - 国内环境法与国际环境法的区别
      - 主体
      - 立法方式
      - 外部表现形式
      - 实施保证
    - 国内环境法与国际环境法的衔接
  - 国际环境法的基本原则
    - 可持续发展原则
    - 尊重国家主权及不损害国外环境的原则
    - 共同但有区别的责任原则
    - 国际合作原则
    - 预防原则
    - 谨慎行事原则

名词解释

1. 国际环境合作原则（考研）
2. 国际环境法
3. 国际环境法基本原则
4. 预防原则
5. 谨慎行事原则

选择题

(一) 单项选择题

1. 在国际环境法中占有重要地位，是国际环境法最主要渊源的是（　　）。
A. 国际习惯
B. 国际条约
C. 一般法律原则
D. 软法

2. 第一个以保护环境为宗旨的国际组织是（　　）。
A. 保护自然国际咨询委员会
B. 世界贸易组织环境与发展委员会
C. 国际自然保护同盟
D. 联合国环境规划署

3. 国际法历史上第一个因跨界污染引起环境责任与赔偿的案例是（　　）。
A. 太平洋海豹仲裁案
B. 墨西哥金枪鱼案
C. 加拿大金枪鱼案
D. 特雷尔冶炼厂仲裁案

4. 联合国环境规划署成立于（　　）。
A. 1970 年　　B. 1971 年
C. 1973 年　　D. 1982 年

5. 确认可持续发展原则为国际环境法基本原则的会议是（　　）。
A. 1972 年斯德哥尔摩会议
B. 1982 年内罗毕会议
C. 1992 年里约会议
D. 2002 年约翰内斯堡会议

6. 被称为“谨慎原则”宣言的是（　　）。
A.《里约环境和发展宣言》
B.《人类环境宣言》
C.《卡塔赫纳议定书》
D.《生物多样性公约》

(二) 多项选择题

1. “国家管辖范围以外地区的环境”包括（　　）。
A. 公海　　B. 南极
C. 大气空间　　D. 外层空间
E. 月球

2. 国际环境法的渊源包括（　　）。
A. 国际条约　　B. 国际习惯
C. 一般法律原则　　D. 辅助型渊源
E. “软法”

3. 1992 年的里约环境与发展大会通过了（　　）。
A.《里约环境与发展宣言》
B.《21 世纪议程》
C.《关于森林问题的原则声明》
D.《气候变化框架公约》
E.《生物多样性公约》

(三) 不定项选择题

1. 国际环境法的特点包括（　　）。
A. 广泛的国际性
B. 与科学技术的联系较为密切
C. 较强的公益性
D. 历史比较短

2. 国际环境法的体系大致包括（　　）。
A. 国际环境保护纲领性法律文件
B. 针对大气、海洋等重要国际环境领域的国际环境法律文件
C. 国际区域环境保护法律
D. 针对影响环境的具体事项制定的国际法律文件

3. 共同但有区别的责任原则确立于（　　）。
A. 1992 年的联合国环境与发展大会
B. 1972 年联合国人类环境会议
C. 2002 年联合国地球可持续发展首脑会议
D. 1982 年人类环境特别会议

4. 国际环境法的基本原则包括（　　）。
A. 谨慎行事原则、预防原则
B. 国际合作原则
C. 共同但有区别原则
D. 尊重国家主权及不损害国外环境原则
E. 可持续发展原则

5. 构成国际环境法的基本原则需具备的条件包括（　　）。

A. 该原则不是具体的国际环境法规范，而是对于具体的国际环境法规范具有指导意义的基本准则

B. 这些原则必须可以直接调整国际环境保护

C. 该原则必须贯穿整个国际环境法领域，而不是某一方面

D. 这些原则必须得到各国的普遍承认

简答题

1. 国际环境法共同但有区别的原则。（考研）
2. 简述国际环境法与国内环境法的区别。
3. 简述国际环境法的特点。

案例分析题

从 1966 年到 1972 年，法国曾多次在南太平洋法国领土波利尼亚的上空进行大气层核试验。在核试验期间，法国曾以宣布某个地区为禁区或危险区为由而不许外国飞机和船舶通过。1973 年，法国还进一步计划进行空中核试验。鉴此，1973 年 5 月 9 日，澳大利亚和新西兰两国分别向国际法院提出了请求书，状告法国的空中核试验违反国际法。要求法国停止进一步的核试验，并同时请求法院指示临时保全措施，命令法国在国际法院作出判决前，停止一切空中核试验。法国否认国际法院对本案有管辖权，声明不接受国际法院的管辖。国际法院受理该案后，法国拒绝应诉。国际法院于 1973 年 6 月 22 日以两项基本相同的命令指示临时保全措施。后来，由于法国表示不准备继续进行空中核试验，国际法院在 1974 年 12 月 20 日作出决定，认为不必对本案作进一步的判决。

请问：该案涉及国际环境法上的哪些基本原则？

论述与深度思考题

1. 试述主要国际环境问题。（考研）
2. 试述国际环境法与国内环境法的衔接问题。
3. 试述国际环境法基本原则。

参考答案

名词解释

1. 国际环境合作原则，是指在解决环境问题方面，国际社会的所有成员应当采取合作而非对抗的方式协调一致的行动，以保护和改善地球环境。

2. 国际环境法，是调整国际法主体（包括国家和国际组织），在因利用、保护和改善环境而发生的国际交往中形成的国际关系的法律规范总称，包括有关的条约、国际习惯等。广义上也包括有关的法律原则、判例、国际法学说、国际组织的决议等。

3. 国际环境法的基本原则是指为各国公认的，在国际环境法领域里具有普遍指导意义的，体现国际环境法特点、构成国际环境法基础的基本准则。

4. 预防原则，是国际环境法规定的关于及早采取环境保护行动的原则。这一原则的中心思想是预防环境污染和破坏，它主要是对国家提出的要求。作为国际环境法的一项原则，它是世界各国在处理国内环境保护事务和在参与国际环境合作中共同遵守的原则。

5. 谨慎行事原则是 20 世纪 80 年代才进入国际环境法领域的新概念，它给人类行为提出的要求是：在科技时代，人类必须对未来抱小心谨慎的态度，应有效地利用科学技术对人类活动作出周密计划和安排；遇有严重或不可逆转损害的威胁时，即使缺乏科学上充分确实的证据，也应当采取符合成本效益的措施防止环境恶化。

选择题

（一）单项选择题

1. 答案：B

国际条约是国际环境法最主要的渊源，包括有关环境问题的全球性多边条约、区域性多边条约和双边条约。

2. 答案：C

国际自然和自然资源保护联合会（国际自然及自然资源保护同盟 IUC）是由各国政府的有关

单位、民间机构、环境学工作者参加的非官方组织。宗旨是在世界范围内促进对生物资源的保护和永续利用。成立于 1948 年。参加该组织的有 100 多个国家的机构和专家。设有生态学、保护区、濒于绝灭物种、环境规划、环境政策、法规及环境教育 6 个委员会。于 1980 年 3 月 5 日公布了一项保护世界生物资源的纲领性文件《世界自然资源保护大纲》。

3. 答案：D

特雷尔冶炼厂（the Trail Smelter）是加拿大英属哥伦比亚省特雷尔附近的一个铅锌冶炼厂。该厂从 1896 年开始冶炼锌和锡，由于提炼的矿物质含有硫黄，烟雾喷入大气层后生成为二氧化硫。到 1930 年，每天喷入大气的二氧化硫达 600 到 700 吨。这股气体随着上升的气流南下，越过特雷尔以南约 11 英里的加美边界，在美国华盛顿州造成严重的污染，该地的庄稼、森林、牧场、牲畜、建筑物受到大面积的损害，成为历史上最严重的一件跨界污染事件。美加两国于 1935 年 4 月 15 日签订“特别协议”，组织仲裁法庭解决此项争端。仲裁法庭于 1941 年就本案作出最后裁决。特雷尔冶炼厂案是第一个有关跨界损害的案子，是迄今唯一的关于跨界空气污染的国家责任案件，也是适用严格责任的典型案例。它对以后的关于跨界损害的国家责任的国际法上的准则具有特别意义。作为最早的案例，特雷尔冶炼厂案所具有的特殊意义受到了多方极高的评价。

4. 答案：C

联合国环境规划署是根据联合国大会 1972 年 12 月 15 日第 2997 号决议于 1973 年 1 月设立的。

5. 答案：C

1992 年的《里约环境与发展宣言》宣布的 27 项原则中有多项直接提到可持续发展，其中，原则 3 提出“为了公平地满足今世后代在发展与环境方面的需要，求取发展的权利必须实现”；原则 4 提出“为了可持续的发展，环境保护工作应是发展进程的一个整体组成部分，不能脱离这一进程来考虑”；原则 5 指出各国在根除贫穷这一基本任务上进行合作是实现可持续发展的一项必不可少的条件；原则 8 指出“为了实现可持续的发展，使所有人都享有较高的生活素质，各国应当减少和消除不能持续的生产和消费方式，并且推行适当的人口政策”。

6. 答案：A

1992 年《里约环境与发展宣言》在“原则” 15 中规定了谨慎行事原则：“为了保护环境，各国应按照本国的能力，广泛适用预防措施。遇有严重或不可逆转损害的威胁时，不得以缺乏科学充分确实证据为理由，延迟采取符合成本效益的措施防止环境恶化。”《里约环境与发展宣言》对谨慎行事原则的确认是该原则全面国际化的标志，也就是从这一刻起，谨慎行事原则才开始真正引起世界范围内的关注。

（二）多项选择题

1. 答案：ABCDE

《人类环境宣言》和《里约环境与发展宣言》对此作出了解释。

2. 答案：ABCDE

国际环境法的渊源即国际环境法的表现形式，包括国际环境保护条约、国际环境保护习惯、一般法律原则及确定法律规则的辅助方法——司法判例、公法学家的学说等方面。还包括国际会议与国际组织的有关环境保护的决议和宣言等文件等。这些国际文件虽然具有一定的法律效果，但在严格意义上不具有法律约束力，因而被称为“软法”性规范。

3. 答案：ABCDE

1992 年 6 月 3 日至 14 日，“联合国环境与发展大会”在巴西里约热内卢举行，会议的目的是回顾人类环境会议召开 20 年来全球环境保护的历程，敦促各国政府和公众采取积极措施，协调合作，防治环境污染和生态恶化，为保护人类生存环境而努力。此次会议通过了《里约环境与发展宣言》《21 世纪议程》《关于森林问题的原则声明》《生物多样性公约》《联合国气候变化框架公约》。

（三）不定项选择题

1. 答案：ABCD

国际环境法具有以下几个方面的特点：（1）广泛的国际性。（2）与科学技术的联系较为密切。（3）较强的公益性。（4）历史比较短。

2. 答案：ABCD

国际环境法的体系大致由以下四部分构成：（1）国际环境保护纲领性法律文件；（2）针对大气、海洋等重要国际环境领域的国际环境法律文件；（3）国际区域环境保护法律；（4）针对影响环境的具体事项制定的国际法律文件。

3. 答案：A

共同但有区别的责任原则是关于如何应对全球性环境问题的责任分配原则。这一原则初步确立于1992年的联合国环境与发展大会。

4. 答案：ABCDE

国际环境法的基本原则包括可持续发展原则、尊重国家主权及不损害国外环境原则、共同但有区别的责任原则、国际环境合作原则、预防原则及谨慎行事原则。

5. 答案：ACD

构成国际环境法的基本原则需具备三个条件：第一，该原则不是具体的国际环境法规范，而是对于具体的国际环境法规范具有指导意义的基本准则。换言之，国际环境法的基本原则必须是构成国际环境法的基础的那些原则；第二，该原则必须贯穿整个国际环境法领域，而不是某一方面，如国际自然资源保护法或国际污染防治法的原则；第三，这些原则必须得到各国的普遍承认。

简答题

1. 共同但有区别的责任原则是关于如何应对全球性环境问题的责任分配原则。这一原则初步确立于1992年的联合国环境与发展大会。共同但有区别的责任原则包括两个互相关联的内容，即共同的责任和有区别的责任。共同责任是指每个国家在保护全球环境方面都有共同的责任和义务。要求各国承担共同的责任是由地球生态系统的完整性为前提的。有区别的责任是指在世界各国负有共同责任的基础上，承认不同国家的责任应有所不同。这里所说的不同国家，不是指大的国家和小的国家、东方国家和西方国家，而是发达国家和发展中国家。有区别的责任的实质是要求发达国家对全球环境保护和治理承担更多的责任。

2. 国内环境法与国际环境法比较，两者有明显的不同，主要体现在以下几个方面。

第一，主体不同。国内环境法是一个国家法律体系的一部分，其主体与其他国内法一样，主要是法人、公民和国家机关。而国际环境法的主体与国际法的主体是一致的，主要包括国家、政府间国际组织和争取独立的民族。

第二，立法方式不同。某一主权国家的国内环境法是由该国行使立法权的立法机构制定的。对国际环境法而言，不存在专门的立法机构。它是通过国家与国家之间或者国家与国际组织之间通过协商、谈判，签订条约、协定等形成约束力。

第三，表现形式不同。国内环境法表现为一国的环境保护法律（联邦法律）、行政法规、部门规章、地方性法规（州法律）、政府规章以及环境标准等。而国际环境法的外部表现形式主要有条约（包括公约、协定、议定书等）、国际习惯、一般法律原则、司法判例、国际法学说、国际组织的决议等环境保护法律文件。

第四，实施途径不同。国内环境法可以通过国家强制力保证实施，而国际环境法则没有一个公认的国际权威或国际强制力来保证它的实施。

第五，适用范围不同。国内环境法仅在本国范围内适用，而不能要求其他国家遵守。而国际环境法对所有参加国家都有法律效力，但对非参与国不具有约束力。

3. 国际环境法具有以下几个方面的特点：

第一，广泛的国际性。国际环境法作为环境法体系中的一个分支，同时又具有国际法的属性，不论是其形成，还是其实施，都具有明显的国际性特点。

第二，与科学技术的联系较为密切。可以把国际环境法与科学技术的联系概括为以下三个方面：在相当程度上依赖环境科学技术的支持；本身包含许多技术性法律规范；实施需要科学数据的说明。

第三，较强的公益性。国际环境法的根本目的是为了人类共同利益，保护和改善人类赖以生存的基本物质条件。这个目的本身就是公益性的，而国际环境法的原则、制度等也都体现了公益性的特点。

第四，历史比较短。国际法至少已经有几百年的历史了，而国际环境法的真正产生是在“二战后的重建时期”。

案例分析题

该案涉及了尊重国家主权及不损害国外环境的原则。这一原则包含这样几个方面的内容：第一，各国均有按照自己的环境政策开发自己的资源的主权，简称资源开发主权权利。第二，各国均有参与国际环境事务的平等的权利，简称国际环境事务参与权。第三，各国均负有保证在其管辖或控制范围内的活动不损害其他国家的或在国家管辖范围以外地区的环境的责任，简称不损害国外环境的责任。澳大利亚在法国核试验案中的主要观点是基于这么一种假设：核试验造成的放射性微粒会落到澳大利亚领陆之上，并且在澳大利亚的领空中扩散，因此在未经澳大利亚政府同意的情况下进行核试验的行为是对澳大利亚领土主权的侵犯，具体来讲是侵犯了澳大利亚独立决定在自己领土之内进行活动的权利，并且将澳大利亚国民暴露于放射性微粒的核辐射之中。因此，需要注意的是，澳大利亚诉讼请求的基础并不是法国进行空中核试验的行为造成了环境污染而需要制止，而是法国的行为侵犯了澳大利亚的国家主权。但是从另一方面看，法国进行大气层核试验的行为必然是破坏了、污染了海洋资源和环境条件，而这一损害一旦造成，将难以撤回，而且损害赔偿的方式无法恢复原来的环境条件。因此该案还涉及预防原则（principle of prevention 或 principle of preventive action），也有人称之为损害预防原则，是国际环境法规定的关于及早采取环境保护行动的原则。这一原则的中心思想是预防环境污染和破坏，它主要是对国家提出的要求。作为国际环境法的一项原则，它是世界各国在处理国内环境保护事务和在参与国际环境合作中共同遵守的原则。这一原则的贯彻既有利于国内环境的保护，同时也有利于世界各国对全球环境的共同责任的履行。可以这样说，贯彻预防原则也是共同责任原则的要求。

论述与深度思考题

1. 国际环境主要问题如下。

第一，全球性的气候变暖。由于世界能源消耗量大量增加和工业迅速发展，森林、草地及绿色锐减，以二氧化碳为代表的温室效应全体猛增，全球气候正逐步地变暖。气候变暖的危害主要有：一是两极冰川及雪山融化，海平面上升，使地处低洼的沿海地带葬身海底；二是全球降水量重新分配，旱涝剧变，森林、湿地区和极地冰土的破坏，直接威胁了原有自然环境生态系统的正常循环，从而导致许多物种的锐减与灭绝；三是出现极端高温，百年不遇的旱灾、超乎寻常的热浪、飓风和龙卷风将对人类和生物造成巨大的自然灾害。

第二，臭氧层的破坏。由于人为向大气大量排放臭氧层耗损物质，从而导致臭氧层变薄甚至出现空洞。导致太阳对地球紫外线辐射增强，其后果十分严重，它将引起皮肤癌发病率的增加，诱发白内障、呼吸道疾病等。

第三，生物多样性的锐减。由于大规模的工程建设和农林牧渔业开发，以及环境污染、过度捕猎和国际性的野生动植物走私等原因，生物多样性一直呈锐减趋势。生物多样性锐减对人类生存和发展构成威胁，破坏了人类未来的食物来源、药物来源；破坏了工业生产的资源；破坏了物种的生物遗传基金；影响了自然界的生态平衡。

第四，有毒化学品的污染及越境转移。据统计，现在投入市场的化学品已超过 10 万种，每年还要新增 1 000～2 000 种。有毒化学品给国际环境带来潜在的威胁。目前，发达国家纷纷向发展中国家越境转移危险废物，造成严重的污染扩散。

第五，酸雨现象严重。酸雨对森林、土壤、水体等具有严重损害。目前世界上有三大酸雨中心，它们是斯堪的纳维亚地区、欧洲大陆和北美。在印度南部、日本列岛、中国长江以南地区也存在较严重的酸雨污染。

第六，海洋污染严重。随着人类开发利用海洋活动的日益深入，海洋污染问题日益严重。造成海洋污染最主要的原因是石油勘探开发和船舶污染中的海损事故，如油轮搁浅、触礁等。海洋污染的直接后果就是使海生生物遭到破坏。此外，影响比较深远的国际环境问题还有国际水道污染、核污染以及外层空间环境问题。

2. 国际环境法是现代国际法中的一个新的、重要的组成部分，其与国内环境法虽然是两个独立的体系，但是相互之间又存在许多关联。对国际环境法与国内环境法之间的关系，主要有以下三种不同的认识。

一是国内环境法优于国际环境法。这种观点认为，有关保护、改善环境的国内法律规定与国际条约、协定有不同之处的，适用内国法律。它强调国家主权原则和司法独立性。

二是国际环境法优于国内环境法。这种观点认为，有关保护、改善地球环境的国际公约、双边或者多边条约规定不同于内国法律的，适用国际公约、双边或者多边条约，而不能适用内国法。它强调“条约必须遵守原则”和环境保护的国际合作精神。

三是国际环境法与国内环境法互不隶属，它们各自成为一个独立的法律体系。这种观点认为，国际环境法与国内环境法地位相同，效力没有高低之分，二者由于渊源、主体及实质各不相同，因此相互独立。但是，国际环境法与国内环境法又是密切相关、互相渗透和互相补充的，它们之间可以通过"移植""吸纳"和"接受"而相互转化。

前两种理论可称为不同的"隶属说"。第三种理论称为"衔接说"，它吸纳了前两种理论中的合理部分，为多数人所接受。

国内环境法与国际环境法的衔接主要表现在以下几个方面。

第一，国内环境法是实施国际环境法的重要保证。国际环境法所规定的国家义务十分原则和抽象，需要由缔约国通过国内环境法作出具体的规定来落实。一方面要将国际环境法中的原则和规则通过国内法予以转化和细化，另一方面要对国际环境法上的义务作出明确的、可操作性的规定。

第二，国际环境法不能干预国家按照主权原则所制定的国内环境法。在国际环境立法以及在保护、改善全球环境的国际事务中，应尊重国家主权和领土完整，互不侵犯，互不干涉内政，平等互利，和平共处。主权国家在国内环境立法中，有权决定自己的环境政策并采纳相适应的环境质量标准，不受其他国家和国际组织的干涉。《联合国宪章》明确规定："本宪章不得被认为授权联合国干涉在本质上属于任何国家国内管辖的事件。"

第三，在法律规范适用次序上，本国参加的国际环境条约优先于国内环境法。如果一国环境法与其并未参加的国际环境条约相冲突，那么，本国法院可以适用国内法；如果一国环境法与其加入的国际环境条约规定相左，按照"条约必须遵守"的原则，应优先适用国际条约的规定，除非声明保留。

3. 国际环境法基本原则如下。

第一，国家环境主权及不损害国外环境的原则。在环境保护领域，各国不论大小，均对本国的自然资源拥有永久主权和环境主权，有权根据本国情况决定自己的环境政策和战略，有权根据本国的需要合理开发、利用和保护其环境资源；同时，为保护全球环境，在互相尊重国家主权的前提下，各国必须承担不损害国外环境的义务。国家环境主权原则包含两方面的含义：一方面，各国享有资源开发主权权利，即对其国内的环境资源享有充分的主权，有权自主进行开发，有权按照自己的环境政策开发自己的资源；另一方面，各国均负有不损害国外环境的责任，即对他国的环境主权给予充分尊重，在行使国家主权的同时还应注意不损害本国管辖范围外的环境。不损害国外环境的原则包括不损害其他国家管辖范围以内的环境和各国管辖范围以外地区的环境，同时，各国均对其管辖和控制下的任何活动承担责任。

第二，全球共享共管资源原则。国际法中"人类共同遗产"原则不仅是人类在月球和其他天体上活动的最重要原则之一，而且也是保护和开发其他诸如公海海底资源和人类文化遗产等有限资源的重要原则。《月球协定》第 11 条第 1 款规定月球及其自然资源是人类共同遗产。它直接引导出"禁止据为己有"原则以及全面非军事化和禁止一切军事活动原则。

第三，共同但有区别责任原则。(1) 全球环境的保护要求世界各国普遍参与，不论大小、贫富，各国对保护环境都负有共同责任。共同责任说明发展中国家不应以自己经济发展水平低、科学技术落后、专业人员匮乏等为由，逃避和推脱自己应当承担的保护全球环境的责任。(2) 有区别的责任是指在世界各国负有共同责任的基础上，承认不同国家的责任应有所不同。发展中国家和发达国家对保护环境负有不同的法律责任。发达国家应当比发展中国家承担更大的或是主要的责任。发达国家的经济发展是建立在对资源的掠夺和长期过度消耗的基础上，环境所承受的压力大部分来自发达国家，所以发达国家应当比发展中国家承担更多的责任。发展中国家的环境资源占世界大部分，但是发展中国家曾经长期遭受殖民统治，经济发展缓慢，治理环境的能力较弱，技术和财力资源薄弱，致使本国环境进一步恶化，同时影响到全球环境和发达国家的利益。发达国家有义务帮助发展中国家改进生产方式，提高生产力，增强经济实力和环境保护能力。

第四，国际环境合作原则。首先，国际环境合作是解决全球环境问题的必然途径。环境问题已经成为全球性的公害，成为人类共同面临的威胁，绝非某个单个国家所能够解决的。只有各国加强环境合作，共同努力、共同治理，在资金、技术、信息等方面积极合作才会有解决全球环境问题、保护整个人类生存和发展的可能。其次，环境行为的共性和生态系统的整体性构成了国际环境合作的自然基础。人类生存环境是没有国界的，地球是一个整体，任何环境污染和生态破坏都会因“蝴蝶效应”而对全人类产生影响。不同的国家之间，尽管存在着政治、经济、军事、文化、历史、种族等诸多差异，但没有任何国家或国家集团可以脱离地球而独享其舒适的环境，保护环境是关乎全人类生存和发展的问题，是全人类共同的需要。这在客观上也要求国际环境法的主体在保护全球环境方面必须坚持国际合作这个基本原则。

第五，可持续发展原则。1987 年世界环境与发展委员会发表的题为《我们共同的未来》的研究报告提出可持续发展的概念，该报告于同年为第 42 届联合国大会所接受。根据该报告所阐述，“可持续发展”指的是“既满足当代人的需要，又不对后代人满足其需要的能力构成危害的发展”。

可持续发展的中心内容是要求经济的增长与环境保护的协调。1992 年《里约环境和发展宣言》奠定了“可持续发展”的国际法地位，其原则四指出：“为了实现可持续发展，环境保护工作应是发展进程的一个整体组成部分，不能脱离这一进程来考虑。”可持续发展原则虽然被列为国际环境法的基本原则之一，但由于它是涵盖经济、地理、环境、社会等各个方面的一项普遍原则，运用到国际环境法领域，在实施过程中更注重宏观的调控，而不是调整环境的开发、利用、保护、改善的具体原则。

第十九章　国际环境法的渊源

知识逻辑图

- 国际环境法的渊源
  - 国际环境保护决议和宣言
    - 《联合国人类环境宣言》
    - 《内罗毕宣言》
    - 《里约环境与发展宣言》（简称《里约宣言》）
    - 《约翰内斯堡可持续发展宣言》
  - 国际环境保护条约
    - 有关国际大气环境保护的公约
      - 《联合国气候变化框架公约》
      - 《保护臭氧层维也纳公约》
      - 《关于消耗臭氧层物质的蒙特利尔议定书》
      - 《长程越界大气污染公约》
    - 关于国际海洋环境保护的公约
      - 《联合国海洋法公约》
      - 《防止因倾弃废物及其他物质污染海洋公约》
      - 《防止船舶污染海洋公约》
      - 《1969 年国际干预公海油污染事件公约》
      - 《国际防止海洋油污染公约》
    - 关于生物资源保护的国际公约
      - 《国际保护鸟类公约》
      - 《国际植物保护公约》
      - 《濒危野生动植物物种国际贸易公约》
      - 《关于特别是水禽生境的国际重要湿地公约》
      - 《保护野生动物迁徙物种公约》
      - 《生物多样性公约》
    - 关于防治放射性和核污染的国际公约
    - 关于防治危害废物和有害化学品污染的国际公约和条约
    - 关于保护南极的国际条约
  - 国际环境保护习惯法
    - 国家资源开发主权权利和不损害国外环境责任
    - 环境保护的国际合作义务

名词解释

1. 《联合国生物多样性公约》（考研）
2. 《联合国气候变化框架公约》（考研）
3. 《联合国人类环境宣言》（考研）
4. 《约翰内斯堡可持续发展宣言》
5. 《长程越界大气污染法公约》
6. 国际环境保护习惯

选择题

（一）单项选择题

1. 在控制越境大气污染方面（　　）区域性合作最强。

A. 北美洲　　　　B. 南美洲

C. 欧洲　　D. 非洲

2.《保护臭氧层维也纳公约》签署于（　　）。

A. 1981 年　　B. 1985 年

C. 1987 年　　D. 1990 年

3. 第一部对油轮所造成的油污染进行管辖的公约是（　　）。

A.《防止船舶污染海洋公约》

B.《马波尔公约》

C.《海洋法公约》

D.《奥斯陆倾废公约》

4.《联合国海洋法公约》签订于（　　）。

A. 1954 年　　B. 1956 年

C. 1972 年　　D. 1982 年

5. 为贯彻《保护臭氧层维也纳公约》而制定的议定书是（　　）。

A. 京都议定书

B. 卡塔赫纳议定书

C. 蒙特利尔议定书

D. 赫尔辛基规则

6. 第一个调整和控制越境大气污染的重要区域性条约是（　　）。

A.《长程越界大气污染公约》

B.《马波尔公约》

C.《巴塞尔公约》

D.《气候变化框架公约》

7. 下列国际公约中，对保护海洋环境的责任作出规定最全面的是（　　）。

A.《日内瓦海洋法公约》

B.《联合国海洋法公约》

C.《伦敦倾废公约》

D.《马波尔公约》

8. 控制温室气体排放的国际公约是（　　）。

A.《巴塞尔公约》

B.《联合国气候变化框架公约》

C.《外层空间公约》

D.《保护臭氧层维也纳公约》

（二）多项选择题

1. 关于核武器的国际法律文件中规定，禁止在（　　）进行核武器试验。

A. 大气层

B. 外层空间

C. 水下

D. 南极

E. 海床洋底及其底土

2.《联合国海洋法公约》对三类特殊的海洋资源作出了特殊的规定，包括（　　）。

A. 迁徙性海洋生物

B. 海洋哺乳动物

C. 海洋珊瑚

D. 产卵而流入江河或海洋的鱼类

E. 深海石油

3. 生物多样性是指（　　）。

A. 基因多样性

B. 物种多样性

C. 生境多样性

D. 生态系统多样性

E. 植物多样性

4. 在海洋生物资源养护方面，重要的国际条约有（　　）。

A.《世界遗产公约》

B.《公海捕鱼及生物资源养护公约》

C.《国际重要湿地保护公约》

D.《联合国海洋法公约》

5. “南极条约体系”包括（　　）。

A.《保护南极海豹公约》

B.《养护南极海洋生物资源公约》

C.《南极条约》

D.《关于环境保护的南极条约议定书》

E.《养护南极生物多样性公约》

（三）不定项选择题

1. 下列哪些属于内罗毕会议到 1992 年的联合国环境与发展大会期间签署的关于环境保护的国际性法律文件？（　　）

A.《联合国海洋法公约》

B.《国际热带木材协定》

C.《保护臭氧层维也纳公约》

D.《关于消耗臭氧层物质的蒙特利尔议定书》

2. 被称为人类环境发展史上共同纲领的国际文件是（　　）。

A.《内罗毕全球环境状况宣言》

B.《联合国人类环境宣言》

C.《里约环境与发展宣言》

D.《约翰内斯堡可持续发展宣言》

3. 全球性公约经常采用的模式是（　　）。

A. 框架条约＋议定书＋附件

B. 框架条约＋议定书

C. 议定书＋附件

D. 框架条约＋附件

4. 国际环境保护条约包括（　　）。

A. 全球性多边条约

B. 区域性多边条约

C. 双边条约

D. 国际习惯

5. 下列属于臭氧层保护的国际性法律文件有（　　）。

A.《联合国气候变化框架公约》

B.《京都议定书》

C.《保护臭氧层维也纳公约》

D.《关于消耗臭氧层物质的蒙特利尔议定书》

6. 下列属于"软法"规范的是（　　）。

A.《联合国人类环境宣言》

B.《人类环境行动计划》

C.《内罗毕宣言》

D.《世界自然宪章》

简答题

1. 简述《联合国人类环境宣言》的主要内容。
2. 简述《内罗毕宣言》的主要内容。
3. 简述国际环境保护习惯法的构成。

案例分析题

2002年5月17日，申请人SEKWANG船务有限公司（以下简称"SEKWANG公司"）以其所属"大勇"轮（DAE MYONG）于2001年4月17日在中国长江口附近海域（在离上海南汇三甲港、横沙岛只有几十海里的长江口"鸡骨礁"附近）与"大望"轮（GREAT PRESTIGE）发生碰撞导致重大海损为由，向上海海事法院申请设立数额为417 333计算单位的海事赔偿责任限制基金。

2002年6月11日，上海海事法院受理申请后，依照《中华人民共和国海事诉讼特别程序法》（以下简称《海事诉讼法》）的规定，向已知利害关系人发出通知，并通过《中国日报》《解放日报》发布公告。公告期间，上海市环境保护局（以下简称"上海市环保局"）、农业部东海区渔政渔港监督管理局（以下简称"东海渔监局"）、中华人民共和国上海海事局（以下简称"上海海事局"）向上海海事法院递交书面异议。

异议人上海市环保局诉称：该海损事故造成大量船载苯乙烯泄漏，我局依照《中华人民共和国环境保护法》（以下简称《环境保护法》）、《中华人民共和国海洋环境保护法》（以下简称《海洋环境保护法》）、《中华人民共和国大气污染防治法》（以下简称《大气污染防治法》）对污染事故进行了检测及分析评估，有关费用属行政干预费用，不属于海事赔偿责任限制的范围。请求驳回申请人设立海事赔偿责任限制基金的申请。

异议人东海渔监局诉称：我局依照《环境保护法》、《海洋环境保护法》、《中华人民共和国渔业法》（以下简称《渔业法》）对海损造成的污染事故进行了检测及分析评估，有关费用不应作为限制性债权。此外，"大勇"轮船长未经英语培训，该轮属不适航船舶。请求驳回申请人设立海事赔偿责任限制基金的申请。

异议人上海海事局诉称：碰撞事故发生后，我局依职权已采取应急处置强制措施，并承担了大量费用，这些费用应作为行政费用由申请人承担，而不应作为海事赔偿责任限制的对象和限制项目。请求驳回申请人设立海事赔偿责任限制基金的申请。

申请人SEKWANG公司辩称：对碰撞事故引起的损失包括造成的环境污染损失申请设立责任限制基金，符合《中华人民共和国海商法》（以下简称《海商法》）的规定。各异议人的请求没有法律依据。

请问：（1）本案应适用哪国法律？向哪个法院起诉？

（2）本案海事债权是否属于限制性债权？

（3）本案的行政责任和民事赔偿责任如何承担？

论述与深度思考题

1. 试述关于生物资源保护的国际公约。

2. 试述国家资源开发主权权利和不损害国外环境责任。

参考答案

名词解释

1.《联合国生物多样性公约》于 1992 年 6 月在里约热内卢召开的世界环境与发展大会上签署，1993 年 12 月 29 日生效，同日对我国生效。公约是在国际社会可持续发展的需求日益增长的情况下缔结的。公约的宗旨在于保护并合理利用地球上的生物资源。公约在保护生物多样性、可持续利用其资源并公平合理地分配使用遗传资源所取得的利益方面，是一个巨大的进步。它是解决生物多样性问题的重要国际文件。

2.《联合国气候变化框架公约》是第一个全球性的应对气候变化特别是气候变暖问题的国际公约，它于 1992 年 5 月 10 日在美国纽约通过，并于 1992 年 6 月在巴西里约热内卢召开的联合国环境与发展大会上供各国讨论和签署。我国于 1992 年 6 月 11 日签署该公约，1992 年 11 月 7 日第七届全国人民代表大会常务委员会第 28 次会议批准该公约。我国签署了该公约。

3. 1972 年 6 月在瑞典的斯德哥尔摩召开了人类环境会议，会议通过了著名的《联合国人类环境宣言》。该宣言是各国在保护环境方面权利义务的总宣言，被称为人类环境发展史上的一个共同纲领。《联合国人类环境宣言》本身不具有法律约束力，属于“软法”范畴，但是它反映了国际社会的共同信念，并在共识的基础上形成了一种行为准则，它对指导各国环境政策尤其对国际环境法的发展产生了重要而深远的影响。

4. 2002 年 8 月在南非约翰内斯堡召开的可持续发展世界首脑会议上通过了《约翰内斯堡可持续发展宣言》，该宣言作为一份政治宣言，是世界各国政府达成的关于世界可持续发展的共识和承诺，它使可持续发展战略获得了一定程度的具体化，是继《联合国人类环境宣言》和《里约环境与发展宣言》后的又一个重要的共同纲领。

5. 联合国欧洲经济委员会主持制定的《长程越界大气污染公约》，于 1979 年 11 月 13 日在日内瓦通过，1983 年生效。该公约是世界上第一个关于大气污染的区域性公约。其宗旨是保护人类及其环境不受空气污染并努力限制和尽可能逐渐减少和防止空气污染，包括长程越界空气污染。

6. 国际习惯是“各国在其实践中形成的一种有法律约束力的行为规则”①。国际环境保护习惯法是仅次于国际环境保护条约的主要渊源，就形成机制来看，只有具备通例的存在和通例被“接受为法律”，国际环境习惯法才可能形成，才对国际社会具有拘束力。国际环境保护习惯法具有一般性和自发性，是国际环境保护条约得以产生的基础之一，国际环境保护条约以及其他国际环境法渊源往往要通过国际环境习惯而起作用，以国际习惯为基础来解释和适用。这一特点决定了它是最根本的国际环境法渊源。

选择题

（一）单项选择题

1. 答案：C

联合国欧洲经济委员会主持制定的《长程越界大气污染公约》，于 1979 年 11 月 13 日在日内瓦通过，1983 年生效。该公约是世界上第一个关于大气污染的区域性公约。其宗旨是保护人类及其环境不受空气污染并努力限制和尽可能逐渐减少和防止空气污染，包括长程越界空气污染。

2. 答案：B

《保护臭氧层维也纳公约》于 1985 年 3 月 22 日在维也纳通过，于 1988 年 9 月 22 日开始生效，我国于 1989 年 9 月 11 日加入该公约。

3. 答案：A

《防止船舶污染海洋公约》是 1973 年 11 月由 70 个国家的代表和 7 个国家的观察员在伦敦签订的。《公约》对防止由船舶引起的海洋污染作出了一系列规定。

4. 答案：D

《联合国海洋法公约》是 1982 年 12 月在牙买

① 梁西．国际法．武汉：武汉大学出版社，2000：45.

加的蒙特哥湾通过的，我国于1982年12月10日签署，并于1996年6月7日批准该公约。

5. 答案：C

为保证《保护臭氧层维也纳公约》的实施，1987年，来自43个国家的环境部长和代表通过了《关于消耗臭氧层物质的蒙特利尔议定书》。

6. 答案：A

联合国欧洲经济委员会主持制定的《长程越界大气污染公约》，于1979年11月13日在日内瓦通过，1983年生效。该公约是世界上第一个关于大气污染的区域性公约。其宗旨是保护人类及其环境不受空气污染并努力限制和尽可能逐渐减少和防止空气污染，包括长程越界空气污染。

7. 答案：B

《联合国海洋法公约》是1982年12月在牙买加的蒙特哥湾通过的，公约不但对人类开发利用海洋以及相关主权等作出了重要规定，而且更由于其一专门条款规定了“海洋环境的保护和保全”而受到国际环境保护法学界的重视和关心。“是迄今最全面的关于海洋环境保护的国际法律制度，是在继承与发展的基础上全面保护海洋环境的杰作”。

8. 答案：B

《联合国气候变化框架公约》是第一个全球性的应对气候变化特别是气候变暖问题的国际公约，它于1992年5月10日在美国纽约通过，并于1992年6月在巴西里约热内卢召开的联合国环境与发展大会上供各国讨论和签署。公约的目的是控制人为温室气体的排放，主要是指燃料矿物燃烧产生的二氧化碳。

（二）多项选择题

1. 答案：ABCDE

选项ABC源自1963年通过的《禁止在大气层、外层空间和水下进行核武器试验条约》。选项D是源自1959年《南极条约》，该条约不仅禁止核爆炸，而且禁止在南极地区处理放射性废物。选项E源自1971年《禁止在海床洋底及其底土安置核武器和其他大规模毁灭性武器条约》。《全面禁止核试验条约》（Comprehensive Nuclear Test Ban Treaty）是一项旨在促进全面防止核武器扩散、促进核裁军进程，从而增进国际和平与安全的条约。禁止和防止在其管辖或控制下的任何地方进行任何核武器试验爆炸或其他任何核爆炸。

2. 答案：ABD

《联合国海洋法公约》共分17部分，连同9个附件共有446条，主要内容包括领海、毗邻区、专属经济区、大陆架、公海、用于国际航行的海峡、群岛国、岛屿制度、闭海或半闭海、内陆国出入海洋的权益和过境自由、海洋科学研究、海洋环境保护与安全、海洋技术的发展和转让等。关于三类特殊海洋资源的规定包括在“公海”部分。

3. 答案：ABD

1992年《生物多样性公约》以目录的形式把保护的范围确定下来，主要表现为：（1）基因多样性；（2）物种多样性；（3）生态系统多样性。

4. 答案：BD

1958年联合国大会通过的《公海捕鱼及生物资源养护公约》真正涉及海洋生物资源养护问题，并要求各缔约国承担养护的责任。1972年召开的斯德哥尔摩人类环境会议上所通过的原则宣言把国际社会的注意力引到对自然资源进行养护的需要上来。这次会议也促成了第三次联合国海洋法会议的准备和谈判合作，并终于在1982年通过了《联合国海洋法公约》。该公约的通过可以说是给海洋生物资源的养护带来了革命性的变化。

5. 答案：ABCD

主要有1959年12月通过的《南极条约》、1972年《保护南极海豹公约》、1980年5月通过的《养护南极海洋生物资源公约》（1989年6月28日对我国生效）、1991年《关于环境保护的南极条约议定书》（我国于1991年10月4日签署）。

（三）不定项选择题

1. 答案：ABCD

自内罗毕会议到1992年的联合国环境与发展大会的10年期间，国际环境法得到了极大的发展，《联合国海洋法公约》《国际热带木材协定》《保护臭氧层维也纳公约》《关于消耗臭氧层物质的蒙特利尔议定书》等40多个国际公约、协定都是在《内罗毕宣言》发表后签订的，极大地促进了环境保护的全球一体化的发展。

2. 答案：BCD

1972年6月在瑞典的斯德哥尔摩召开了人类环境会议，会议通过了著名的《联合国人类环境宣言》。该宣言是各国在保护环境方面权利义务的总宣言，被称为人类环境发展史上的第一个共同纲领。1992年6月，在巴西里约热内卢召开了联合国环境与发展大会。与会各国形成了人类环境发展史上第二个重要的共同纲领——《里约环境与发展宣言》。2002年8月26日至9月4日在南非约翰内斯堡召开的可持续发展世界首脑会议通过了《约翰内斯堡可持续发展宣言》，该宣言是继《联合国人类环境宣言》和《里约环境与发展宣言》后的又一个重要的共同纲领。

3. 答案：A

全球性公约经常采用“框架条约＋议定书＋附件”的模式，框架条约只作原则性的规定，议定书规定缔约方具体的权利和义务，附件会提出详细的清单。

4. 答案：ABC

国际环境保护条约是国际环境法最主要的渊源，包括有关环境问题的全球性多边条约、区域性多边条约和双边条约。

5. 答案：CD

《保护臭氧层维也纳公约》于1985年3月22日在维也纳通过，于1988年9月22日开始生效，我国于1989年9月11日加入该公约。该公约是联合国环境规划署首次制定的具有约束力的全球性的大气保护公约，主要内容包括对臭氧层破坏的基本认识和概念，以及规定缔约国的一般义务、合作的原则、递交资料、缔约方会议和秘书处等事项。为保证《保护臭氧层维也纳公约》的实施，1987年，来自43个国家的环境部长和代表通过了《关于消耗臭氧层物质的蒙特利尔议定书》。该议定书在前言中指出有关消耗臭氧层物质在生产和使用过程中的排放会对臭氧层破坏产生直接的作用，因而对人类健康和环境造成较大的负面影响。

6. 答案：ABCD

有关国际环境保护的国际会议和国际组织通过的决议、宣言，由于其反映或体现着国际环境法的原则、规则和制度而得到了国际社会的普遍承认，成为国际环境法的渊源。这类决议、宣言主要有：《联合国人类环境宣言》《人类环境行动计划》《内罗毕宣言》《世界自然宪章》《里约环境与发展宣言》《21世纪议程》《约翰内斯堡可持续发展宣言》等。这些国际文件虽然具有一定的法律效果，但在严格意义上不具有法律约束力，因而被称为“软法”性规范。

简答题

1. 《联合国人类环境宣言》分为两个部分：

第一部分是关于人类对环境问题共同达成的7个方面的深刻认识。这7个方面的共同认识为：对人与环境的关系的认识，对有关环境问题的严重性以及人类对保护和改善环境的重要性和责任的共同认识，对人类改造环境的能力的认识，对发展中国家和发达国家的不同环境问题及其产生原因和对策的认识，对人口与环境的关系的认识，对保护和改善人类环境这一人类共同的任务和目标的认识，对国际环境合作的必要性的认识等。

第二部分是关于自然保护、生态平衡、污染防治、城市化等一系列范围广泛的环境保护方面的共同原则，共26个。共同原则1声明了人类环境基本权利和责任；共同原则2～7是斯德哥尔摩大会成果的核心，它们声明了人类应保护地球上的一切自然资源，包括空气、水、土地、动植物，特别是自然生态类中具有代表性的标本；共同原则8～20是关于环境保护的实施，其中有对经济建设和环境保护之间关系的宣示、关于人口政策的原则、对国家的环境管理职责的宣示及对科技作用、环境教育、科学研究、信息交流的宣示等。共同原则21～26是关于国际合作、国际环境关系中应遵循的基本原则及消除核军备的规定等。

2. 《内罗毕宣言》的全称为《内罗毕全球环境状况宣言》，共有10项内容。该宣言在肯定《联合国人类环境宣言》中所确定的7项共同认识和26个共同原则的基础上，分析了全球环境现状，指出人类无节制的活动还在促使环境日益恶化。宣言提出了综合治理、建立新的国际经济秩序和将市场机制与计划机制结合起来，反对殖民主义、种族隔离、解决越界污染、更合理分配技术和资源、加强环境教育等十项共同原则。同时，宣言特别强调了包括酸雨和臭氧层破坏问题在内的全球性环境问题，重申要进一步加强和扩大各国在环境保护领域的合作。

3. 国际环境保护习惯法的构成因素有两个：一是属于各国重复的类似行为，二是各国都认为具有法律拘束力。所以，判断某个“行为”是否已经成为国际环境保护习惯法，应以国际环境保护实践为依据，即看他是否已经成为国际环境保护中普遍的通例和被各国普遍地接受为法律。

案例分析题

(1) 本案海损事故发生地及损害结果发生地均在我国境内，应适用我国法律。海事诉讼法是规范我国领域内海事诉讼的特别程序法，海商法是调整海上运输关系和船舶关系的特别法，上述法律中有关海事赔偿责任限制基金的规定应适用于本案。

根据《海事诉讼法》第 102 条的规定，SEKWANG 公司可以向事故发生地的上海海事法院提出设立海事赔偿责任限制基金的请求。本案海事赔偿责任限制基金是否符合设立的法定条件，取决于申请主体是否符合法律规定、涉案海事事故产生的债权是否属于限制性债权、申请设立基金的数额是否符合有关的法律规定。关于海事赔偿责任限制基金申请主体资格问题，SEKWANG 公司作为涉案船舶的所有人，符合《海事诉讼法》第 101 条的规定，具备申请设立海事赔偿责任限制基金的主体资格。

(2) 关于本案海事债权是否属于限制性债权的问题，SEKWANG 公司所属“大勇”轮在营运过程中发生碰撞事故，并引发有毒化学工业品泄漏造成污染损害。由此可能产生的民事赔偿请求符合《海商法》第 207 条规定的限制性债权特征，不属于《海商法》第 208 条规定的油污损害赔偿请求等非限制性债权，SEKWANG 公司有关申请设立海事赔偿责任限制基金的申请，符合海事赔偿责任限制基金设立的条件。

(3) 对于涉案事故，SEKWANG 公司可能基于不同的法律规定而分别承担相应的行政责任和民事赔偿责任，这两种法律责任是相对独立、互不排斥的。作为行政机关，不能因申请人需承担行政责任而排除其他遭受损失的民事主体向申请人主张民事债权的可能性；同样，行政机关在特定的情况下也可能成为民事法律关系的主体并主张民事债权。上海市环保局、东海渔监局、上海海事局也已经声明保留向 SEKWANG 公司提出民事索赔的权利。《海事诉讼法》规定的是海事赔偿责任限制基金设立程序，不同于决定责任人最终能否享受责任限制的实体审理。因此，上海市环保局、东海渔监局、上海海事局将以何种主体身份向责任人主张何种性质的实体权利，以及责任人是否存在《海商法》第 209 条规定的丧失责任限制的事实等问题，并不属于设立海事赔偿责任限制基金程序的审查范围，不影响 SEKWANG 公司申请设立海事赔偿责任限制基金请求的成立。

论述与深度思考题

1. 为保护地球生物资源，保证物种的多样性及丰富性，国际社会签订了许多保护生物资源的全球性条约和区域性条约、文件。

第一，《国际保护鸟类公约》是 1950 年 10 月欧洲一些国家针对欧洲鸟类的生存遭受到严重威胁的情况签署的。公约于 1963 年 1 月 17 日正式生效。公约是迄今唯一一部以保护鸟类为宗旨的全球性条约。公约指出，保护一切处于生育季节的鸟类和飞往生育地点的候鸟，并对濒临灭绝的鸟类予以全年保护。

第二，《国际植物保护公约》是 1951 年 12 月 6 日联合国粮食和农业组织（FAO）在罗马通过的一个有关植物保护的多边国际协议，1952 年 4 月 3 日生效。1979 年和 1997 年，联合国粮农组织分别对《国际植物保护公约》进行了两次修改，1997 年新修订的《国际植物保护公约》尚未生效。2005 年 10 月 20 日，我国成为公约第 141 个缔约方。《国际植物保护公约》的目的是确保全球农业安全，并采取有效措施防止有害生物随植物和植物产品传播和扩散，促进有害生物控制措施的实施。

第三，《濒危野生动植物物种国际贸易公约》于 1973 年 3 月在华盛顿通过，1975 年 7 月生效。1979 年 6 月 22 日在波恩通过其第一次修正案，1983 年 4 月 30 日在哈博罗内通过其第二次修正案。该公约于 1981 年 4 月 8 日对我国生效。与以前的条约制度不同，这个公约不是基于保护的空间概念，而是基于有关涉及野生生物物种的特定活动——国际贸易。公约共有 35 条和 4 个附件。公约的宗旨在于设计一种进出口许可证制度，通过控制国际贸易，防止过度开发，以保护某些濒危物种。

第四，《关于特别是水禽生境的国际重要湿地公约》（简称《湿地公约》）于 1971 年 2 月在拉姆萨尔通过，1975年生效，该公约于1992年7月31日对我国生效。《湿地公约》由序言和12条正文组成。公约的宗旨是“制止目前和未来湿地的逐渐侵占和损害，确认湿地的基本生态作用及其经济、文化、科学和娱乐价值”。公约是目前唯一一部关于保护物种生境的全球性条约。

第五，《保护野生动物迁徙物种公约》于1979年6月在波恩通过，1983年11月生效，最后一个修正案是1994年通过的。公约签订的目的在于保护那些迁徙于国境内外的野生动物物种（飞行、海洋及陆地物种）。公约规定，缔约国应对濒危迁徙物种采取保护措施。

第六，《生物多样性公约》于1992年5月在里约热内卢召开的世界环境与发展大会上通过，1993年12月29日生效，同日对我国生效。公约是在国际社会可持续发展的需求日益增长的情况下缔结的。公约的宗旨在于保护并合理利用地球上的生物资源。公约在保护生物多样性、可持续利用其资源并公平合理地分配使用遗传资源所取得的利益方面，是一个巨大的进步。它是解决生物多样性问题的重要国际文件。公约的目标是全面的，旨在解决关系到人类未来的重大问题，在国际环境法上是一个里程碑。

第七，《卡塔赫纳生物安全议定书》于2000年1月在加拿大蒙特利尔通过。议定书包括40个条款和3个附件。其要求各国应确保安全转移、处理和使用改性活生物体，并着重为改性活生物体的越境转移制定了详细的规则，这是一份为保护生物多样性和人体健康而控制和管理生物技术改性活生物体越境转移、过境、装卸和使用的国际法律文件。

2.《联合国人类环境宣言》原则21规定：“按照联合国宪章和国际法原则，各国有权按照自己的环境与发展政策开发资源，并负有责任保证它们管辖或控制之内的活动不致损害其他国家或国家管辖范围以外地区的环境。”

这条习惯法规则包含互相关联的两个方面。其中一方面是“各国有权按照自己的环境与发展政策开发资源”，即国际资源开发主权权利。另一方面是国家“负有责任保证它们管辖或控制之内的活动不致损害其他国家或国家管辖范围以外地区的环境”，即国际不损害国外环境的责任。这项原则的前一方面承认国家关于环境的主权权利，后一方面规定国家关于环境的义务，是国家在环境方面的权利和义务的结合。

通过国际司法判例、条约和国际组织的决议等法律文件的一再确认，“国家资源开发主权权利和不损害国外环境责任”已成为国际环境保护习惯法的一部分。这条规则最初产生于国际仲裁法庭关于1938年和1941年“美国诉加拿大特雷尔冶炼厂案”的仲裁裁决中。在后来的1949年科孚海峡案、1957年拉努湖仲裁案、1974年核试验案等司法判例中，这一规则反复加以适用。

“国家资源开发主权权利和不损害国外环境责任”规则得到很多国际环境保护条约的确认。除上述《联合国人类环境宣言》外，还包括1951年的《国际植物保护公约》、1968年的《非洲自然保护公约》、1972年的《世界自然与文化遗产公约》、1978年的《亚马逊河区域合作条约》、1981年的《保护东南太平洋海洋环境和沿海地区公约》、1982年的《联合国海洋法公约》、1985年的《东南亚国家联盟国家关于保护自然和自然资源的协定》以及1992年的《里约环境与发展宣言》《气候变化框架公约》和《生物多样性公约》等。

在国际环境保护条约之外，还有很多国际“软法”文件承认这一习惯法规则。其中主要的有1972年的《联合国大会第2996号决议》、1974年的《各国经济权利和义务宪章》、1975年的《欧洲安全与合作会议最后文件》、1978年的联合国环境规划署《指导各国养护及和谐利用两个或两个以上国家共有自然资源的环境方面行为守则》和1982年《世界自然宪章》。

与“国家资源开发主权权利和不损害国外环境责任”这一习惯法规则紧密联系的是国家在违背这个规则的情况下应当承担何种法律后果的问题。国际环境法在这个领域很不发达。

因此，1992年《里约环境与发展宣言》要求“各国还应迅速并且更坚决地进行合作，进一步制定关于在其管辖或控制范围内的活动对其管辖外的地区造成的环境损害的不利影响的责任和赔偿的国际法律”。

第二十章　国际环境法中的国际组织

知识逻辑图

- 国际环境法中的国际组织
  - 概述
    - 国际组织的概念
      - 广义
      - 狭义：政府间国际组织
    - 国际组织的发展
    - 国际组织的分类和职能
      - 分类
        - 政府间组织
        - 非政府间组织
      - 职能
        - 环境问题的调查和研究
        - 环境问题信息的收集和交换
        - 制定有关国际环境保护的规则
        - 监督规则的实施
        - 管理国际公共区域的自然资源
        - 宣传、教育和培训
  - 政府间国际环境保护组织
    - 联合国环境规划署
    - 世界环境与发展委员会
    - 联合国经济与社会理事会
    - 联合国可持续发展委员会
    - 联合国开发计划署
    - 联合国人类居住委员会和人类居住中心
    - 国际海事组织
    - 世界贸易组织贸易和环境委员会
    - 全球环境基金
  - 非政府间国际环境保护组织
    - 世界自然联盟
    - 国际绿色和平组织
    - 世界自然基金会

名词解释

1. 国际组织
2. 联合国环境规划署
3. 联合国可持续发展委员会
4. 联合国开发计划署
5. 世界自然联盟
6. 国际绿色和平组织

选择题

（一）单项选择题

1.《我们共同的未来》是由下列哪一国家环保组织提出的？（　　）

A. 联合国环境规划署

B. 世界自然联盟

C. 世界环境与发展委员会
D. 绿色和平组织

2. 负责监督、审查《21世纪议程》实施的国际环保机构是（　　）。
A. 联合国可持续发展委员会
B. 世界环境与发展委员会
C. 联合国开发计划署
D. 世界贸易与环境委员会

3. 世界贸易与环境委员会的宗旨是（　　）。
A. 保护世界生物多样性、确保可再生自然资源的可持续利用和推动减少污染和浪费性消费的行动
B. 保护地球、环境及其各种生物的安全和持续性发展
C. 支持和帮助保护世界自然资源的完整性和连续性，以确保自然资源的平衡和可持续发展
D. 明确贸易措施与环境措施之间的关系以促进可持续发展

（二）多项选择题

1. 下列属于国际环境保护组织职能的是（　　）。
A. 环境问题的调查和研究
B. 制定有关国际环境保护的规则
C. 管理国际公共区域的自然资源
D. 宣传、教育和培训

2. 下列属于政府间环保组织的是（　　）。
A. 联合国环境规划署
B. 世界环境与发展委员会
C. 世界环境与贸易委员会
D. 世界自然联盟

3. 下列属于非政府间环保组织的是（　　）。
A. 世界环境与发展委员会
B. 世界自然联盟
C. 世界环境与贸易委员会
D. 绿色和平组织

4. 当前及今后一个时期，人类居住委员会工作重点是（　　）。
A. 人人享有适当的住房
B. 可持续城市发展
C. 住房和社会服务
D. 减少城市贫困

5. 国际海事组织的主要规则有（　　）。
A.《持久性有机污染物公约》
B.《国际海上避碰规则公约》
C.《1992年国际油污损害民事责任公约》
D.《1992年国际油污损害赔偿基金公约决定书》

（三）不定项选择题

1. 非政府间国际组织的特点包括（　　）。
A. 组织性、民间性
B. 赢利性、灵活性
C. 公益性、非政党性
D. 自治性、志愿性

2. 目前，国际绿色和平组织正致力于在全球开展以下哪些环保工作？（　　）
A. 提倡生物安全与可持续农业，提倡符合生态原则的、公平的、可持续发展的贸易
B. 停止有毒物质污染，推动企业责任
C. 倡导可再生能源以停止气候暖化，关注核能安全与核武器扩散
D. 保护原始森林，保护海洋生态

3. 世界自然基金会致力于（　　）。
A. 促进各国达成控制气候暖化的京都议定书
B. 保护世界生物多样性
C. 确保可再生自然资源的可持续利用
D. 推动减少污染和浪费性消费的行动

4. 联合国环境规划署的主要职责不包括（　　）。
A. 贯彻执行环境规划理事会的各项决定
B. 制订、执行和协调各项环境方案的活动计划
C. 管理环境基金
D. 审查在国家、区域和国际各级实施《21世纪议程》的进展情况

简答题

1. 简述国际环保组织的分类。
2. 简述国际环保组织的职能。
3. 简述“绿色和平组织”的使命及贡献。

案例分析题

1946年5月15日，两艘英国军舰通过位于阿尔巴尼亚大陆与科孚岛北部之间的科孚海峡，遭到阿尔巴尼亚炮兵的轰击，但没有被击中。英国立即向阿政府抗议，声称其军舰在海峡享有无害通过权。阿政府则明确表示：外国船舶通过其领海必须事先通知并取得其许可。为了试探阿尔巴尼亚的态度，一队由两艘巡洋舰和两艘驱逐舰组成的英国舰队在1946年10月22日驶入科孚海峡北部，两艘驱逐舰触水雷，造成军舰受损、许多海军人员伤亡的巨大损失。事件发生后，英国通知阿政府，将在其海峡扫雷。阿政府予以拒绝。11月13日，英国海军单方面在海峡进行扫雷活动，阿尔巴尼亚予以强烈抗议，谴责英国严重侵犯了其主权。英国将事件提交了联合国安理会。安理会于1947年4月9日通过一项决议，建议有关国家"应立即根据《国际法院规约》的规定将争端提交国际法院解决"。英阿两国接受了这项决议。1947年5月22日，英国单方面向国际法院起诉。阿尔巴尼亚则强烈反对英国单方面提出的请求。

请问：国家对其领土上发生的损害外国权益的行为应否承担国际责任？

论述与深度思考题

试述国际环境组织的发展。

参考答案

名词解释

1. 一般地说，凡是两个以上的国家的政府、民间团体、个人基于某种目的，以一定的协议形式而创设的各种机构，均可称作国际组织。国际组织有广义和狭义之分。广义的国际组织既包括国家之间的组织（政府间国际组织），也包括若干国家和民间团体或个人所组成的国际性机构（非政府间国际组织）；狭义的国际组织即政府间国际组织。

2. 联合国环境规划署是根据联合国大会1972年12月15日第2997号决议于1973年1月设立的。总部设在肯尼亚首都内罗毕。联合国环境规划署下设3个主要部门：环境规划理事会、环境秘书处和环境基金委员会。联合国环境规划署主要负责处理联合国在环境方面的日常事物，促进环境问题的调查研究，协调联合国内外的环境保护和环境管理工作。

3. 1992年6月联合国环境与发展大会通过的《21世纪议程》决定于1992年第47届联大上审议建立"可持续发展委员会"。1993年2月在经社理事会组织会议上联合国可持续发展委员会正式成立，该委员会属于联合国经社理事会下设的职司委员会。组织机构包括：委员会、秘书处、高级咨询委员会。委员会主要职能是就实施《21世纪议程》向可持续发展委员会提供专家咨询。

4. 联合国开发计划署是联合国技术援助计划的管理机构。1965年11月成立，其前身是1949年设立的"技术援助扩大方案"和1959年设立的"特别基金"。总部设在美国纽约。计划署的宗旨是帮助发展中国家加速经济和社会发展，向它们提供系统的、持续不断的援助。该署在联合国系统的业务中起协调作用，参与和管理全球环境基金、蒙特利尔议定书多边基金、防治荒漠化和干旱办公室等。

5. 世界自然联盟是世界上最大的和最重要的世界性保护联盟，是政府及非政府机构都能参与合作的少数几个国际组织之一。该联盟成立于1948年10月，当时名称为国际自然保护同盟，1956年更名为世界自然和自然资源保护联盟，1990年正式更名为世界自然联盟。该联盟对联合国经社理事会、联合国粮农组织、国际海事组织、联合国教科文组织等享有咨询地位。世界自然联盟的使命是影响、支持和帮助保护世界自然资源的完整性和连续性，以确保自然资源的平衡和可持续发展。

6. 国际绿色和平组织是一个全球性非政府国际环境保护组织，由加拿大工程师戴维·麦格塔格发起，于1971年9月15日成立。该组织的总部设在荷兰阿姆斯特丹，在40个国家设有办事处，其成员已达350万人。"绿色和平"以保护地球、环境及其各种生物的安全和持续性发展为使命。

选择题

（一）单项选择题

1. 答案：C

世界环境与发展委员会是根据 1983 年第 38 届联合国大会 38/161 号决议成立的一个独立机构。该委员会主席、副主席由联合国秘书长指定，成员由主席、副主席指定。成立时有 21 个国家的专家、学者参加，委员会主席由挪威首相布伦特兰夫人担任。委员会的任务是向联合国大会提出关于环境对策方面的建议。专业委员会成立之后，调查了世界各地许多国家的环境与发展问题的现状，并于 1987 年 4 月完成了题为《我们共同的未来》的报告。

2. 答案：A

联合国可持续发展委员会的主要任务是增进国际合作和使政府间决策过程合理化，使其有能力兼顾环境发展问题。并在联合国环境与发展大会上通过的《里约环境与发展宣言》原则的指导下，审查在国家、区域和国际各级实施《21 世纪议程》的进展情况，以便在所有国家实现持续发展。

3. 答案：D

目前，世界贸易与环境委员会已成为国际上有关环境与贸易问题的核心机构。该机构的宗旨是"明确贸易措施与环境措施之间的关系以促进可持续发展"。

（二）多项选择题

1. 答案：ABCD

国际环境保护组织的职能可以归纳如下：(1) 环境问题的调查和研究。(2) 环境问题信息的收集和交换。(3) 制定有关国际环境保护的规则。(4) 监督规则的实施。(5) 管理国际公共区域的自然资源。(6) 宣传、教育和培训。此外，国际环境保护组织还有以下职能：为环境保护提供财政及技术方面的援助，国际环境保护事务的分工协作等。

2. 答案：ABC

世界自然联盟是世界上最大的和最重要的世界性保护联盟，是政府及非政府机构都能参与合作的少数几个国际组织之一。联盟成立于 1948 年 10 月，当时名称为国际自然保护同盟，1956 年更名为世界自然和自然资源保护联盟，1990 年正式更名为世界自然联盟。该联盟对联合国经社理事会、联合国粮农组织、国际海事组织、联合国教科文组织等享有咨询地位。ABC 都是政府间国际组织。

3. 答案：BD

政府间国际环境保护组织主要有：联合国环境规划署、世界环境与发展委员会、联合国经济与社会理事会、联合国可持续发展委员会、联合国开发计划署、联合国人类居住委员会和人类居住中心、国际海事组织、世界贸易组织贸易和环境委员会及全球环境基金等。非政府间国际环境保护组织主要有：世界自然联盟、国际绿色和平组织、世界自然基金会等。

4. 答案：AB

当前及今后一个时期，人类居住委员会工作重点将主要放在"人人享有适当的住房"和"可持续城市发展"两大主题上。

5. 答案：BCD

国际海事组织的主要规则有：1972 年《国际海上避碰规则公约》、1992 年《国际油污损害民事责任公约》、1992 年《国际油污损害赔偿基金公约决定书》。

（三）不定项选择题

1. 答案：ACD

非政府间国际组织指的是跨越国界的由不具有政府权力的个人、团体建立的跨国组织。它具有组织性、民间性、非营利性、灵活性、公益性、非政党性、自治性、志愿性的特点。

2. 答案：ABCD

目前，国际绿色和平组织正致力于在全球开展以下环保工作：提倡生物安全与可持续农业；停止有毒物质污染，推动企业责任；倡导可再生能源以停止气候暖化；保护原始森林；海洋生态保护；关注核能安全与核武器扩散；提倡符合生态原则的、公平的、可持续发展的贸易。

3. 答案：BCD

世界自然基金会致力于：保护世界生物多样性、确保可再生自然资源的可持续利用和推动减少污染和浪费性消费的行动。

4. 答案：D

联合国环境规划署主要负责处理联合国在环境方面的日常事务，促进环境问题的调查研究，协调联合国内外的环境保护和环境管理工作。其主要职责是：贯彻执行环境规划理事会的各项决定；根据理事会的政策指导提出联合国环境活动的中、远期规划；制订、执行和协调各项环境方案的活动计划；向理事会提出审议的事项以及有关环境的报告；管理环境基金；就环境规划向联合国系统内的各政府机构提供咨询意见等。

简答题

1. 国际环境保护组织名目繁多，种类不一，从不同的视角出发，国际环境保护组织就有不同的分类。

根据参加国际活动的范围或地域的不同，可以将其分为全球性的国际环境保护组织和区域性的国际环境保护组织。前者如联合国及其下属组织，后者如非盟、欧盟等。从组织的构成来考察，可以将其划分为政府间国际环境保护组织和非政府间国际环境保护组织。前者如联合国环境规划署，后者如世界自然联盟等。此外，还存在一般性国际环境保护组织和专门性国际环境保护组织之分。

2. 国际环境保护组织的职能可以归纳如下。

第一，环境问题的调查和研究。调查和研究是国际环境保护组织的活动内容之一，国际环境保护组织在法律领域进行的研究促进了国际环境法的发展。

第二，环境问题信息的收集和交换。收集和交换与国际环境保护有关的国内和国际项目及研究成果的信息，是在国际环境保护组织内进行合作的一个重要方面。

第三，制定有关国际环境保护的规则。国际立法活动是国际组织的重要职能，许多国际组织都承担着最新的国际环境保护条约草案及文本的起草和撰写工作。

第四，监督规则的实施。很多国际环境保护条约规定：国家必须定期向国际组织和有关机构汇报和报告实施条约的情况，并接受这些机构和其他缔约国的监督。

第五，管理国际公共区域的自然资源。由国际环境保护组织来管理公共区域的自然资源无疑是在环境保护领域进行国际合作的较高形式。

第六，宣传、教育和培训。按照组织宗旨和目的的要求，许多国际环境保护组织在国际、区域和国家内部各个层面上开展工作，加强对各国政府和各国公众的宣传、教育和培训，提高公众的环境保护意识。

此外，国际环境保护组织还有以下职能：为环境保护提供财政及技术方面的援助，国际环境保护事务的分工协作等。

3. “绿色和平组织”以保护地球、环境及其各种生物的安全和持续性发展为使命。不论在科研或科技发明，该组织都提倡有利于环境保护的解决办法。“绿色和平组织”作为一国际环保组织，旨在寻求方法，阻止污染，保护自然生物多样性及大气层，以及追求一个无核的世界。

目前，国际绿色和平组织正致力于在全球开展以下环保工作：提倡生物安全与可持续农业；停止有毒物质污染，推动企业责任；倡导可再生能源以停止气候暖化；保护原始森林；海洋生态保护；关注核能安全与核武器扩散；提倡符合生态原则的、公平的、可持续发展的贸易。

三十多年来，“绿色和平组织”在世界环境保护方面可谓贡献良多。在一些重要的国际环保问题的解决过程中起到了关键作用：禁止有毒废弃物向发展中国家出口；暂停商业捕鲸，并推动在南半球海洋建立鲸鱼避难所；推动联合国通过及实施公约，加强对世界渔业的管理；推动各国以预防原则管理转基因作物的环境释放；50年内暂停在南极开采矿物；禁止向海洋倾倒放射性物质、工业废物和废弃石油开采装置；禁止在深海大规模流网捕鱼；促进各国达成控制气候暖化的京都议定书；推动核不扩散条约，促成联合国达成全面禁止核试条约等。

案例分析题

国际法院认为，不能仅仅因为一国对其领土拥有排他控制权的事实就推定该国一定知悉在其领土上发生的一切国际不法行为，并应对此种行为负担责任。但是，领土国负有适当注意的义务，从而它应采取必要措施，防止其领土被用于损害外国权益，这包括如追诉不法行为人的义务，警告外国其正在面临的危险的义务，即作为的义务。在这种情况下，严重的不作为必然导致领土国的国际责任。

论述与深度思考题

国际组织迅速发展，在国际生活各个领域积极开展活动并发挥越来越大的作用，是二次世界大战后国际关系和国际法发展中的一个突出特点。从20世纪60年代末起，大多数全球和区域国际组织就开始关心环境问题。面临环境问题越来越严峻的危险和挑战，在20世纪70年代的“生态时代”之初，“环境保护”这个“没有组织的思想运动”得到了国际社会广泛的赞同，而国际组织的介入则标志着新时期的开始。

1972年，在开创人类历史新纪元的斯德哥尔摩联合国人类环境大会上，众多国际组织，包括政府间的和非政府间的国际组织都踊跃参加了这一历史盛会。大会通过的《联合国人类环境宣言》原则25昭示：“各国应保证是国际组织在保护和改善环境中发挥协调、有效和推动作用。”在其后的一系列国际环境保护会议中，国际组织，包括政府间组织和非政府间组织都发挥了不可替代的作用。

没有国际组织的广泛投入和参与，国际环境保护工作是无法取得今天这样的成就的。国际组织之所以在国际环境保护行动中取得其他各主体无法取得的成绩，原因有以下几点：第一，世界环境问题的广度、深度在最近几十年达到了前所未有的高度，这些问题单靠一国或几个国家是无法解决的；第二，环境领域的研究、探索工作难度很大，需要国际合作；第三，对于不属于任何国际主权管辖下的全球公共区域，必须由国际机构和国际组织代表全人类进行管理。

第二十一章　国际环境责任和国际环境法的实施

知识逻辑图

- 国际环境责任和国际环境法的实施
  - 国际环境责任
    - 环境损害和国际环境损害责任
    - 国家环境损害责任
      - 国家直接赔偿责任
      - 国家为个人行为承担赔偿责任
        - 全部
        - 剩余
    - 国际环境损害民事责任
    - 国际环境损害责任的免除
      - 不可抗力
      - 第三方的故意行为所造成的环境损害
      - 损害归于受害人自身的过错
    - 国际环境损害赔偿基金组织
  - 国际环境法的实施
    - 概念
      - 国内实施
      - 国际执行
    - 国际环境管制手段
      - 直接管制手段：规划和标准
      - 间接管制手段：经济手段
      - 其他管理手段
    - 国际环境争端的解决
      - 外交方式
        - 谈判和协商
        - 调停
        - 调解：和解
      - 法律解决方式
        - 联合国国际法院
        - 国际海洋法庭
        - 欧洲法院
        - 世界贸易组织的争端解决机构

名词解释

1. 国家环境损害责任
2. 国际环境损害责任的免除
3. 国际环境法的实施
4. 国际环境法的国际执行
5. 国际环境控制手段
6. 调停

选择题

（一）单项选择题

1. 第三国为了和平解决争端而直接参与当事国之间的谈判，并提出参考性的条件或解决方案供争议双方参考，促使双方互相妥协，达成一致意见。这种争端解决方式是（　　）。

A. 调解　　B. 调停

C. 仲裁　　D. 协商

2. 第一次规定经济手段的全球性多边环境公约是（　　）。

A.《蒙特利尔议定书》

B.《国际防止船舶造成污染公约》

C.《伦敦倾废公约》

D.《濒危野生动植物物种国际贸易公约》

3. 环境影响评价制度为下列哪国所创？（　　）

A. 德国　　B. 法国

C. 美国　　D. 英国

4. 下列哪一国际公约没有规定国际环境损害民事责任？（　　）

A.《关于适用维也纳公约和巴黎公约的共同议定书》

B.《巴塞尔公约》

C.《巴马科公约》

D.《联合国气候变化框架公约》

5. 第一个以环境影响评价制度为专门内容的国际环境法文件是（　　）。

A.《关于环境评价的指令》

B.《南极条约》

C.《伦敦倾废公约》

D.《蒙特利尔议定书》

（二）多项选择题

1. 国际环境法中的环境损害的特征包括（　　）。

A. 损害是由人类的行为所致，且其后果是物质的、数量的或是有形的

B. 行为的有形后果所造成的损害具有一定的严重性

C. 行为的有形后果具有明显的跨界性

D. 责任主体唯一性，即国家应对国际环境损害承担全部责任

2. 国际环境损害的责任主体包括（　　）。

A. 国家　　B. 跨国公司

C. 自然人　　D. 国际组织

3. 绝对责任在国际环境损害中主要适用于（　　）。

A. 废物转移　　B. 外空开发

C. 核能利用　　D. 国际河道污染

4. 有关国际环境损害民事赔偿责任的条约包括（　　）。

A.《关于适用维也纳公约和巴黎公约的共同议定书》

B.《巴塞尔公约》

C.《巴马科公约》

D.《国际石油污染损害民事责任公约》

5. 国际环境损害责任免除的条件包括（　　）。

A. 无能力赔偿

B. 不可抗力

C. 第三方故意行为所致损害

D. 受害方自身过错

（三）不定项选择题

1. 国际环境管制手段包括（　　）。

A. 直接手段　　B. 间接手段

C. 积极手段　　D. 消极手段

2. 国际环境法中的直接管制手段主要有（　　）。

A. 环境标准

B. 环境影响评价

C. 关于报告和情报交流的规定

D. 综合污染控制

3. 下列不属于国际环境法间接管制手段的是（　　）。

A. 税收　　B. 综合污染控制

C. 财政补贴　　D. 收费

4. 解决国际环境争端的方式主要有（　　）。

A. 谈判　　B. 调解

C. 仲裁　　D. 司法

5. 可受理国际环境诉讼的国际机构主要有（　　）。

A. 联合国国际法院

B. 国际海洋法庭

C. 欧洲法院

D. WTO 争端解决机构

简答题

1. 简述国际环境法中的环境损害的特征。

2. 简述国际环境损害责任的归责原则。

3. 简述国际环境管制的主要手段。

案例分析题

1978年3月16日驶向勒阿弗尔的巨型油轮阿莫科·卡迪兹号由于导航系统受损而在布列塔尼海岸附近搁浅，距离PORTSALL仅两英里。此后三个星期内，该油轮运载的大约219 617吨原油和油轮燃料油总共230 000吨石油流淌到海中。其中一部分挥发，还有一部分被自然因素所消减，但其余的石油则淤积在海底或危及沿海地带。这样，375公里的海岸被50 000～60 000吨石油污染。在受损害区域，包括海洋和沿海地带，总共有30%的动物和5%的植物被摧毁。该油轮为西班牙船厂制造，事故发生时属于利比里亚的一家公司，即登记的船舶所有人是阿莫科运输公司。油轮的真正所有人是阿莫科运输公司的母公司——美国标准石油公司，其总部设在伊利诺伊州，拥有众多子公司和分公司。在美国标准石油公司集团中，负责运输的组织和管理的是阿莫科国际石油公司(子公司之一)，它负责具体指导和指挥阿莫科运输公司的运输业务。

请问：污染损害的赔偿责任应该由何方承担？

论述与深度思考题

1. 试述国家环境损害责任。
2. 试述国际环境争端的法律解决。
3. 试述国际环境法中的风险预防原则。

参考答案

名词解释

1. 国家环境损害责任是指国家违背国际环境义务造成环境损害而应当承担的国际环境法上的赔偿，它是国际环境损害责任的最基本的形式。这里的损害责任，是指一种环境赔偿责任，而不是泛指法律义务的那些责任。

2. 国际环境损害责任的免除是指在一些特定条件下，环境损害行为者可以免除其应该承担的赔偿责任。

3. 国际环境法的实施是指国际环境法主体行使国际环境权利、履行国际环境义务的活动。国际环境权利是指由国际环境法赋予或承认的有关利用、保护和改善环境的权利。国际环境义务是指依国际环境法承担的关于利用、保护和改善环境的义务。

4. 国际环境法的国际执行是指国际环境法的主体通过具有管辖权的国际司法机构或国际组织的裁判程序迫使违反国际环境义务的国家或缔约方履行其国际环境义务或从该缔约方取得赔偿的活动。

5. 国际环境控制手段是指国际社会采用的、由国际环境法规定的、调整国际环境法律关系的各种具体措施。国际环境控制手段可以大致分为直接控制手段、间接管制手段和其他管理手段三大类。

6. 调停是指第三国为了和平解决争端而直接参与当事国之间的谈判，并提出参考性的条件或解决方案供争议双方参考，促使双方互相妥协，达成一致意见。调停往往是在争议双方不能以谈判和协商解决争议的情况下所采用的方法。

选择题

(一) 单项选择题

1. 答案：B

调停是指第三国为了和平解决争端而直接参与当事国之间的谈判，并提出参考性的条件或解决方案供争议双方参考，促使双方互相妥协，达成一致意见。调停往往是在争议双方不能以谈判和协商解决争议的情况下所采用的方法。

2. 答案：A

国际环境法中关于经济手段的规定比较罕见。第一次规定经济手段的全球性多边环境公约是1987年《蒙特利尔议定书》。

3. 答案：C

环境影响评价制度为美国1969年《国家环境政策法》所首创。

4. 答案：D

有关国际环境损害民事赔偿责任的条约，主要涉及核设施、海洋石油污染、废物和运输活动等内容。这些条约有：关于核设施的和平利用所致损害方面的，如1971年《海运核材料民事责任公约》、1988年《关于适用维也纳公约和巴黎公约的共同议定书》等；关于海洋石油污染所致损害方面的，如1969年《国际石油污染损害民事责任公约》、1971年《建立国际赔偿油污损害基金公约》；与废物有关的国际民事赔偿责任方面的，如1989年《巴塞尔公约》、1991年《禁止对非洲出口并控制和管理非洲内的危险废物跨界转移公约》（即《巴马科公约》）等；与运输活动所致环境损害有关的赔偿责任方面的，如1989年《由道路、铁路和内陆航舶运送危险货物所致损害的民事责任日内瓦公约》等。

5. 答案：A

环境影响评价制度为美国1969年《国家环境政策法》所首创。目前，有不少环境条约将该种制度作为一项重要的措施加以规定。第一个以环境影响评价制度为专门内容的国际环境法文件是1985年欧共体理事会《关于环境评价的指令》。

（二）多项选择题

1. 答案：ABC

国际环境法中的环境损害的特征是：第一，损害是由人类的行为所致，且其后果是物质的、数量的或是有形的。第二，行为的有形后果所造成的损害具有一定的严重性，至于环境损害达到什么程度才引起国家赔偿责任的问题，国际环境法也没有一个标准和具体的答案。有关的国家实践、国际司法判决和国际法学家的著述只是笼统地要求环境损害必须达到“严重的”或“实质性的”程度。第三，行为的有形后果具有明显的跨界性。

2. 答案：ABCD

国际环境损害责任的主体主要是国家，原因在于国家是国际环境法上的权利和义务的主要承担者。国家作为国际环境损害责任主体并不排除国家以外的其他国际法主体的国际环境损害责任问题。在跨国界环境污染造成的环境损害活动中，实际主体多为跨国公司或私人经营者，责任应由与造成损害有关的所有人或经营人承担。这些所有人或经营人，要么是国际组织、跨国公司等法人，要么是自然人。

3. 答案：BC

绝对责任原则是无过失原则的另一种表现形式，实际上是严格责任原则的一种特殊形式，只要存在环境损害，其行为者就必须无条件地承担赔偿责任，举证责任也都由行为者承担。该原则主要适用于特殊环境领域，如外空开发、核能利用等高度危险领域的污染事故。

4. 答案：ABCD

有关国际环境损害民事赔偿责任的条约，主要涉及核设施、海洋石油污染、废物和运输活动等内容。这些条约有：关于核设施的和平利用所致损害方面的，如1971年《海运核材料民事责任公约》、1988年《关于适用维也纳公约和巴黎公约的共同议定书》等；关于海洋石油污染所致损害方面的，如1969年《国际石油污染损害民事责任公约》、1971年《建立国际赔偿油污损害基金公约》；与废物有关的国际民事赔偿责任方面的，如1989年《巴塞尔公约》、1991年《禁止对非洲出口并控制和管理非洲内的危险废物跨界转移公约》（即《巴马科公约》）等；与运输活动所致环境损害有关的赔偿责任方面的，如1989年《由道路、铁路和内陆航舶运送危险货物所致损害的民事责任日内瓦公约》等。

5. 答案：ABCD

可以免除国际环境损害责任的情形主要有以下几种：（1）不可抗力。包括自然的和社会的两种因素。自然因素指不可预见的自然灾害，如地震、泥石流等；社会因素包括战争、武器冲突、恐怖活动等，还包括因遵守政府的命令或法规而引起的责任。（2）第三方的故意行为所造成的环境损害。（3）损害归于受害人自身的过错。只要具备了上述三种情况中的任何一种，行为者就可以全部或部分免除责任。

（三）不定项选择题

1. 答案：AB

国际环境管制手段可以大致分为直接控制手段、间接管制手段和其他管理手段三大类。在实际生活中，这三类管制手段的应用往往是结合在一起或同时平行应用的。

2. 答案：ABCD

直接管制是目前国际环境法的主要实施手段，国际环境法中的直接管制手段主要有环境标准、环境影响评价、关于报告和情报交流的规定和综合污染控制。

3. 答案：B

间接控制手段就是经济手段，它指的是从影响成本效益入手，引导经济当事人进行选择，以便最终有利于环境的一种手段。经济手段的目的是利用市场调节机制，保证环境资源的合理价格，促进环境资源的有效利用和合理配置。经济手段导致在污染者和其他社会群体之间出现财政支付转移，如各种税收、收费、财政补贴、产品税或者产生一个新的实际市场如许可证交易市场。

4. 答案：ABCD

在国际环境法的实践中，解决国际环境争端的方式主要有谈判、协商、调停、调解、仲裁和司法解决。人们通常将前四种方式统称作外交解决方式，将后两种方式称为法律解决方式。

5. 答案：ABCD

司法解决是指通过国际法院或法庭适用法律规划，以判决来解决国际争端。在国际环境保护领域里，可受理国际环境诉讼的国际机构主要有四种：一是联合国国际法院。二是国际海洋法庭。三是欧洲法院。四是世界贸易组织的争端解决机构。

简答题

1. 国际环境法中的环境损害的特征如下。

第一，损害是由人类的行为所致，且其后果是物质的、数量的或是有形的。

第二，行为的有形后果所造成的损害具有一定的严重性，至于环境损害达到什么程度才引起国家赔偿责任的问题，国际环境法也没有一个标准和具体的答案。有关的国家实践、国际司法判决和国际法学家的著述只是笼统地要求环境损害必须达到“严重的”或“实质性的”程度。至于何为“严重的”或“实质性的”环境损害，要根据具体情况而决定。

第三，行为的有形后果具有明显的跨界性。“跨界性”是指一项活动所产生的有形后果已经超越行为所在国国界，给行为所在国领土以外的区域造成损害的情况。

2. 国际环境损害责任的归责原则主要有两个，即严格责任原则和绝对责任原则。这两个原则在理论上都归类于无过失责任原则。就损害责任而言，绝对责任与严格责任的区别仅在程度上。绝对责任并非绝对，仍有可适用的免责条件。相对于绝对责任，严格责任的免责条件更多一些，严格责任原则是指行为者无论主观上有无过错，只要有环境损害发生，都要承担法律责任，而不依行为者有无过错作为构成要件，即“无过错”也要负责任，或者说有了“损害结果”就要负责任。绝对责任原则是无过失原则的另一种表现形式，实际上是严格责任原则的一种特殊形式，只要存在环境损害，其行为者就必须无条件地承担赔偿责任，举证责任也都由行为者承担。该原则主要适用于特殊环境领域，如外空开发、核能利用等高度危险领域的污染事故。

3. 国际环境管制手段可以大致分为直接控制手段、间接管制手段和其他管理手段三大类。主要手段是指直接控制手段和间接控制手段。

直接管制表现为环境条约所规定的对条约成员国一体施行的统一的环境保护规划和标准。直接管制措施往往是命令性的，它规定法律主体必须为一定行为或不为一定行为。直接管制是目前国际环境法的主要实施手段，国际环境法中的直接管制手段主要有环境标准、环境影响评价、关于报告和情报交流的规定和综合污染控制。

间接控制手段就是经济手段，它指的是从影响成本效益入手，引导经济当事人进行选择，以便最终有利于环境的一种手段。经济手段的目的是利用市场调节机制，保证环境资源的合理价格，促进环境资源的有效利用和合理配置。经济手段导致在污染者和其他社会群体之间出现财政支付转移，如各种税收、收费、财政补贴、产品税或者产生一个新的实际市场如许可证交易市场。经济手段应用于环境管理的主要好处是激发污染者以较低的成本获得较高的环境保护效果。经济手段可作为直接管制手段的有力补充。当前，经济手段在一些国家，其中主要是在欧美发达国家中有所应用。

案例分析题

美国标准石油公司和其两个子公司——阿莫科国际石油公司、在利比亚注册的阿莫科运输公司负有共同连带责任。（其中负责美国标准石油公司运输的组织与管理的是阿莫科国际石油公司，该公司有义务保养和维修阿莫科·卡迪兹号油轮使之处于适航状态。）但事实表明，该船的状态不适航，尤其是导航系统损坏，这是造成油污损害的直接原因。因此，阿莫科国际石油公司在履行其上述义务方面有过失，这个过失是造成该船搁浅以及导致污染损害的直接原因之一。而负责承运的阿莫科运输公司也有明显的过失，在船舶出航时，它没有为船舶配备必要的备用驾驶系统和在紧急情况下控制轮船方向的设备。由于总公司美国标准石油公司与其两个子公司对事故的损害都负有直接或间接的过失责任，所以应承担连带责任，并且没有权利限制其损害赔偿责任。

论述与深度思考题

1. 国家环境损害责任是指国家违背国际环境义务造成环境损害而应当承担的国际环境法上的赔偿，它是国际环境损害责任的最基本的形式。这里的损害责任，是指一种环境赔偿责任，而不是泛指法律义务的那些责任。

联合国国际法委员会《关于国家责任的条文草案》规定："一国对于该国的每一国际不当行为需负国际责任。"国家的国际不当行为指的是违背该国的国际义务的国家行为，包括作为和不作为。国际不当行为按其所违背的国际义务的性质，分为国际罪行和国际不法行为。

与环境损害有关的国家责任必须符合国际法关于国家责任的一般原则。根据有关的国际条约、判例和国际组织的决议等国际法文件的规定，各国已经承认"确保在其管辖范围内或在其控制下的活动不致损害其他国家或在各国管辖以外地区的环境"是应尽的国际义务，即国际环境义务。国家违背国际环境义务则属于国际不当行为，应负国家责任。然而，尽管国家不损害他国或国家管辖范围以外的环境已成为一项公认的国际义务，但违背这一义务的法律后果却因受损害的环境是他国管辖范围之内的环境或国家管辖范围以外的环境而有所不同。如国际不当行为损害的是他国管辖范围之内的环境，则致害方要承担国家赔偿责任。但对于损害各国管辖范围之外的环境的国际不当行为，现行国际法尚未规定明确的法律后果。

在国际环境领域，跨界环境损害责任中，分为国家直接赔偿责任和国家为个人行为承担赔偿责任两种情况。国家直接赔偿责任是因为国家本身和其他国家实体从事的活动造成的域外环境损害，直接由国家承担赔偿责任。

国家为个人行为承担赔偿责任的一个前提条件就是该行为必须处在其控制之下。控制国对个人行为造成的跨界环境污染损害承担赔偿责任，是目前国际环境法的一个重要发展趋势。国家之所以对个人行为承担环境赔偿责任，是因为国家对私人行为所从事的某些活动，尤其是一些具有高度危险性并可能造成灾害性后果的活动具有控制权。国家为个人承担赔偿责任通常分为两种情况：一是国家为个人承担全部赔偿责任；二是国家承担剩余赔偿责任，即由实际经营人承担一部分责任，剩余的赔偿责任由国家来承担。

在国际环境法的实践中，承认国家对于损害他国环境的国家责任并要求国家为之承担国家赔偿责任的，有条约、司法判例和联合国安理会决议。

2. 国际环境争端的法律解决主要有以下几种方式。

仲裁是环境条约常常规定的一种争端解决方式。它指的是争端当事国根据协议约定把争端交给它们所选择的仲裁员处理并接受及遵守仲裁员作出的关于争端解决方式的裁决。仲裁裁决对争端当事国具有约束力并且是终局性的。

司法解决是指通过国际法院或法庭适用法律规划，以判决来解决国际争端。在国际环境保护领域里，可受理国际环境诉讼的国际机构主要有四种：一是联合国国际法院。联合国国际法院设立于1945年，它是联合国的主要司法机关。1993年7月法院内设立了一个由7人组成的环境事务庭。国际法院的诉讼当事国限于国家。它的诉讼管辖范围分为自愿管辖、协定管辖、选择强制管辖三种，这三种管辖都包括对国际环境争端的管辖。联合国国际法院自设立以来只作出了较少的对国际环境法的发展有重要影响的判决，而有关环境问题的咨询意见仅有一项。二是国际海洋法庭。国际海洋法庭的管辖权仅限于依照《联合国海洋法公约》提交的争端和其他国际协定授权管辖的事项。海洋法庭所适用的法律是《联合国海洋法公约》和其他与公约不相抵触的国际法原则。国际海洋法庭的判决对争端当事国具有约束力。三是欧洲法院。欧洲法院是欧盟的司法机关，它的管辖权仅限于欧盟成员国，可受理欧盟成员国提起的环境诉讼。欧盟的各机构、成员国和在一定条件下的个人有权向欧洲法院提起司法程序。自1980年以来，欧共体委员会已向欧洲法院提起50多项指控成员国违反欧共体环境法的案件。四是世界贸易组织的争端解决机构。WTO根据乌拉圭回合《关于争端解决规则与程序的谅解书》设立了争端解决机构，负责协调因环境措施问题而引发的贸易争端。发生贸易争端的双方经过磋商、斡旋、调解与调停、专家小组等程序后，仍可选择向争端解决机构上诉。争端解决机构常设的上诉机构负责审理有关上诉请求，但上诉的内容仅限于专家组报告中所涉及的法律问题以及专家组作出的有关法律解释。上诉机构的裁决为最后裁决，争端双方应当无条件接受。

3. 风险预防是预测和控制人类活动的未来结果，是一种拓殖未来（制度化）的企图，一种认识的图谱。风险需要以决策为先决条件，而这些决策又需要依靠将手段和目标，或者原因和结果联系起来的可以计算的标准。科学和技术的不确定性或其结果的不可预见性不应成为采取手段的障碍。

风险预防原则，其含义是指，如果对某种活动可能对自然环境或人体健康导致有害的后果存在着很大的怀疑，最好在该后果发生之前不太迟的时候采取行动，而不是等到获得不容置疑的因果关系科学证据之后再采取行动；或者在考虑到作为和不作为的成本和效益的情况下，在有科学的根据（即使是有限的）人为释放的物质、废物或能源可能对人类健康和环境造成损害时，应当采取预防措施。该原则重在避免环境灾难之可能性，它针对的是在科学上尚未获得确凿证据的环境风险，其要义在于，应当提前采取措施，避免任何可能造成环境损害的因素，即使这种因素与环境破坏的因果关系尚未得到明确的科学证明。该原则的根据是：有些环境破坏是不可能通过人为手段修复的，环境保护事前预防胜过事后治理。

在对待风险预防原则的问题上，存在着两种不同的观点：一种是绝对主义者的观点，即认为一旦确定存在一定程度的风险，就必须采取强制性的防范措施消除风险。这种法律上的绝对禁止不必考虑其所造成的经济成本和商业利润的损失。另一种是相对主义的观点，即主张从社会可接受水平出发，对环境风险采取符合成本效益的法律保护。从生物安全法律保护的实践分析，国际社会采纳的是建立在成本效益分析基础上的相对主义观点。

关于风险预防原则在国际法中的地位问题也存在着各种不同的观点。有学者认为该原则已经成为国际法的一项普遍的原则并且正作为国际法的一个正在出现的法律规范；如欧盟就利用“风险预防原则”作为其保护人类健康和环境而拒绝执行SPS协议和TBT协议的防卫措施，并且认为风险预防原则是在面临不确定性时采用的一个必要的框架，可以保护欧洲的生活方式不至于导致欧洲的商业和农业实践“美国化”。甚至有学者更加激进地认为，这个概念（风险预防原则）至少已经接近国际习惯法规则的地位。但也有学者持相反的观点，他们认为“风险预防原则”在解释上的多种多样性以及在一些适用上异常深远的影响表明它还没有成为一项国际法原则。

风险预防原则在实际中已经被描述为“正踏上成为环境国际习惯法的一部分的征程”。风险预防原则的国际法地位虽然没有定论，但是从20世纪90年代以来，该原则已经被广泛地适用，几乎所有的国际环境公约表明该原则作为环境保护的合法方法或措施已经得到认可。

第二十二章　国际贸易与环境

知识逻辑图

- 国际贸易与环境
  - WTO 环境保护规则
    - WTO 环保规则主要内容
    - WTO 绿色规则的法律特征
      - 目的的正当性
      - 规则适用的限制性
      - 效力的广泛性
      - 规则的伸缩性
      - 规则的模糊性
  - 绿色贸易壁垒问题
    - 绿色贸易壁垒的定义和特征
      - 隐蔽性
      - 双重性
      - 歧视性
      - 广泛性
    - 绿色壁垒的成因
      - 环保意识增强、社会生活大背景的驱使
      - 生产成本内在化的经济背景
      - 绿色消费的市场背景
      - 具有相当差异的国内法背景
      - 竞争激烈的国际贸易背景
      - 国际环境法的规则背景
    - 绿色贸易壁垒的表现形式
      - 绿色附加税
      - 绿色技术标准
      - 绿色环境标志
      - 绿色包装制度
      - 绿色卫生检疫制度
      - 绿色补贴
    - 绿色贸易壁垒对我国出口贸易的影响及对策
  - WTO 环境贸易争端解决机制
    - 功能：协调环境与贸易关系
    - 特征
      - 统一性
      - 系统性
      - 司法取向性
    - 程序
      - 协商或磋商
      - 斡旋、和解或调解
      - 成立专家组
      - 上诉审议
      - 裁决和建议的执行
    - WTO 争端解决机制与国际环境争端解决机制的比较

名词解释

1. WTO 环境保护规则
2. 绿色贸易壁垒
3. 绿色环境标志
4. 绿色包装
5. 绿色附加税

选择题

(一) 单项选择题

1. 一个案件经过 WTO 争端解决全部程序直到作出首次裁决一般不应超过（　　）。

A. 15 个月　　B. 3 个月
C. 6 个月　　D. 1 年

2. 下列属于 WTO 争端解决机制必经程序的是（　　）。

A. 协商　　B. 斡旋
C. 调解　　D. 上诉审查

3. 下列不属于 WTO 争端解决机制特征的是（　　）。

A. 统一性　　B. 系统性
C. 外交取向性　　D. 司法取向性

4. 我国应对绿色壁垒的对策不包括（　　）。

A. 加强对国民国际环保公约的宣传教育，提高环保意识，将环保作为企业的经营决策
B. 大力发展环保产业，提高产品的环保科技含量，扶持绿色产业发展
C. 制定和完善环保法规，强化贸易环境执法
D. 建立我国的绿色贸易壁垒，以其人之道，还治其人之身

5. 绿色标志制度由下列哪一国家率先采用？（　　）

A. 美国　　B. 德国
C. 英国　　D. 法国

(二) 多项选择题

1. 下列哪些是 WTO 绿色规则的法律特征？（　　）

A. 目的的正当性
B. 规则适用的限制性
C. 效力的广泛性
D. 规则的伸缩性和模糊性

2. 下列哪些是绿色贸易壁垒的特征？（　　）

A. 隐蔽性　　B. 非歧视性
C. 互惠性　　D. 歧视性

3. 绿色贸易壁垒的成因包括（　　）。

A. 国际贸易竞争日趋激烈
B. 绿色消费理念深入人心
C. 环保意识普遍增强
D. 国际贸易规则不完善、不合理

4. 下列哪些是绿色贸易壁垒的表现形式？（　　）

A. 绿色环保标志
B. 绿色国际贸易规则
C. 绿色技术标准
D. 绿色补贴

5. 绿色贸易壁垒对我国出口贸易的影响主要表现在（　　）。

A. 市场准入的日益严格，限制了影响我国产品出口国际市场的范围
B. 贸易摩擦加剧
C. 出口成本不断加大，削弱了我国产品的国际竞争力
D. 不利于我国企业技术更新

(三) 不定项选择题

1. WTO 对于环境问题的协调解决机制主要包括（　　）。

A. 决策过程的协调
B. 实体规则的协调
C. 司法过程的协调
D. 调解过程的协调

2. WTO 争端解决机制处理与环境有关的贸易争端的不足之处包括（　　）。

A. 处理争端的依据不足
B. 专家组人员构成缺少环境专家
C. 环境技术标准不统一
D. 透明度不强

3. WTO 争端解决机制的司法取向性表现在（　　）。

A. 管辖的强制性
B. 严格的时间期限
C. 设置上诉复审程序

D. 执行裁决有法律保障

4. WTO 争端解决机制的基本程序包括（　　）。

A. 磋商　　B. 斡旋

C. 专家小组　　D. “交叉报复”

简答题

1. 简述 WTO 绿色规则的法律特征。
2. 简述绿色贸易壁垒的特征。
3. 简述 WTO 争端解决机制的特征。

案例分析题

欧共体理事会曾于 1981 年和 1988 年发布一系列指令，禁止进口使用荷尔蒙添加剂生产的牛肉。自 1997 年 7 月 1 日起，新指令取代 1981 年和 1988 年的指令，继续禁止进口使用 6 种荷尔蒙添加剂生产的牛肉，同时加强了控制和测试的规定，并规定了处罚措施。美国认为欧共体此举违反了植物与卫生检疫措施协议（SPS 协议）、贸易技术壁垒协议（TBT 协议）和 GATT 第 1 条、第 3 条。

请问：本案中欧共体采取的措施是否合理？

论述与深度思考题

1. 绿色贸易壁垒对我国出口贸易的影响及对策。
2. 试述 WTO 机制下的企业环保问题。

参考答案

名词解释

1. WTO 环境保护规则，又称 WTO 绿色规则，是指 WTO 体系下的环保条款，即指在 WTO 一揽子协议中存在着的因环境保护的目的而对自由贸易所作的限制性条款。有的学者称之为“环境例外条款与规则”。它是环境保护与可持续发展观念在世界贸易组织法律体制中的具体体现，也是形成“绿色壁垒”的根本原因。

2. 绿色贸易壁垒，又叫“环境贸易壁垒”，是指在国际贸易中，进口国政府以保护有限资源、生态环境、人类和动植物健康为名，以限制进口、保护贸易为根本目的，通过制定繁杂的环保公约、法律、法规和标准、标志等形式，限制或禁止外国商品进口的贸易保护措施。

3. 绿色环境标志，又称生态标志、绿色标志，是一种印刷或张贴在产品包装上的图形，是由政府部门、公共或私人团体依据一定的环境标准向有关厂家颁布的证书，证明其产品不仅质量符合标准，且在生产、使用时对人类健康或生态环境没有或只有较轻的损害。

4. 绿色包装是指能节约资源，减少废弃物，用后易于回收再用或再生，易于自然分解，不污染环境的包装。

5. 绿色附加税是指对于污染环境、影响生态的进口产品除征收一般关税外，课征额外的附加税。

选择题

（一）单项选择题

1. 答案：D

WTO 争端解决机制的基本程序包括：磋商、斡旋、调解与调停，专家小组，上诉审查，对裁决或建议的监督执行以及“交叉报复”等。一个案件经过全部程序直到作出首次裁决一般不应超过 1 年；如果上诉，则不应超过 15 个月；紧急情况下，如涉及易腐烂商品的，不应超过 3 个月。

2. 答案：A

WTO 提倡各当事国通过谈判或协商的方式来解决彼此之间的贸易争端，协商是争议解决的最初和必经程序。

3. 答案：C

WTO 争端解决机制设置了精细的操作程序、明确的时间限制以及严格的交叉报复机制，弥补了原有不足。它具有如下特征：统一性，系统性，司法取向性。

4. 答案：D

针对绿色壁垒，我国政府加强对国民国际环保公约的宣传教育，提高环保意识，将环保作为企业的经营决策；大力发展环保产业，提高产品的环保科技含量，扶持绿色产业发展；制定和完善环保法规，强化贸易环境执法；加强与环境有关的认证工作；尽快建立绿色壁垒预警机制；深入研究和利用 WTO 环保条款，抵制绿色保护主义行为。

5. 答案：B

1978 年德国首次采用“蓝色天使”标志，以一种画着蓝色天使的标签作为产品达到一定生态环境标准的标志。发达国家纷纷仿效，在加拿大叫“环境选择”，在北欧叫“白天鹅”标志，在日本叫“生态标志”。美国于 1988 年开始实行环境标志制度，由 36 个州联合立法，在塑料制品、包装袋、容器上使用绿色标志，甚至还率先使用“再生标志”，说明它可重复回收、再生使用。欧共体于 1993 年 7 月正式推出欧洲环境标志。

（二）多项选择题

1. 答案：ABCD

WTO 绿色规则的法律特征为：第一，目的的正当性。在不同类的几个协议中，绿色规则呈现出高度的统一性，规则的措施包括文字、语言及内容、条件都有相当类似之处，有的甚至完全一致。第二，规则适用的限制性。在 WTO 绿色规则的法律特征中，绿色规则是用于限制自由贸易的，但为了防止其滥用，对绿色规则本身也作了许多限制。第三，效力的广泛性。第四，规则的伸缩性。绿色规则以伸缩性较大的弹性条款得以顺利通过，正视了各国环境问题和环境保护水平的巨大差异，达到了敦促各国务必建立和加强本国的环境政策和法律，同时尊重他国的环保措施的效果，是对全球环境保护的重大贡献。第五，规则的模糊性。绿色规则含义的不确定性相当明显，从而难以避免和有效防止对绿色规则的滥用。

2. 答案：ACD

绿色贸易壁垒的特征为：第一，隐蔽性。绿色贸易壁垒借环境保护之名，行贸易保护之实。它以形式上的合法性、表面上的公正性，掩盖了其实质上的不公正。第二，双重性。对于进口国，主要是发达国家，实施的绿色贸易壁垒——一系列环境保护措施，一方面要看到环保意识渗透到国际贸易领域，确实可以起到保护有限的资源、环境和人类健康的作用，有利于全球经济的可持续发展；但另一方面由于它以保护本国市场为目的，在客观上又限制了某些商品的进口。对于发展中国家而言，一方面绿色贸易壁垒严格的环境标准与环境要求，使其在进出口贸易中处于被动地位，但另一方面发展中国家也应该充分意识到可持续发展的重要性，积极主动采取措施，不断提高环保水平，依靠科学冲破壁垒。第三，歧视性。进口国实施绿色壁垒，往往会对特定国家采取歧视性待遇，其实质是利用环境保护制度来妨碍正常的贸易活动，以保护本国市场。这违反了 WTO 的最惠国待遇原则和国民待遇原则。第四，广泛性。进口国以保护环境为名设定绿色贸易壁垒的针对范围广泛，不仅有直接关系到人体健康的食品和药品，而且还将纺织品、纸制品、电池、家庭清洁用品、家用电器等消费品纳入其中，甚至还包括转基因产品和包装材料。

3. 答案：ABCD

绿色贸易壁垒的成因包括：（1）环保意识增强、社会生活大背景的驱使。（2）绿色消费的市场背景。绿色环保时代的到来，掀起了绿色消费运用。（3）竞争激烈的国际贸易背景。贸易保护的手段不断翻新，一些发达国家以环境保护之名行贸易保护之实，绿色壁垒正是契合了发达国家的贸易保护的初衷。（4）国际环境法的规则背景。一些发达国家利用了环境保护这个绝好的理由，开始对其他国家的产品进口进行种种限制。最主要原因还是相关国际法律规定上的不完善。

4. 答案：ACD

绿色贸易壁垒的表现形式有：（1）绿色技术标准。发达国家以保护环境、人类动植物的卫生、安全健康为名，通过立法手段，制定严格的强制性技术标准，对商品中的有害物含量制定较高的指标，限制国外商品进口。（2）绿色环境标志，又称生态标志、绿色标志，是一种印刷或张贴在产品包装上的图形，是由政府部门、公共或私人团体依据一定的环境标准向有关厂家颁布的证书，证明其产品不仅质量符合标准，且在生产、使用时对人类健康或生态环境没有或只有较轻的损害。发展中国家的产品要进入发达国家市场，必须提出申请，经批准才能得到“绿色通行证”，即“绿色环境标志”。（3）绿色补贴。由于发展中国家绝大部分企业本身无力承担治理环境污染的费用，政府有时给予一定的环境补贴。发达国家认为发展中国家的“补贴”违反了 WTO 的规定，并以此为名限制其产品进口。

5. 答案：ABC

绿色贸易壁垒对我国外贸出口产生了广泛而深远的影响，主要表现在：(1) 市场准入的日益严格，限制了影响我国产品出口国际市场的范围。(2) 加剧贸易摩擦。(3) 出口成本不断加大，削弱了我国产品的国际竞争力。

（三）不定项选择题

1. 答案：ABC

WTO对于环境问题的协调解决机制大体上包括三个方面：一是决策过程的协调，主要是贸易与环境委员会对环境贸易问题的探讨；二是实体规则的协调，主要是有关环境规则的确立；三是司法过程的协调，主要是争端解决机构对环境贸易争端的裁决。

2. 答案：ABCD

运用WTO争端解决机制处理与环境有关的贸易争端，也有其不足之处。主要表现为：WTO没有环境方面的专门协议，处理争端的依据不足；专家组人员构成缺少环境专家，也没有常设环境技术协助机构，专家组成员缺乏环境方面的专业知识或技术协助；环境技术标准不统一，透明度不强等。

3. 答案：ABCD

WTO争端解决机制听取了有关专家的建议，以司法取向代替了《关税和贸易总协定》下争端解决的外交取向。主要表现为：(1) 管辖的强制性。(2) 严格的时间期限。(3) 设置上诉复审程序。(4) 执行裁决有法律保障。

4. 答案：ABCD

WTO争端解决机制的基本程序包括：磋商、斡旋、调解与调停，专家小组，上诉审查，对裁决或建议的监督执行以及“交叉报复”等。

简答题

1. WTO绿色规则的法律特征如下。

第一，目的的正当性。在不同类的几个协议中，绿色规则呈现出高度的统一性，规则的措施包括文字、语言及内容、条件都有相当类似之处，有的甚至完全一致。对于限制贸易的环境措施的目的，都分别从两方面阐述，即保护生命和保护环境。

第二，规则适用的限制性。在WTO中，绿色规则是用于限制自由贸易的，但为了防止其滥用，对绿色规则本身也作了许多限制。

第三，效力的广泛性。

第四，规则的伸缩性。WTO的绿色规则以伸缩性较大的弹性条款得以顺利通过，正视了各国环境问题和环境保护水平的巨大差异，达到了敦促各国务必建立和加强本国的环境政策和法律，同时尊重他国的环保措施的效果，是对全球环境保护的重大贡献。

第五，规则的模糊性。WTO绿色规则含义的不确定性相当明显，诸如“武断的”“不合理的”“变相的”“必需的”“情况相同”以及“最少贸易限制”等，这些关键词在法律上都是模糊的，对这些关键词的不同理解会导致实践操作中的很大差异，从而难以避免和有效防止对绿色规则的滥用。

2. 绿色贸易壁垒的特征如下。

第一，隐蔽性。绿色贸易壁垒借环境保护之名，行贸易保护之实。它以形式上的合法性、表面上的公正性，掩盖了其实质上的不公正。

第二，双重性。对于进口国，主要是发达国家，实施的绿色贸易壁垒——一系列环境保护措施，一方面要看到环保意识渗透到国际贸易领域，确实可以起到保护有限的资源、环境和人类健康的作用，有利于全球经济的可持续发展；但另一方面由于它以保护本国市场为目的，在客观上又限制了某些商品的进口。对于发展中国家而言，一方面绿色贸易壁垒严格的环境标准与环境要求，使其在进出口贸易中处于被动地位，但另一方面发展中国家也应该充分意识到可持续发展的重要性，积极主动采取措施，不断提高环保水平，依靠科学冲破壁垒。

第三，歧视性。进口国实施绿色壁垒，往往会对特定国家采取歧视性待遇，其实质是利用环境保护制度来妨碍正常的贸易活动，以保护本国市场。这违反了WTO的最惠国待遇原则和国民待遇原则。

第四，广泛性。进口国以保护环境为名设定绿色贸易壁垒的针对范围广泛，不仅有直接关系到人体健康的食品和药品，而且还将纺织品、纸制品、电池、家庭清洁用品、家用电器等消费品纳入其中，甚至还包括转基因产品和包装材料。

3. WTO争端解决机制的特征如下。

第一，统一性。乌拉圭回合谈判所达成的《关于争端解决规则与程序的谅解书》对于争端解决所适用的范围、一般性原则、方法以及程序作出了明确的规定，统一适用于WTO体制下除贸易政策审议机制以外的所有协议，避免了各成员国在适用法律时产生分歧。

第二，系统性。WTO争端解决机制设有专门的受案机构——争端解决机构（以下简称DSB），设立了专家组程序和上诉复审程序，提供了自行解决（磋商）、第三方协助解决（斡旋、调解等）、提交DSB解决和仲裁等各种解决纠纷的途径，为解决国际贸易争端提供了一套系统和完整的制度。

第三，司法取向性。WTO争端解决机制听取了有关专家的建议，以司法取向代替了《关税和贸易总协定》下争端解决的外交取向。主要表现为：管辖的强制性；严格的时间期限；设置上诉复审程序；执行裁决有法律保障。

案例分析题

根据SPS协议，各成员方有权采取卫生与植物检疫措施，但在采取这些措施时须履行一定的义务：必须保证采取的措施只是为了保护人类、动物或植物的生命或健康，并以科学原理为依据；实施措施不得在成员方之间造成歧视，也不能造成对国际贸易的变相限制；措施应以国际标准为依据；若成员方采取的措施保护程度高于根据国际标准采取的措施保护程度，必须有科学依据，或根据协议第5条第1款至第8款的规定；若成员方采取的措施保护程度不同于根据国际标准采取的措施保护程度，这样的措施必须符合协议的其他规定；出口方采取的措施若不同于进口方自己采取的措施，但可以达到相同的保护程度，进口方应将其作为等同措施；成员方应保证采取的措施以风险评估为基础，在决定措施的保护程度时，应尽量减少对贸易的负面效应，采取的措施不应超过必要的保护程度；成员方采取措施应当符合透明度的要求。

论述与深度思考题

1.（1）绿色贸易壁垒对我国外贸出口产生了广泛而深远的影响，主要表现如下。

第一，市场准入的日益严格，影响了我国产品出口国际市场的范围。发达国家凭借其经济和技术上的垄断优势，通过立法或其他非强制性手段制定了许多苛刻的环境技术标准和法规，对于包括中国在内的广大发展中国家来说，依据现有的生产技术很难达到，因而极大地限制了我国外贸出口，使不少产品难以进入国际市场开展公平竞争。绿色壁垒已对我国产品出口产生了很大影响。

第二，加剧贸易摩擦。发达国家以保护环境和人民健康为名经常采取单方面的贸易措施，限制外国产品的进口，由此引发的双边或多边贸易摩擦日益增多。中国将不可避免地与其他发达国家或区域经济一体化组织和集团因为环境问题而产生双边或多边的贸易摩擦，影响双边或多边贸易关系，不利于我国外贸的稳定发展。

第三，出口成本不断加大，削弱了我国产品的国际竞争力。有时发达国家虽然不对产品和服务的市场准入直接设限，但通过开展绿色认证、征收绿色关税以及反绿色补贴措施，使我国出口产品的成本大大增加，在国际竞争中丧失价格优势。

（2）我国应对绿色贸易壁垒的策略

针对绿色壁垒，我国政府加强对国民国际环保公约的宣传教育，提高环保意识，将环保作为企业的经营决策；大力发展环保产业，提高产品的环保科技含量，扶持绿色产业发展；制定和完善环保法规，强化贸易环境执法；加强与环境有关的认证工作；尽快建立绿色壁垒预警机制；深入研究和利用WTO环保条款，抵制绿色保护主义行为。

2.（1）WTO的环保关注

WTO是一个以贸易规则为基础的体制，其宗旨目标就是促进并保持市场开放，为企业营造一个自由、非歧视、可预见、公开竞争的市场经济环境。人们在研究WTO机制对企业的影响时，普遍关注的是有关条款对产业经济的冲击，在诸多领域内强调商业利益第一，认为随着市场准入环境的改善，加入WTO即意味着企业当然可获得无限的贸易机会，企业产品在国际市场上畅销无阻，鲜有注意到企业正遭遇来自国际社会环境保护的风险与挑战。鉴于环境问题的全球化带来的重大影响，WTO已将环境保护的观点适当地放进贸易规则体系中，通过有关环境条款，力图改进贸易体制和贸易措施，关注各国与贸易有关的环保动态，使贸易活动和经济活动减轻对环境的不利影响。如《马拉喀什议定书》在序言中直接指明了可持续发展和环境保护的目标与原则，将可持续发展和环境保护确立为新的多边贸易体制的基本宗旨之一。同时 WTO 的许多规则具体支持了该目标的实现，其中最重要的条款（如作为 WTO 核心文件暨 GATT 的第 20 条）规定成员方应该积极采取措施保护人类、动物和植物的生命健康，维护不可再生资源。一些专项条款也对环保问题作出了明确规定——如果出于环境考虑的原因，政府可以对某些商品，包括对控制污染的支持性投资、为促进环境保护的生产设施而加重企业经济负担的项目给予适当补贴。此外，WTO 在对产品标准、食品安全、知识产权保护等协议的制定中也陆续将环境保护因素特别考虑在内，以顺应世界舆论和时代潮流。

（2）WTO 对企业环保的创新要求

最大限度节省资源，减少污染与消耗，是各国企业环境管理一贯的思想，而 WTO 体制及其规则允许各成员采取保护人体健康、动植物健康、环境和自然资源的措施，因此消耗适度、无污染、有利于环保的产品和服务成为国际市场需求的热点。但各种环保标准日趋严格并成为企业产品在国际化市场的新门槛，进而异化为形形色色的新的贸易壁垒（绿色壁垒）逐渐取代 WTO 正致力克除的传统的关税壁垒及非关税壁垒；与此相反，WTO 对绿色壁垒往往是网开一面的。不难想象，当今世界上无任何一个主权国家敞开大门允许任何产品如洪水泛滥般任意进入本国市场；再开放的国家，为了维护其国家生态安全，保护人和动植物的健康，确保其环境质量，必定筑起适当的绿色壁垒及相关技术壁垒，以防止不符合环保标准的产品进入，保护本国市场。绿色壁垒已广泛存在于国际贸易之中，无论实施国是为了保护环境还是为了保护本国的市场，或二者兼而有之，但在客观上都因其在贸易中采取的国际社会普遍认可且属通行的环保措施，使得企业产品走向国际市场会受到种种限制。这样，处于国际化市场激烈竞争的企业所面临的最大挑战，就是要设法突破绿色壁垒，增强环境竞争力。深刻影响到企业环境管理创新的关键点，即企业必须进行绿色创新，实施绿色营销战略，生产出符合国际市场环保标准要求亦即适销对路的绿色产品。具体而言，通过规范企业行为，要求在企业生产经营活动的全过程，体现可持续发展的总目标、方针、政策、法律、法规，即实现有效保护环境、合理利用资源的目标；作为实施该目标战略的支撑点，就是开发绿色产品——包括产品的设计、材料选择、产品结构功能、制造过程、包装和运输方式、产品的使用以及产品废弃物的处理等都要考虑对生态环境的影响。开发绿色产品的重要环节则包括：一是绿色设计，强调对资源、能源的有效利用及对生态环境的保护作用，尽量减少非再生资源的消耗，追求节省原料和易于拆卸、回收再用的产品，以及低污染、不危害人体健康的产品；二是绿色生产，即提倡“清洁生产”，从产品进入制造过程开始直到成品问世之全过程贯彻执行环保标准；三是绿色包装，即要求产品的包装工艺与包装材料甚至标签均符合环保的标准；四是绿色服务，着重考虑消费使用与售后废弃物的遗留问题净化处理，以免给环境带来污染和不良影响；五是绿色标志，即通过实施认证，表明产品的生产、使用及处理过程符合环保要求，亦标示传统商品所不具备的环境价值。开发绿色产品，企业要追求的是“双优”“双绿”“双赢”。

总之，WTO 环保机制对企业来说，按照可持续发展的要求——在实现经济发展的同时保护环境，综合考虑环境质量和合理增长问题，企业的发展模式与经济管理机制有了新的目标导向，企业对利润的追求由最大化原则转化为合理性原则。在环保法律机制约束下的企业进行绿色创新，是一种明智的选择，为此必须引入标准的环境管理体系，ISO14000 环境管理体系标准恰恰有利于为企业绿色创新提供规范的环境管理制度，有利于企业提高环境管理水平，有利于企业制定符合统一标准的自我声明，建立其改善环境管理的有效方针及措施。国际上诸多现代知名大型企业已经在此方面树立了可资借鉴的成功典范，它们重视绿色发展战略的实施，自觉遵守环保法律法规，制定了有效的环境方针，优化内部环境管理，合适的环境定位与有效的环境管理是它们实现全球化经营成功的关键因素之一，使企业保持了不断增长的竞争优势地位，获得了环保与经济效益的“双赢”。

综合测试题（一）

一、名词解释

1. 自然资源
2. 预防为主原则
3. 环境标准（考研）
4. 排污许可制度

二、选择题

（一）单项选择题

1. 有权制定噪声质量标准的机关是（　　）。

A. 省级以上地方人民政府

B. 省级以上地方人民政府环境保护行政主管部门

C. 国务院环境保护行政主管部门

D. 国务院

2. 根据我国法律规定，控制和防治固体废物污染环境的法律是（　　）。

A.《水污染防治法》

B.《固体废弃物污染环境防治法》

C.《海洋环境保护法》

D.《矿产资源法》

3. 在国际环境法中占有重要地位，是国际环境法最主要渊源的是（　　）。

A. 国际习惯　　B. 国际条约　　C. 一般法律原则　　D. 软法

4. 王某承包了20亩鱼塘。某日，王某发现鱼塘里的鱼大量死亡，王某认为鱼的死亡是因为附近的腾达化工厂排污引起，遂起诉腾达化工厂请求赔偿。腾达化工厂辩称，根本没有向王某的鱼塘进行排污。关于化工厂是否向鱼塘排污的事实举证责任，下列哪一选项是正确的？（　　）（司考）

A. 根据"谁主张，谁举证"的原则，应当由主张存在污染事实的王某负举证责任

B. 根据"谁主张，谁举证"的原则，应当由主张自己没有排污行为的腾达化工厂负举证责任

C. 根据"举证责任倒置"的规则，应当由腾达化工厂负举证责任

D. 根据本证与反证的分类，应当由腾达化工厂负举证责任

5. 依照我国《海洋环境保护法》的规定，经我国管辖的内水和领海以外的其他海域转移危险废物的，必须事先取得（　　）。

A. 国务院环境保护行政主管部门的书面同意

B. 国务院水行政主管部门的书面同意

C. 国务院交通行政主管部门的书面同意

D. 国务院海洋行政主管部门的书面同意

6. 危险废物的识别标志上不需要标注的是（　　）。

A. 警告性、针对性的通用图案　　B. 危险废物的名称和种类

C. 危险特性　　D. 危险废物的产生地

7. 确认可持续发展原则为国际环境法基本原则的会议是（　　）。
A. 1972 年斯德哥尔摩会议　　B. 1982 年内罗毕会议
C. 1992 年里约会议　　D. 2002 年约翰内斯堡会议
8. 自然资源的使用价值的分类不包括（　　）。
A. 直接使用价值　　B. 不可选择价值　　C. 间接使用价值　　D. 选择价值
9. 下列不适用《噪声污染防治法》的噪声危害的是（　　）。
A. 社会生活噪声危害
B. 从事本职生产、经营工作受到的噪声危害
C. 航空噪声危害
D. 建筑施工噪声危害
（二）多项选择题
1. 环境损害具体包括（　　）。
A. 财产损害　　B. 人身损害
C. 环境权损害　　D. 环境享受损害
2. 土壤污染风险评估报告应当主要包括的内容有（　　）
A. 主要污染物状况
B. 土壤及地下水污染范围
C. 农产品质量安全风险、公众健康风险或者生态风险
D. 风险管控、修复的目标和基本要求
3. 专项规划的环境影响报告书的内容应当包括（　　）。
A. 实施该规划对环境可能造成影响的分析、预测和评估
B. 环境影响评价的过程
C. 预防或者减轻不良环境影响的对策和措施
D. 环境影响评价的结论
4. 甲牧场和乙牧场因草原的使用权归属问题发生争议，双方均认为自己拥有使用权并均想在草原上放牧。关于此争议的解决，下面的说法中正确的有（　　）。
A. 由甲乙两牧场自己协商解决；协商不成的，由有关人民政府处理
B. 由甲乙两牧场自己协商解决；协商不成的，直接向人民法院起诉
C. 甲乙两牧场协商不成时，由当地县级以上人民政府处理
D. 甲乙两牧场协商不成时，由当地乡（镇）人民政府或者县级以上人民政府处理
5. 可以延期举行环境保护行政许可听证的情况包括（　　）。
A. 行政许可申请人申请延期，并有正当理由的
B. 利害关系人申请延期，并有正当理由的
C. 行政许可申请人、利害关系人临时申请听证主持人回避的
D. 因不可抗力事由致使听证无法按期举行的
6. 下列环境与资源保护管理的法律中，规定了许可证制度的有（　　）。
A.《海洋环境保护法》　　B.《渔业法》
C.《森林法》　　D.《固体废物污染环境防治法》
7. 构成国际环境法的基本原则需具备的条件包括（　　）。
A. 该原则不是具体的国际环境法规范，而是对于具体的国际环境法规范具有指导意义的基本准则
B. 这些原则必须可以直接调整国际环境保护
C. 该原则必须贯穿整个国际环境法领域，而不是某一方面

D. 这些原则必须得到各国的普遍承认

8. 下列有关自然资源调查制度的说法正确的有（　　）。

A.《森林法》规定的是“森林资源调查监测”制度

B.《草原法》规定的是“草原调查”制度

C.《矿产资源法》规定的是“矿产资源普查”和区域地质调查制度

D.《土地管理法》规定的是“土地调查”制度

9. 下列属于可再生能源的是（　　）。

A. 风能　　B. 地热能　　C. 生物质能　　D. 水能

10. 应当建立海洋自然保护区的条件包括（　　）。

A. 典型海洋生态系统所在区域

B. 高度丰富的海洋生物多样性区域或珍稀、濒危海洋生物物种集中分布区域

C. 具有重大科学文化价值的海洋自然遗迹所在区域

D. 具有特殊保护价值的海域、海岸、岛屿、湿地

（三）不定项选择题

1. 由国务院生态环境主管部门负责审批环境影响评价文件的建设项目的有（　　）。

A. 核设施、绝密工程等特殊性质的建设项目

B. 跨省、自治区、直辖市行政区域的建设项目

C. 能源基础设施的建设项目

D. 由国务院审批的或者由国务院授权有关部门审批的建设项目

2. 过错责任的构成要件应包括（　　）。

A. 行为有违法性　　B. 有损害结果

C. 违法行为与损害结果之间有因果关系　　D. 行为人有过错

3. 下列关于《野生动物保护法》的适用范围的说法，哪些是正确的？（　　）

A. 适用于珍贵、濒危的陆生野生动物

B. 适用于珍贵、濒危的水生野生动物

C. 适用于有益的或者有重要经济、科学研究价值的陆生野生动物

D. 适用于有益的或者有重要经济、科学研究价值的水生野生动物

4. 关于环境民事责任的免责，下列哪些选项是错误的？（　　）（司考）

A. 凡不可抗拒的自然灾害造成环境污染的，均应免责

B. 第三者责任造成污染损失的，排污单位免责

C. 污染损失由受害者自身责任引起，排污单位也要承担责任

D. 排污单位积极采取减排措施，虽减少了污染损失，仍不可以免责

5. 企业事业单位和其他生产经营者有下列哪些行为，尚不构成犯罪的，可以处以拘留？（　　）

A. 建设项目未依法进行环境影响评价，被责令停止建设，拒不执行的

B. 违反法律规定，未取得排污许可证排放污染物，被责令停止排污，拒不执行的

C. 通过暗管、渗井、渗坑、灌注或者篡改、伪造监测数据，或者不正常运行防治污染设施等逃避监管的方式违法排放污染物的

D. 生产、使用国家明令禁止生产、使用的农药，被责令改正，拒不改正的

6. 依我国《野生动物保护法》的规定，发放狩猎证许可猎捕的野生动物含（　　）。

A. 有重要生态、科学、社会价值的陆生野生动物

B. 国家重点保护的野生动物

C.《濒危物种贸易公约》禁止贸易的野生动物

D. 地方重点保护的野生动物

三、简答题

1. 简述我国环境保护的宪法性规定。（考研）

2. 简述国际环境法中的环境损害的特征。

四、案例分析题

前进化工厂和惠林造纸厂分别坐落在一条小河的两岸。化工厂生产过程中排放三氯化铁残液，造纸厂生产过程中排放漂液废水，二者的排污浓度均不超过规定的排放标准。在河水水位正常情况下，两个工厂均不会对河水造成污染。1999 年 5 月该地大旱，河水明显减少，化工厂排放的废水冲入造纸厂的排污口，两股废水混合后发生化学反应，产生有毒气体氯化氢，致使在河边劳动的 12 名搬运工人中毒晕倒，送医院抢救后脱险，受害人为此支付医疗费 86 000 元。经当地环保局对两工厂排污口监测，两工厂排污均无异常（达标排放），排放方式亦未违法。当地环保部门决定对两工厂各罚款 6 000 元，并应 12 名受害人请求责令两工厂赔偿受害人医疗费 86 000 元，每个工厂赔偿 43 000 元，两工厂承担连带责任。

请问：工厂是否应对 12 名受害人进行赔偿？为什么？

五、论述题与深度思考题

论循环经济与清洁生产。

参考答案

一、名词解释

1. 自然资源，是指在一定时间、地点的条件下能够产生经济价值的、提高人类当前和将来福利的自然环境因素和条件的总称。

2. 预防为主原则指国家在环境保护工作中采取各种预防措施，以防止环境问题的产生和恶化，或者把环境污染和破坏控制在能够维持生态平衡、保护人体健康和社会物质财富及保障经济、社会持续发展的限度内，而对已造成的环境污染和破坏积极治理的原则。

3. 传统意义上的环境标准主要指国内环境标准，是国家为了防治环境污染、保证环境质量、维护生态平衡、保护人群健康，在综合考虑国内自然环境特征、社会经济条件和现有科学技术的基础上，规定环境中污染物的允许含量和污染源排放物的数量、浓度、时间和速率及其他有关的技术规范。现代意义上的环境标准除国内环境标准外，还包括国家认可和推行的国际环境标准，特别是 ISO14000 系列标准。

4. 排污许可制度是加强污染物排放监管的重要手段。《水污染防治法》在这方面进行了规定，即国家实行排污许可制度。直接或者间接向水体排放工业废水和医疗污水以及其他按照规定应当取得排污许可证方可排放的废水、污水的企业事业单位和其他生产经营者，应当取得排污许可证；城镇污水集中处理设施的运营单位，也应当取得排污许可证。排污许可证应当明确排放水污染物的种类、浓度、总量和排放去向等要求。排污许可的具体办法由国务院规定。禁止企业事业单位和其他生产经营者无排污许可证或者违反排污许可证的规定向水体排放前款规定的废水、污水。同时，禁止私设暗管或者采取其他规避监管的方式排放水污染物。否则，应当承担《水污染防治法》第 83 条规定的法律责任。

二、选择题

（一）单项选择题

1. 答案：C

《噪声污染防治法》第 14 条规定：国务院生态环境主管部门制定国家声环境质量标准。县级以上地方人民政府根据国家声环境质量标准和国土空间规划以及用地现状，划定本行政区域各类声环境质量标准的适用区域。

2. 答案：B

《固体废物污染环境防治法》（2020 年修订）第 2 条规定：“固态废物污染环境的防治，适用本法。”“固体废物污染海洋环境的防治和放射性固体废物污染环境的防治不适用本法。”

3. 答案：B

国际条约是国际环境法最主要的渊源，包括有关环境问题的全球性多边条约、区域性多边条约和双边条约。

4. 答案：A

本题考查的是环境污染损害赔偿举证责任分配。《民事诉讼法》第 67 条第 1 款规定：“当事人对自己提出的主张，有责任提供证据。”该条是关于民事诉讼证明责任分配的基本规定，即“谁主张，谁举证”规则的法律依据。根据该条的规定，当事人对自己提出的诉讼请求所依据的事实应当提供证据加以证明，否则承担不利后果。又根据最高人民法院《关于生态环境侵权民事诉讼证据的若干规定》第 6 条第 1 款的规定，因环境污染引起的损害赔偿诉讼，由加害人就其行为与损害之间不存在因果关系承担举证责任。本案中，权利人王某向法院起诉请求腾达化工厂赔偿环境污染损害，应当对侵权行为以及损害结果承担举证责任，而加害人腾达化工厂对法律规定的免责事由及其行为与损害结果之间不存在因果关系承担举证责任，所以正确的是 A。

5. 答案：A

《海洋环境保护法》第 58 条规定：“禁止经中华人民共和国内水、领海转移危险废物。经中华人民共和国管辖的其他海域转移危险废物的，应当事先取得国务院生态环境主管部门的书面同意。”

6. 答案：D

我国实行危险废物识别标志制度。《固体废物污染环境防治法》规定，对危险废物的容器和包装物以及收集、贮存、运输、利用、处置危险废物的设施、场所，应当按照规定设置危险废物识别标志。

7. 答案：C

1992 年的《里约环境和发展宣言》宣布的 27 项原则中有多项直接提到可持续发展，其中，原则 3 提出“为了公平地满足今世后代在发展与环境方面的需要，求取发展的权利必须实现”；原则 4 提出“为了可持续的发展，环境保护工作应是发展进程的一个整体组成部分，不能脱离这一进程来考虑”；原则 5 指出各国在根除贫穷这一基本任务上进行合作是实现可持续发展的一项必不可少的条件；原则 8 指出“为了实现可持续的发展，使所有人都享有较高的生活素质，各国应当减少和消除不能持续的生产和消费方式，并且推行适当的人口政策”。

8. 答案：B

自然资源的使用价值可分为三类。第一类是直接使用价值，指自然资源可直接用于生产和消费的经济价值，如采伐林木、开采矿藏、取水灌溉等。第二类是间接使用价值，大体相当于自然资源具有的生态功能。第三类是选择价值，指人们保存或保护某一自然资源以便将来做各种用途，它代表资源的未来使用价值，产生于人类未来在偏好上的可能变化、技术和信息的可能提高、资源开发的不可逆转及不确定性。

9. 答案：B

本题的考点是《噪声污染防治法》的适用范围。《噪声污染防治法》第 2 条第 1 款规定：“本法所称噪声，是指在工业生产、建筑施工、交通运输和社会生活中所产生的干扰周围生活环境的声音。”第 3 条规定：“噪声污染的防治，适用本法。因从事本职生产经营工作受到噪声危害的防治，适用劳动保护等其他有关法律的规定。”

（二）多项选择题

1. 答案：ABD

环境损害具体包括财产损害、人身损害和环境享受损害三种。

2. 答案：ABCD

实施土壤污染风险评估活动，应当编制土壤污染风险评估报告。土壤污染风险评估报告应当主要包括下列内容：(1) 主要污染物状况，即主要污染物的种类、含量等情况；(2) 土壤及地下水污染范围，即土壤和地下水污染的分布情况；(3) 农产品质量安全风险、公众健康风险或者生态风险；(4) 风险管控、修复的目标和基本要求等。

3. 答案：ACD

《环境影响评价法》第 10 条规定：专项规划的环境影响报告书应当包括下列内容：(1) 实施该规划对环境可能造成影响的分析、预测和评估；(2) 预防或者减轻不良环境影响的对策和措施；(3) 环境影响评价的结论。

4. 答案：AC

《草原法》第 16 条规定：草原所有权、使用权的争议，由当事人协商解决；协商不成的，由有关人民政府处理。单位之间的争议，由县级以上人民政府处理；个人之间、个人与单位之间的争议，由乡（镇）人民政府或者县级以上人民政府处理。当事人对有关人民政府的处理决定不服的，可以依法向人民法院起诉。据此，甲乙两牧场之间的争议应由当地县级以上人民政府处理，双方当事人对人民政府的处理决定不服时，才能向人民法院起诉，而不能直接向人民法院起诉。

5. 答案：ABCD

《环境保护行政许可听证暂行办法》第 31 条规定，有下列情形之一的，可以延期举行听证：(1) 因不可抗力事由致使听证无法按期举行的；(2) 行政许可申请人、利害关系人临时申请听证主持人回避的；(3) 行政许可申请人、利害关系人申请延期，并有正当理由的；(4) 可以延期的其他情形。延期听证的，组织听证的环境保护行政主管部门应当书面通知听证参加人。

6. 答案：ABCD

《海洋环境保护法》规定了海洋倾倒许可证制度，《渔业法》规定了捕捞许可证制度，《森林法》规定了采伐许可证制度，《固体废物污染环境防治法》规定了危险废物经营许可证制度。

7. 答案：ACD

构成国际环境法的基本原则需具备三个条件：第一，该原则不是具体的国际环境法规范，而是对具体的国际环境法规范具有指导意义的基本准则。换言之，国际环境法的基本原则必须是构成国际环境法的基础的那些原则。第二，该原则必须贯穿于整个国际环境法领域，而不是某一方面，如国际自然资源保护法或国际污染防治法的原则。第三，这些原则必须得到各国的普遍承认。

8. 答案：ACD

《草原法》中第 22 条规定的是“草原调查”制度而不是“草原资源普查”制度。

9. 答案：ABCD

《可再生能源法》第 2 条规定：“本法所称可再生能源，是指风能、太阳能、水能、生物质能、地热能、海洋能等非化石能源。”

（三）不定项选择题

1. 答案：ABD

《环境影响评价法》第 23 条规定，国务院生态环境主管部门负责审批下列建设项目的环境影响评价文件：(1) 核设施、绝密工程等特殊性质的建设项目；(2) 跨省、自治区、直辖市行政区域的建设项目；(3) 由国务院审批的或者由国务院授权有关部门审批的建设项目。前款规定以外的建设项目的环境影响评价文件的审批权限，由省、自治区、直辖市人民政府规定。建设项目可能造成跨行政区域的不良环境影响，有关生态环境主管部门对该项目的环境影响评价结论有争议的，其环境影响评价文件由共同的上一级生态环境主管部门审批。

2. 答案：ABCD

对过错责任的构成要件，理论界争议不大，一般认为应包括四要件，即行为有违法性、有损害结果、违法行为与损害结果之间有因果关系、行为人有过错。

3. 答案：ABC

《野生动物保护法》(2018 年修正) 第 2 条规定："本法规定保护的野生动物，是指珍贵、濒危的陆生、水生野生动物和有重要生态、科学、社会价值的陆生野生动物。本法规定的野生动物及其制品，是指野生动物的整体（含卵、蛋）、部分及其衍生物。珍贵、濒危的水生野生动物以外的其他水生野生动物的保护，适用《中华人民共和国渔业法》等有关法律的规定。"故 D 项水生野生动物的保护应根据渔业法的规定。

4. 答案：AC

根据《水污染防治法》第 96 条、《海洋环境保护法》第 116 条等法律规定，完全由于不可抗拒的自然灾害，并经及时采取合理措施，仍然不能避免造成环境污染损害的，免予承担责任。A 项未强调采取合理措施避免损失，故错误。除 A 项外，受害者自我致害、第三者过错的情况下，排污单位都可以主张免责。故 BD 项说法正确，C 项说法错误。

5. 答案：ABCD

《环境保护法》(2014 年修订) 第 63 条规定："企业事业单位和其他生产经营者有下列行为之一，尚不构成犯罪的，除依照有关法律法规规定予以处罚外，由县级以上人民政府环境保护主管部门或者其他有关部门将案件移送公安机关，对其直接负责的主管人员和其他直接责任人员，处十日以上十五日以下拘留；情节较轻的，处五日以上十日以下拘留：(一) 建设项目未依法进行环境影响评价，被责令停止建设，拒不执行的；(二) 违反法律规定，未取得排污许可证排放污染物，被责令停止排污，拒不执行的；(三) 通过暗管、渗井、渗坑、灌注或者篡改、伪造监测数据，或者不正常运行防治污染设施等逃避监管的方式违法排放污染物的；(四) 生产、使用国家明令禁止生产、使用的农药，被责令改正，拒不改正的。"

6. 答案：AD

《野生动物保护法》(2022 年修订) 第 22 条规定："猎捕有重要生态、科学、社会价值的陆生野生动物和地方重点保护野生动物的，应当依法取得县级以上地方人民政府野生动物保护主管部门核发的狩猎证，并且服从猎捕量限额管理。"

三、简答题

1. 宪法中关于环境保护的规定是环境法体系的基础，是各种环境法律、法规、制度的立法依据。我国宪法中这类规定主要包括：(1) 生态文明的国家目标。2018 年 3 月 11 日第十三届全国人民代表大会将宪法序言中的"推动物质文明、政治文明和精神文明协调发展，把我国建设成为富强、民主、文明的社会主义国家"修改为"推动物质文明、政治文明、精神文明、社会文明、生态文明协调发展，把我国建设成为富强民主文明和谐美丽的社会主义现代化强国，实现中华民族伟大复兴"。以国家目标的方式将生态文明写入宪法。(2) 国家环境保护职责。规定保护环境和维护生态平衡是国家的一项基本职责。《宪法》第 26 条规定："国家保护和改善生活环境和生态环境，防治污染和其他公害。"这一规定为国家环境保护活动和环境立法奠定了宪法基础。（3）公民环境权利义务。许多国家宪法中均规定公民有在良好的生活环境中生活的权利和保护环境的义务。我国《宪法》中虽然没有直接规定公民的环境权利和义务，但其第 51 条规定：“中华人民共和国公民在行使自由和权利的时候，不得损害国家的、社会的、集体的利益和其他公民的合法的自由和权利。”这一规定既是公民主张环境权的基础，也是防止滥用个人权利造成环境污染和破坏的基本环境义务规范。（4）环境保护的基本政策和原则。如我国《宪法》规定：“国家保障自然资源的合理利用，保护珍贵的动物和植物。禁止任何组织或者个人利用任何手段侵占或者破坏自然资源”（第 9 条）；“一切使用土地的组织和个人必须合理地利用土地”（第 10 条）。该两条规定为自然资源的保护提供了宪法依据。（5）国家生态文明建设职责。2018 年 3 月 11 日第十三届全国人民代表大会将《宪法》第 89 条“国务院行使下列职权”中的“（六）领导和管理经济工作和城乡建设”修改为“（六）领导和管理经济工作和城乡建设、生态文明建设”。明确了国家在生态文明建设中的职权与责任。

2. 国际环境法中的环境损害的特征是：第一，损害是由人类的行为所致，且其后果是物质的、数量的或是有形的。第二，行为的有形后果所造成的损害具有一定的严重性，至于环境损害达到什么程度才引起国家赔偿责任的问题，国际环境法尚无具体标准。第三，行为的有形后果具有明显的跨界性。“跨界性”是指一项活动所产生的有形后果已经超越行为所在国国界，给行为所在国领土以外的区域造成损害的情况。

四、案例分析题

工厂应当对受害人进行赔偿。《水污染防治法》（2017 年修正）第 96 条规定：“因水污染受到损害的当事人，有权要求排污方排除危害和赔偿损失。由于不可抗力造成水污染损害的，排污方不承担赔偿责任；法律另有规定的除外。”此条是对环境民事侵权责任的承担实行无过失责任制的规定。我国《环境保护法》《民法典》采二要件说：环境损害的事实和因果关系。环境民事法律责任的承担不以行为的违法性为必要前提，行为人的行为不违法，但造成了环境污染损害的，也要承担环境民事责任。

五、论述题与深度思考题

<table>
<tr><th colspan="2">异同</th><th>循环经济</th><th>清洁生产</th></tr>
<tr><td rowspan="3">联系</td><td rowspan="2">循环经济与清洁生产是紧密联系，互为支撑的。</td><td>循环经济崇尚环境友好，主张在生产和消费过程中，以最小的自然资源投入得到最充分的产品产出，同时排放的环境废物尽可能的最少，以减少和避免对环境的危害。循环经济提供了一种理想的经济发展模式，在环境与发展的矛盾与冲突之间找到了合理的平衡点。</td><td>清洁生产要求在产品生产的整个周期中贯彻污染预防原则，从生产源头减少资源的耗费，开发资源的可循环利用，遏制污染产生，从而达到经济效益与环境效益的双赢。</td></tr>
<tr><td>循环经济主要在三个层面展开：企业层面，区域层面和社会层面。循环经济是更为广大的生产者和消费者的行为方式，是一个相对宏观的概念。</td><td>清洁生产属于第一层面，即单个生产者和消费者的行为方式，它是一个相对微观的概念。</td></tr>
<tr><td colspan="3">清洁生产是循环经济的基本形式之一，是实现循环经济的基础，而循环经济又将是清洁生产发展的终极目标。另外，清洁生产为循环经济的实现提供了技术支撑，清洁生产将先进工艺技术和设备应用于生产服务中去，提高资源利用率，减少废物产生，成为循环经济形成的一个关键因素。</td></tr>
</table>

续表

异同		循环经济	清洁生产
区别	对象不同	循环经济则囊括整个经济活动，更有利于解决环境与发展的矛盾。	清洁生产主要着眼于生产服务领域。
	侧重方面不同	循环经济的内涵是生态经济，要求经济活动同生态系统的平衡相结合，走社会经济发展生态化的路子。	清洁生产强调生产技术的生态化更为具体。
	两者的实施条件不同	循环经济的实施要求更高的科技创新水平，雄厚的经济实力，更成熟的政府宏观调控，更健全的市场运行机制，更正常的资源配置，更多的科技与管理人才，更强的民众环保意识和更为普遍的绿色消费倾向。	清洁生产的实施要求较少，清洁生产是循环经济的初级阶段，循环经济是清洁生产的高级阶段。

参考文献：周珂．环境法学．北京：中国人民大学出版社，2019.

综合测试题（二）

一、名词解释

1. 可持续发展（考研）
2. 公众参与原则
3. 环境资源承载能力监测预警机制
4. 国家环境损害责任

二、选择题

（一）单项选择题

1. 省级人民政府可以颁布严于国家标准的地方污染物排放标准，其生态学依据主要是（　　）。

A. “物物相关”律　　B. “负载定额”律
C. “相生相克”律　　D. “时空有宜”律

2. 根据我国《环境保护法》的规定，下列关于环境污染危害的民事法律责任及环境民事纠纷的解决的叙述，错误的是哪项？（　　）

A. 造成环境污染危害的，有责任排除危害，并对直接受到损害的单位或个人赔偿损失
B. 赔偿责任和赔偿金额的纠纷，可以根据当事人的请求，由环保行政主管部门或其他依法行使环境监督管理权的部门处理
C. 当事人对环保部门处理决定不服的，可以向人民法院起诉
D. 未经环保部门处理，当事人不能直接向人民法院起诉

3. 在水资源权属制度方面，下列说法正确的是（　　）。

A. 国家所有与集体所有结合
B. 农村集体经济组织的水塘由该农村集体经济组织所有
C. 我国对水资源实行国家单一所有制
D. 农村集体经济组织及其成员使用本集体经济组织的水塘、水库中的水也实行有偿使用制度

4. 集体所有的草原，由下列哪一级机关登记造册，核发证书，确认所有权或使用权？（　　）

A. 乡级人民政府　　B. 乡级以上人民政府
C. 县级人民政府　　D. 县级以上人民政府

5. 下列罪名中不属于“破坏环境资源保护罪”的是（　　）。

A. 非法处置固体废物罪　　B. 动植物检疫失职罪
C. 盗伐林木罪　　D. 重大环境污染事故罪

6. 为海洋生物资源的养护带来革命性变化的公约是（　　）。

A.《联合国海洋法公约》　　B.《公海捕鱼及生物资源养护公约》
C.《生物多样性公约》　　D.《南极海洋生物资源养护公约》

7. 下列属于气候资源的是（　　）。

A. 海洋　　B. 森林　　C. 风能　　D. 草原

8. 进行环境管理、处理环境纠纷的直接依据是（　　）。

A. 环境与资源保护基本法　　B. 单行环境与资源保护法规

C. 宪法关于环境保护的规定　　D. 环境标准

9. 下列哪一事件直接刺激了国际海洋环境保护的发展？（　　）

A. 日本公害事件

B. 1967 年英国沿海“TORREY CANYON”号油轮原油泄漏事件

C.《领海及毗连区公约》

D. 1972 年人类环境会议的召开

（二）多项选择题

1. 无过错责任的构成要件应包括（　　）。

A. 环境损害的事实

B. 污染环境的行为

C. 环境损害行为与损害事实之间具有直接因果关系

D. 行为人无过错

2. 国际环境损害的责任主体包括（　　）。

A. 国家　　B. 跨国公司　　C. 自然人　　D. 国际组织

3. 解决国际环境争端的方式主要有（　　）。

A. 谈判　　B. 调解　　C. 仲裁　　D. 司法

4. 公众参与原则的内容包括（　　）。

A. 环境知情权　　B. 环境决策参与权

C. 环境监督权　　D. 司法救济权

5. 我国环境法上的“三种效益的统一”包括哪三种效益？（　　）

A. 经济效益　　B. 社会效益

C. 环境效益　　D. 文化效益

6. 循环经济的内涵包括（　　）。

A. 减量化　　B. 再利用　　C. 再流通　　D. 资源化

7. 以下纠纷属于环境行政诉讼受理范围的是（　　）。

A. 处理环境权属纠纷的行政行为

B. 处理环境污染纠纷的行政决定

C. 不同行政区域之间发生水事纠纷

D. 环境行政处罚

8. 我国海洋功能区划制度将海洋划分为（　　）。

A. 海洋普通保护区　　B. 海洋特别保护区

C. 海上自然保护区　　D. 海滨风景游览区

9. 应当申请办理采集许可证的情形有（　　）。

A. 进行科学考察、资源调查，应当从野外获取野生植物标本的

B. 进行野生植物人工培育、驯化，应当从野外获取种源的

C. 承担省部级以上科研项目，应当从野外获取标本或实验材料的

D. 因调控野生植物种群数量、结构，经科学论证应当采集的

10. 下列属于噪声敏感建筑物集中区域的是（　　）。

A. 医疗区　　B. 文教科研区

C. 居民住宅区　　D. 机关集中办公区

（三）不定项选择题

1. 不属于《海洋环境保护法》适用范围的是（　　）。

A. 中华人民共和国内水、领海、毗连区、专属经济区、大陆架
B. 中华人民共和国领域内的江河、湖泊、运河、渠道
C. 在中华人民共和国管辖海域内从事航行、勘探、开发、生产、旅游、科学研究及其他活动，或者在沿海陆域内从事影响海洋环境活动的任何单位和个人
D. 在中华人民共和国管辖海域以外，造成中华人民共和国管辖海域污染的

2. 关于水事纠纷的解决，下列哪些说法是正确的？（　　）
A. 单位之间、个人之间、单位与个人之间发生的水事纠纷，都可以协商解决；不愿协商或协商不成的，只能由县级以上地方人民政府调解
B. 单位之间、个人之间、单位与个人之间发生的水事纠纷，都可以协商解决；不愿协商或协商不成的，可以由县级以上地方人民政府或者其授权的部门调解
C. 当事人只有在调解不成的，才可以向人民法院提起民事诉讼
D. 当事人对于水事纠纷，可以直接向人民法院提起民事诉讼

3. 根据《环境保护法》的规定，下列哪一项是省、自治区、直辖市人民政府的职权？（　　）
A. 对国家环境质量标准中未作规定的项目，不得制定地方环境质量标准
B. 对国家环境质量标准中已作规定的项目，可以制定低于国家环境质量标准的地方环境质量标准
C. 对国家污染物排放标准中已作规定的项目，可以制定低于国家污染物排放标准的地方污染物排放标准。
D. 对国家污染物排放标准中已作规定的项目，可以制定严于国家污染物排放标准的地方污染物排放标准。

4. 绿色标志制度由下列哪一国家率先采用？（　　）
A. 美国　　B. 德国　　C. 英国　　D. 法国

5. 郭某是山区某村农民，其从事下列哪些采伐林木的行为不必申请采伐许可证？（　　）
A. 采伐自留地的林木
B. 采伐房前屋后个人所有的零星林木
C. 采伐自留山的林木
D. 采伐个人承包集体的林木

三、简答题

1. 简述环境保护税制度。
2. 简述自然资源的特征。

四、案例分析题

1996年，钢材短缺，行情看涨，甲公司遂决定办钢铁厂一座。为了使工程尽快开工、使产品尽快投产，公司决定暂停其他工程全力进行主体工程，待主体工程完工后再补上。至1997年9月，该厂在防治污染设施未建成的情况下即投入生产。后来，防治污染设施虽然建成，但该厂为节省资金一直未启用。经查，该厂建成以后给当地的河流、空气造成了极大的污染。

请问：（1）该钢厂的哪些做法是违反《环境保护法》的规定的？

（2）对于污染造成的损害，当地居民起诉的，法院应如何判决？

（3）假设钢厂建成并投入使用了符合国家标准的防污设施，但在一次大地震中，工厂厂房崩塌，污物泄漏。钢厂虽及时采取了补救措施，但仍对周围环境造成重大污染。这种情况下，该钢厂是否要承担损害赔偿责任？为什么？

五、论述题与深度思考题

论环境法的特征。（考研）

参考答案

一、名词解释

1. 可持续发展指既满足当代人的需要，又不对后代人满足其需要的能力构成危害。可持续发展是一种特别从环境和自然资源角度提出的关于人类长期发展的战略和模式，它不是在一般意义上所指的一个发展进程要在时间上连续运行、不被中断，而是特别指出环境和自然资源的长期承载能力对发展进程的重要性以及发展对改善生活质量的重要性。

2. 公众参与原则，亦称依靠群众保护环境原则、环境民主原则，是指生态环境的保护与自然资源的开发利用必须依靠公众的广泛参与，环境法通过各种法定的形式和途径确立公众在参与环境管理与保护中的资格，鼓励公众积极参与环境保护事业，保护他们对污染环境和破坏环境的行为依法进行监督的权利。

3. 环境资源承载能力监测预警机制是指建立在对环境资源状况进行调查和评价基础上的预先发布警告的制度，旨在通过及时提供警示的机构、制度、网络、举措等构成的预警系统，为实现环境资源信息的超前反馈，为及时布置、预防环境资源风险奠定基础。2014 年《环境保护法》第 18 条规定：“省级以上人民政府应当组织有关部门或者委托专业机构，对环境状况进行调查、评价，建立环境资源承载能力监测预警机制。”

4. 国家环境损害责任是指国家违背国际环境义务造成环境损害而应当承担的国际环境法上的赔偿，它是国际环境损害责任的最基本的形式。这里的损害责任，是指一种环境赔偿责任，而不是泛指法律义务的那些责任。

二、选择题

（一）单项选择题

1. 答案：D

环境法中的“土地利用规划”“环境影响评价”等规定体现“物物相关”律；环境法中有关以产定供，浓度控制、总量控制等规定体现“负载定额”律；环境法中有关物种保护、野生动植物保护以及动植物检疫等规定体现“相生相克”律。

2. 答案：D

《水污染防治法》（2017 年修正）第 97 条规定：“因水污染引起的损害赔偿责任和赔偿金额的纠纷，可以根据当事人的请求，由环境保护主管部门或者海事管理机构、渔业主管部门按照职责分工调解处理；调解不成的，当事人可以向人民法院提起诉讼。当事人也可以直接向人民法院提起诉讼。”

3. 答案：C

我国对水资源实行国家单一所有制。《水法》规定，水资源属于国家所有，水资源的所有权由国务院代表国家行使。农村集体经济组织的水塘和由农村集体经济组织修建管理的水库中的水，归各该农村集体经济组织使用。

4. 答案：C

《草原法》第 11 条规定：“依法确定给全民所有制单位、集体经济组织等使用的国家所有的草原，由县级以上人民政府登记，核发使用权证，确认草原使用权。未确定使用权的国家所有的草原，由县级以上人民政府登记造册，并负责保护管理。集体所有的草原，由县级人民政府登记，核发所有权证，确认草原所有权。”

5. 答案：B

B 项是《刑法》413 条第 2 款的规定，为动植物检疫失职罪，属于《刑法》分则第九章渎职罪。

6. 答案：A

1972 年召开的斯德哥尔摩人类环境会议上所通过的原则宣言把国际社会的注意力引到对自然资源进行养护的需要上来。这次会议也导致了第三次联合国海洋法会议的准备和谈判合作，并终于在 1982 年通过了《联合国海洋法公约》。该公约的通过可以说是给海洋生物资源的养护带来了革命性的变化。

7. 答案：C

气候资源是指有利于人类经济活动的气候条件。例如，自然界的热量、光照、水分和风能等，是合理进行农业区划和工业布局的依据之一。

8. 答案：B

宪法关于环境保护的规定是环境与资源保护法的基础，是各种环境与资源保护法律、法规和规章的立法依据；环境与资源保护基本法是综合性的实体法，但只对环境与资源保护方面的重大问题作出原则性规定；环境标准是国家制定环境计划和规划的依据。

9. 答案：B

1967 年发生在英国沿海的“TORREY CANYON”号油轮触礁事故造成近 12 万吨的原油泄漏。这次事件造成的巨大损害，直接刺激了国际海洋环境保护的发展。

（二）多项选择题

1. 答案：AC

无过错责任的构成要件有两个：一为环境损害的事实，二为环境损害行为与损害事实之间具有直接因果关系。

2. 答案：ABCD

国际环境损害责任的主体主要是国家，原因在于国家是国际环境法上的权利和义务的主要承担者。国家作为国际环境损害责任主体并不排除国家以外的其他国际法主体的国际环境损害责任问题。在跨国界环境污染造成的环境损害活动中，实际主体多为跨国公司或私人经营者，责任应由与造成损害有关的所有人或经营人承担。这些所有人或经营人，要么是国际组织、跨国公司等法人，要么是自然人。

3. 答案：ABCD

在国际环境法的实践中，解决国际环境争端的方式主要有谈判、协商、调停、调解、仲裁和司法解决。人们通常将前四种方式统称作外交解决方式，将后两种方式称为法律解决方式。

4. 答案：ABCD

公众参与原则的内容具体包括：(1) 环境知情权，即每个公民都有权获得行政机关所掌握的环境资料，对环境状况、政府决策、工程项目等信息享有知情权，有权就相关问题向政府咨询并及时得到答复。(2) 环境决策参与权，即保证给每个公民参加环境决策的机会，即保证公民有权参与环境法律法规的制定，参与环境管理决策的作出，参与环境科技的研究、示范和推广。(3) 环境监督权，即公众有权监督政府的环境管理活动，监督环境政策的实施，监督重大工程建设项目的环境保护情况。(4) 司法救济权，公民的环境权益受到侵害时，应当能及时有效的诉诸司法，获得司法上的救济。

5. 答案：ABC

环境保护同经济、社会持续发展相协调原则，简称协调发展原则，是指环境保护与经济建设和社会发展统筹规划，人与自然和谐发展，实现经济发展与人口资源、环境相协调，实现经济效益、社会效益和环境效益相统一。

6. 答案：ABD

《循环经济促进法》第 2 条规定：“本法所称循环经济，是指在生产、流通和消费等过程中进行的减量化、再利用、资源化活动的总称。本法所称减量化，是指在生产、流通和消费等过程中减少资源消耗和废物产生。本法所称再利用，是指将废物直接作为产品或者经修复、翻新、再制造后继续作为产品使用，或者将废物的全部或者部分作为其他产品的部件予以使用。本法所称资源化，是指将废物直接作为原料进行利用或者对废物进行再生利用。”

7. 答案：ABD

根据我国现行的环境法律、法规，因以下行政行为引起的争议属于环境行政诉讼的受理范围：（1）环境行政处罚。（2）处理环境权属纠纷的行政行为。（3）处理违法环境行为所引起的纠纷的行政行为。（4）处理环境污染纠纷的行政决定。（5）性质不明确的环境行政行为。（6）环境法律、法规排除的环境行政行为。但目前我国有个别法律规定一些环境行政行为不能向法院提起行政诉讼。如根据《水法》第56条的规定：“不同行政区域之间发生水事纠纷的，应当协商处理；协商不成的，由上一级人民政府裁决，有关各方必须遵照执行。”该规定虽然没有明确规定这类纠纷可否进行行政诉讼，但如果结合《水法》的其他相关规定，这类纠纷不属于行政诉讼的受理范围。

8. 答案：BCD

我国重要的海洋环境区划：如海洋特别保护区，是为海洋渔业、航运、军事体育训练等事业的特殊需要而划定的海洋区域；海上自然保护区，是为保护海洋环境及其生态系统和自然资源的完整性，开展有关科学研究而划定的海洋区域；海滨风景游览区，是风景秀丽、气候宜人，适合于游览旅行的海滨地区。

9. 答案：ABCD

《农业野生植物保护办法》（2022年修订）第13条规定，禁止采集国家一级保护野生植物。有下列情形之一，确需进行少量采集的，应当申请办理采集许可证。（1）进行科学考察、资源调查，应当从野外获取野生植物标本的；（2）进行野生植物人工培育、驯化，应当从野外获取种源的；（3）承担省部级以上科研项目，应当从野外获取标本或实验材料的；（4）因国事活动需要，应当提供并从野外获取野生植物活体的；（5）因调控野生植物种群数量、结构，经科学论证应当采集的。

10. 答案：ABCD

“噪声敏感建筑物集中区域”，是指医疗区、文教科研区和以机关或者居民住宅为主的区域。

（三）不定项选择题

1. 答案：B

《海洋环境保护法》第2条规定：“本法适用于中华人民共和国管辖海域。在中华人民共和国管辖海域内从事航行、勘探、开发、生产、旅游、科学研究及其他活动，或者在沿海陆域内从事影响海洋环境活动的任何单位和个人，应当遵守本法。在中华人民共和国管辖海域以外，造成中华人民共和国管辖海域环境污染、生态破坏的，适用本法相关规定。”B项是《水污染防治法》的适用范围，《水污染防治法》（2017年修正）第2条规定：“本法适用于中华人民共和国领域内的江河、湖泊、运河、渠道、水库等地表水体以及地下水体的污染防治。”

2. 答案：BD

《水法》（2016年修订）第57条规定，单位之间、个人之间、单位与个人之间发生的水事纠纷，应当协商解决；当事人不愿协商或者协商不成的，可以申请县级以上地方人民政府或者其授权的部门调解，也可以直接向人民法院提起民事诉讼。县级以上地方人民政府或者其授权的部门调解不成的，当事人可以向人民法院提起民事诉讼。

3. 答案：D

《环境保护法》第15条规定：“国务院环境保护主管部门制定国家环境质量标准。省、自治区、直辖市人民政府对国家环境质量标准中未作规定的项目，可以制定地方环境质量标准；对国家环境质量标准中已作规定的项目，可以制定严于国家环境质量标准的地方环境质量标准。地方环境质量标准应当报国务院环境保护主管部门备案。国家鼓励开展环境基准研究。”第16条规定：“国务院环境保护主管部门根据国家环境质量标准和国家经济、技术条件，制定国家污染物排放标准。省、自治区、直辖市人民政府对国家污染物排放标准中未作规定的项目，可以制定地方污染物排放标准；对国家污染物排放标准中已作规定的项目，可以制定严于国家污染物排放标准的地方污染物排放标准。地方污染物排放标准应当报国务院环境保护主管部门备案。”

4. 答案：B

1978年德国首次采用“蓝色天使”标志，以一种画着蓝色天使的标签作为产品达到一定生态环境标准的标志。发达国家纷纷仿效，在加拿大叫“环境选择”，在北欧叫“白天鹅”标志，在日本叫“生态标志”。美国于1988年开始实行环境标志制度，由36个州联合立法，在塑料制品、包装袋、容器上使用绿色标志，甚至还率先使用“再生标志”，说明它可重复回收、再生使用。欧共体于1993年7月正式推出欧洲环境标志。

5. 答案：AB

《森林法》第56条规定采伐林木必须申请采伐许可证，按许可证的规定进行采伐；农村居民采伐自留地和房前屋后个人所有的零星林木除外。

三、简答题

1. 环境税（Environmental Taxation），是国家通过税收，把环境污染和生态破坏的社会成本，内化到生产成本和市场价格中去，再通过市场机制来分配环境资源的一种经济手段。随着可持续发展理论得到国际社会日益广泛的认同，环境保护问题备受各国政府的重视。税收作为政府用以调节社会经济生活的一种重要工具和手段，在保护环境方面发挥着越来越重要的作用。我国长期实行的排污收费制度，虽然对于防治环境污染发挥了重要作用，但与税收制度相比，排污费制度存在执法刚性不足、地方支付与部门干预等问题，因而有必要进行环境保护费改税。《中华人民共和国环境保护税法》于2016年12月25日第十二届全国人民代表大会常务委员会第二十五次会议通过，自2018年1月1日起施行。2017年12月25日国务院公布了《中华人民共和国环境保护税法实施条例》，自2018年1月1日起施行。自此，我国实现了排污费支付向环境保护税制度的平稳转移。环境税收的社会经济意义在于环境税收的产生拓宽了税收的调节领域，不仅在保护人类生存环境方面发挥了重要作用，而且充分体现了税收的“公平”和效率原则，具有重要的社会经济意义。

2. 自然资源一般都具有以下五个基本特征。

（1）有用性，即各种自然资源从不同的角度都能满足人类的某种需要，也就是自然资源具有使用价值。自然资源的使用价值有多种表现形式。英国学者皮尔斯等人研究后认为，自然资源的使用价值可分为三类。第一类是直接使用价值，指自然资源可直接用于生产和消费的经济价值，如采伐林木、开采矿藏、取水灌溉等。第二类是间接使用价值，大体相当于自然资源具有的生态功能。如林木可以涵养水源、保持水土、游览观光、保护生物多样性；矿藏是生态系统中岩石圈的组成部分，积蓄着物质和能量，是生态循环系统的不可或缺的重要环节；水流则为多种生物提供生存环境，并对改善气候有着重要的调节作用。第三类是选择价值，指人们保存或保护某一自然资源以便将来做各种用途，它代表资源的未来使用价值，产生于人类未来在偏好上的可能变化、技术和信息的可能提高、资源开发的不可逆转及不确定性。

（2）稀缺性。人类的需要实质上是无限的，而自然资源是有限的，对自然资源的使用具有竞争性。自然资源的稀缺性表现在两个方面。首先是由于环境要素的多元价值难以同时体现而导致某种环境资源功能产生稀缺性。即在一定时间和空间范围内，某环境要素如果要满足人们的生活需要就难以满足人们的生产需要；如果要满足一些人的某种生产需要就难以满足另一些人的另一种生产需要。于是，由此产生了环境资源多元价值的矛盾和某种环境资源功能的稀缺性。其次是环境净化功能难以满足人类生产、生活排放污染物的需要。环境容量资源特别稀缺。

（3）地域性。自然资源在自然界中的分布并不是均匀的，它随着地域的改变而在种类、数量、质量上产生明显的差异。这与太阳的光照和地质结构有很大的关系。

（4）整体性。各种自然资源在生物圈中都是相互依存、互相制约的构成一个自然综合体。对某种自然资源施加影响很可能会导致其他自然资源的变化。

（5）相对性。某种物质和能量能否成为自然资源不是一成不变的，在不同的条件下会有不同的结果，自然资源的形成是一个历史的过程，它的内涵与外延随着科技水平的提高和经济的发展而不断扩展和延伸。

四、案例分析题

（1）该钢厂的下列行为是违反《环境保护法》的规定的：第一，违反“三同时”制度，没有做到将防治污染的设施与主体工程同时设计、同时施工，而是在防治污染设施未建成的情况下即投入生产；第二，没有做到将防治污染的设施与主体工程同时投产，防治污染设施虽然建成，但该厂为节省资金一直未启用。

（2）对于污染造成的损害，当地居民起诉的，法院应判决钢厂对直接受到损害的单位和个人赔偿损失，并责令钢厂排除危害。

（3）在这种情况下，该钢厂不必承担损害赔偿责任。完全由于不可抗拒的自然灾害，并经及时采取合理措施，仍然不能避免造成环境污染损害的，免于承担责任。本案中因地震这一不可抗力导致污染，且钢厂已经及时采取了补救措施，故不应再承担责任。

五、论述题与深度思考题

环境法作为现代社会法律体系的一个独立法律部门，除了具有一般法律的本质和功能以外，还具有其自身的特点，可概括为以下几个方面。

（1）环境法是生态环境科技与法的结合。环境是以生态为重心的，而生态必须以自然科学为控制和管理的依据，因此，环境保护包括法律对环境保护社会关系的调整，必须与环境科学技术相结合，必须体现自然规律特别是生态科学规律的要求。这些要求往往通过一系列技术规范、环境标准、操作规程等形式体现出来：首先，环境法的立法中经常大量、直接地对技术名词和术语赋予法律定义，并将环境技术规范作为环境法律法规的附件，使其具有法律效力。其次，环境执法和环境司法也同样需要科学技术的保证。但是，环境法律规范与环境技术规范也不能等同，更不能以环境技术规范代替环境法律规范。在这个问题上，要防止所谓的环境法机械观，防止“法律沦为科技之工具，法律受科技所界限”。虽然环境法律规范起源于环境学和生态科学，但环境法的目的在于“超越此一科技限界，而追求实证技术外之人文价值”。

（2）环境法是社会法。环境法除了具有法的一般性质外，还具有比较明显的社会法特征。社会法，按美国学者海伦·古拉克在其所著 Social Legislation 一书中的解释为“为一般社会福利而立法”。环境法也属于这种社会立法的范畴。环境法的社会性首先表现在它与阶级性和政治职能较强的一些立法如宪法、刑法等不同，它并非阶级矛盾不可调和的产物，而是人与自然矛盾的产物。环境法所关注和规范的是社会公共利益和保障基本人权，它反映了全体社会成员的共同愿望和要求，代表人类的共同利益，侧重于社会领域的法律调整。其次环境作为全人类的共同生存条件，并不能为某个人或某国所私有或独占，它必须符合整个社会和整个人类的利益，是以社会利益为本位的法。社会利益是公民对社会文明状态的一种愿望和需要。环境与生态是人类经济和社会发展的基础，与社会、经济发展的秩序密切相关，因而成为社会利益的重要组成部分。

（3）环境法是综合部门法。环境法保护的对象相当广泛，包括自然环境、人为环境和整个地球的生物圈；法律关系主体不仅包括一般法律主体的公民、法人及其他组织，也包括国家乃至全人类，甚至包括尚未出生的后代人；环境法调整的内容也相当广泛，不仅要防止大气污染、水污染、海洋污染、环境噪声污染、放射性污染、有毒化学品污染等，而且还要保护土地资源、森林资源、草原资源、水资源、矿产资源、物种资源、风景名胜资源和文化遗迹地等。由于环境法调整的范围相当广泛，涉及的社会关系复杂，运用的手段多样，从而决定了其所采取的法律措施的综合性。它不仅可以适用诸如宪法、行政法、刑法等公法予以解决，也可以直接适用民法予以私法救济，甚至还可以通过国际法予以调整，不但包括上述部门法的实体法规范，而且也包括程序法规范。2014 年新修订的《环境保护法》规定了财政、教育、农业、公安、监察、任免机关、人民法院等有关部门和机关都负有环保职责。

（4）环境法是以可持续发展为价值的法。环境法的价值是指环境法能促进主体的何种价值需要。环境法除了具有一般法律的公平、正义、效率、秩序等价值以外，还具有自身特有的价值。环境法的特殊价值集中体现在现代环境法的立法目的上。我国《环境保护法》把“促进经济社会可持续发展”规定为立法目的。各个国家有不同的立法目的，即使同一国家，在不同时期的立法目的也有所不同。现代环境法是以可持续发展为基本价值取向的，其核心内容是要求既满足当代人的需要，又不对后代人满足其需要的能力构成危害。这个内涵不是传统公法、私法所能真正包容的。公法是以国家利益为本位，其对政权稳固与安全的关心超过对社会发展的关心；私法则以个人利益为本位，其对自身利益的关心是第一位的，只有存在独立的社会利益并且形成公共社会力量，才会以社会的持续发展为最大关怀，因此，只有环境法才是持续发展最有力的法律保障。

综合测试题（三）

一、名词解释

1. 无过错责任
2. 环境侵权免责事由
3. 土壤污染
4. 环境知情权

二、选择题

（一）单项选择题

1. 下列哪部法律标志着中国水污染防治立法的正式开端？（　　）

A. 1989 年《水污染防治法实施细则》

B. 1984 年《水污染防治法》

C. 1979 年《环境保护法（试行）》

D. 1995 年《淮河流域水污染防治暂行条例》

2. 因环境污染损害赔偿提起民事诉讼的，关于其诉讼时效和举证责任的说法下列哪项是正确的？（　　）

A. 诉讼时效是短期时效 1 年，实行被告负主要举证责任的原则

B. 诉讼时效是普通时效 2 年，实行被告负全部举证责任的原则

C. 诉讼时效是特殊时效 3 年，实行被告负主要举证责任的原则

D. 诉讼时效是特殊时效 5 年，实行被告负全部举证责任的原则

3. 下列关于水资源的权属的说法正确的是哪项？（　　）

A. 水资源属于国家所有

B. 农村集体经济组织的水塘中的水归集体所有

C. 农业集体经济组织修建管理的水库中的水归集体所有

D. 江河、湖泊中的水部分归集体所有

4. 我国《清洁生产促进法》规定，国家对浪费资源和严重污染环境的落后生产技术、工艺、设备和产品实行（　　）。

A. 限期淘汰　　B. 强制拆除　　C. 限期治理　　D. 强制关闭

5. 下列说法正确的是（　　）。

A. 防护林、用材林、特种用途林不允许转让

B. 特种用途林严禁采伐

C. 防护林严禁采伐

D. 自然保护区的森林严禁采伐

6. 听证申请应在收到《环境保护行政许可听证告知书》后（　　）个工作日内提出。

A. 5　　B. 7　　C. 10　　D. 15

7. 为贯彻《保护臭氧层维也纳公约》而制定的议定书是（　　）。

A. 京都议定书　　B. 卡塔赫纳议定书

C. 蒙特利尔议定书　　D. 赫尔辛基规则

8. 世界贸易与环境委员会的宗旨是（　　）。

A. 保护世界生物多样性、确保可再生自然资源的可持续利用和推动减少污染和浪费性消费的行动

B. 保护地球、环境及其各种生物的安全和持续性发展

C. 支持和帮助保护世界自然资源的完整性和连续性，以确保自然资源的平衡和可持续发展

D. 明确贸易措施与环境措施之间的关系以促进可持续发展

（二）多项选择题

1. 环境侵权免责事由主要包括（　　）。

A. 不可抗拒的自然灾害　　B. 受害人的过错

C. 第三人的过错　　D. 战争行为

2. 环境行政执法应当遵循（　　）。

A. 合法性原则　　B. 合理性原则　　C. 效率性原则　　D. 公正性原则

3. 下列行为中，可以吊销采矿许可证的有（　　）。

A. 超越批准的矿区范围采矿，责令退回本矿区范围开采而拒不退回的

B. 擅自进入国家规划矿区、对国民经济具有重要价值的矿区范围采矿的

C. 采取破坏性的开采方法开采矿产资源的

D. 买卖、出租或者以其他形式转让矿产资源的

4. 对严格管控类农用地地块，地方人民政府农业农村、林业草原主管部门应当采取下列哪些风险管控措施？（　　）

A. 提出划定特定农产品禁止生产区域的建议，报本级人民政府批准后实施

B. 按照规定开展土壤和农产品协同监测与评价

C. 对农民、农民专业合作社及其他农业生产经营主体进行技术指导和培训

D. 其他风险管控措施

5. 属于国家所有的可移动文物是（　　）。

A. 中国境内出土的文物，国家另有规定的除外

B. 国有文物收藏单位以及其他国家机关、部队和国有企业、事业组织等收藏、保管的文物

C. 国家征集、购买的文物

D. 公民、法人和其他组织捐赠给国家的文物

6. 可再生能源发展专项资金支持的活动包括（　　）。

A. 可再生能源的资源勘查、评价和相关信息系统建设

B. 可再生能源开发利用的科学技术研究、标准制定和示范工程

C. 偏远地区和海岛可再生能源独立电力系统建设

D. 农村、牧区生活用能的可再生能源利用项目

7. 对下列哪些农用地地块需要进行重点监测？（　　）

A. 产出的农产品污染物含量超标的

B. 作为或者曾作为污水灌溉区的

C. 用于或者曾用于规模化养殖，固体废物堆放、填埋的

D. 曾作为工矿用地或者发生过重大、特大污染事故的

E. 有毒有害物质生产、贮存、利用、处置设施周边的

8. 国际环境损害责任免除的条件包括（　　）。

A. 无能力赔偿　　B. 不可抗力

C. 第三方故意行为所致损害　　D. 受害方自身过错

9. 属于政府环境信息公开申请内容的是（　　）。
A. 申请人的姓名或者名称
B. 申请公开的政府环境信息内容的具体描述
C. 申请公开的政府环境信息的形式要求
D. 申请人的联系方式
10. 土地违法犯罪的罪名有（　　）。
A. 非法转让、倒卖土地使用权罪　　B. 非法占用耕地罪
C. 非法批准征用、占用土地罪　　D. 非法转让、倒卖土地所有权罪
（三）不定项选择题
1. 第一个以环境影响评价制度为专门内容的国际环境法文件是（　　）。
A.《关于环境评价的指令》
B.《南极条约》
C.《伦敦倾废公约》
D.《蒙特利尔议定书》
2. 依照我国《土地管理法》规定，已经办理了审批手续的非农业建设占用耕地，一年以上未动工建设的，应当（　　）。
A. 由原来耕种该地的集体或个人恢复耕种
B. 按照省、自治区、直辖市的规定缴纳闲置费
C. 经过原审批机关批准，由县级以上人民政府无偿收回用地单位的土地使用权
D. 按照时间长短处以罚款
3. 我国对大气污染防治实施统一监督管理的机构是（　　）。
A. 各级交通管理部门　　B. 各级铁道管理部门
C. 县级以上人民政府　　D. 生态环境主管部门
4. 生物多样性保护的范围主要包括（　　）。
A. 基因多样性　　B. 资源多样性
C. 物种多样性　　D. 生态系统多样性
5. 下列哪些探矿权、采矿权转让的行为符合法律规定？（　　）
A. 探矿权人在完成规定的最低勘察投入后，经依法批准，将探矿权转让他人
B. 已取得采矿权的矿山企业，因企业合并、分立而需要变更采矿权主体的，经依法批准，将采矿权转让他人
C. 已取得采矿权的矿山企业，因与他人合资、合作经营，经依法批准，将采矿权转让他人
D. 已取得采矿权的矿山企业，因企业资产出售而需要变更采矿权主体的，经依法批准，将采矿权转让他人

三、简答题

1. 简述国际环境法共同但有区别的原则。（考研）
2. 简述清洁生产的主要内容。

四、案例分析题

农民郭某在自己承包的土地上挖了一个养鱼池进行甲鱼养殖。某食品有限公司的废水排放渠距离养鱼池只有50米远。郭某听说食品有限公司排放的废水中有很多营养物质，于是萌发了引废水养甲鱼的想法。一天夜里，郭某偷偷扒开食品有限公司的排污渠将废水引入自己的养鱼池。第二天郭某养的甲鱼开

始死亡，五天内全部死光。经评估，直接经济损失 5 万元。郭某认为损害是由食品有限公司的废水污染所致，于是依据《水污染防治法》关于“造成水污染危害的单位，有责任排除危害，并对直接受到损失的单位或者个人赔偿损失”的规定向人民法院提起损害赔偿的诉讼。人民法院以该案属于环境污染案件，尚未请求环保部门处理为由，裁定不予受理。

请问：(1) 人民法院的裁定是否合法？

(2) 食品有限公司是否应当承担赔偿责任？

五、论述题与深度思考题

简述国际环境法与国内环境法的区别。

参考答案

一、名词解释

1. 无过错责任又称无过失责任，德国法称为危险责任，普通法国家称为严格责任，是指无论行为人有无过错，只要法律规定应当承担民事责任，行为人即应对其行为所造成的损害承担责任。依无过错责任，受害人无须就加害人的过错举证，也不必推定加害人过错，加害人也不得以其没有过错为由抗辩。

2. 环境侵权免责事由又称抗辩事由，是指环境法所规定的在因环境侵权致人损害时加害人可以不承担民事责任的事由。

3. 土壤污染是指人类活动所产生的各种污染物通过各种途径进入土壤，其数量和速度超过了土壤的容纳和净化能力，使土壤的性质、组成及性状等发生变化，破坏土壤的自然生态平衡，并导致土壤的自然功能失调、土壤质量恶化的现象。关于“土壤污染”，我国的《土壤污染防治法》规定：“本法所称土壤污染，是指因人为因素导致某种物质进入陆地表层土壤，引起土壤化学、物理、生物等方面特性的改变，影响土壤功能和有效利用，危害公众健康或者破坏生态环境的现象。”

4. 环境知情权指每个公民都有权获得行政机关所掌握的环境资料，对环境状况、政府决策、工程项目等信息享有知情权，有权就相关问题向政府咨询并及时得到答复。

二、选择题

(一) 单项选择题

1. 答案：C

在 20 世纪 50 年代，我国已开始水污染防治工作。但中国水污染防治立法的正式开端，始于 1979 年《环境保护法（试行）》，该法对防治水污染的原则、制度、措施以及法律责任等作出了原则性规定。

2. 答案：C

《环境保护法》(2014 年修订) 第 66 条规定：“提起环境损害赔偿诉讼的时效期间为 3 年，从当事人知道或者应当知道其受到损害时起计算。”《民法典》第 1229 条规定的是环境污染致人损害的民事责任：“因污染环境、破坏生态造成他人损害的，侵权人应当承担侵权责任。”最高人民法院《关于生态环境侵权民事诉讼证据的若干规定》第 6 条规定，因环境污染引起的损害赔偿诉讼，由加害人就其行为与损害结果之间不存在因果关系承担举证责任。

3. 答案：A

根据我国《水法》第 3 条的规定：“水资源属于国家所有。水资源的所有权由国务院代表国家行使。农村集体经济组织的水塘和由农村集体经济组织修建管理的水库中的水，归各该农村集体经济组织使用。”

4. 答案：A

《清洁生产促进法》第12条规定："国家对浪费资源和严重污染环境的落后生产技术、工艺、设备和产品实行限期淘汰制度。国务院经济贸易行政主管部门会同国务院有关行政主管部门制定并发布限期淘汰的生产技术、工艺、设备以及产品的名录。"

5. 答案：D

对于防护林只准进行抚育和更新性质的采伐，不得进行以取材为目的的采伐。特种用途林中的国防林、母树林、环境保护林、风景林只准进行抚育和更新性质的采伐。名胜古迹和革命纪念地的林木、自然保护区的森林严禁采伐。根据《森林法》的规定，可以转让的森林资源有用材林、经济林和薪炭林。

6. 答案：A

《环境保护行政许可听证暂行办法》第24条规定，听证申请有下列情形之一的，组织听证的环境保护行政主管部门不予受理，并书面说明理由：(1) 听证申请人不是该环境保护行政许可的申请人、利害关系人；(2) 听证申请未在收到"环境保护行政许可听证告知书"后5个工作日内提出；(3) 其他不符合申请听证条件的情形。

7. 答案：C

为保证《保护臭氧层维也纳公约》的实施，1987年，来自43个国家的环境部长和代表通过了《关于消耗臭氧层物质的蒙特利尔议定书》。

8. 答案：D

目前，世界贸易与环境委员会已成为国际上有关环境与贸易问题的核心机构。该机构的宗旨是"明确贸易措施与环境措施之间的关系以促进可持续发展"。

（二）多项选择题

1. 答案：ABCD

我国法律规定的环境侵权免责事由主要条文包括以下情形：(1) 不可抗拒的自然灾害。《水污染防治法》第96条、《海洋环境保护法》第116条等法律条文中也都作了类似规定。需要指出的是，首先，不可抗拒的自然灾害不等于不可抗力，前者的范围很窄，不得作扩大解释；其次，不可抗拒的自然灾害有不可预见和不可避免的含义，凡是可以预见或可以避免的自然灾害不能作为免责条件；再次，即使发生了不可抗拒的自然灾害，加害人必须采取了合理措施，仍不能避免造成环境损害的，才可以免责，如果加害人未及时采取合理措施致使损害发生的，仍不得免责；最后，只有损害完全是由于不可抗拒的自然灾害引起的，才可免除加害人的责任，如果此灾害只是引起损害发生的部分原因，则不能免除加害人的责任。(2) 受害人的过错。我国《水污染防治法》第96条第3款规定，水污染损害是由受害人故意造成的，排污方不承担赔偿责任。水污染损害是由受害人重大过失造成的，可以减轻排污方的赔偿责任。(3) 第三人的过错。我国《水污染防治法》第96条第4款规定，水污染损害是由第三人造成的，排污方承担赔偿责任后，有权向第三人追偿。(4) 战争行为。我国《海洋环境保护法》第116条规定，战争行为是海洋污染造成损害的免责条件。《海洋环境保护法》第116条还规定，负责灯塔或者其他助航设备的主管部门，在执行职务时因疏忽或者其他过失行为，造成海洋污染损害的，船舶的所有者不承担赔偿责任。此外，我国《民法典》规定的作为一般民事责任免责条件的正当防卫和紧急避险，也可适用于环境责任制度。

2. 答案：ABCD

环境执法应遵循以下原则：(1) 合法性原则，即环境执法主体必须是依法组成的或依法授权执法的机关；环境执法机构必须在法定权限内执法；执法内容与执法程序必须合法。(2) 合理性原则，即环境执法机关的执法行为必须公允适当、具有合理性，只能根据违法行为的情节轻重、后果大小，选择合理的处罚标准，合理使用自由裁量权。(3) 效率性原则，即环境执法机构的执法行为应讲求效率，在行使执法权时要以尽快的时间，尽可能少的人员，办理尽可能多的事务。(4) 公正性原则，即环境执法机构必须对任何单位和个人所享有的环境权利给予同等的保护，同时对任何单位和个人的环境违法行为都要无一例外地加以追究和制裁。

3. 答案：AC

详情参见《矿产资源法》第 39、40、42、44 条。第 39 条规定，违反本法规定，未取得采矿许可证擅自采矿的，擅自进入国家规划矿区、对国民经济具有重要价值的矿区范围采矿的，擅自开采国家规定实行保护性开采的特定矿种的，责令停止开采、赔偿损失，没收采出的矿产品和违法所得，可以并处罚款；拒不停止开采，造成矿产资源破坏的，依照《刑法》第 156 条的规定对直接责任人员追究刑事责任。第 40 条规定，超越批准的矿区范围采矿的，责令退回本矿区范围内开采、赔偿损失，没收越界开采的矿产品和违法所得，可以并处罚款；拒不退回本矿区范围内开采，造成矿产资源破坏的，吊销采矿许可证，依照刑法第 156 条的规定对直接责任人员追究刑事责任。第 42 条规定，买卖、出租或者以其他形式转让矿产资源的，没收违法所得，处以罚款。违反本法第 6 条的规定将探矿权、采矿权倒卖牟利的，吊销勘查许可证、采矿许可证，没收违法所得，处以罚款。第 44 条规定，违反本法规定，采取破坏性的开采方法开采矿产资源的，处以罚款，可以吊销采矿许可证；造成矿产资源严重破坏的，依照刑法第 156 条的规定对直接责任人员追究刑事责任。

4. 答案：ABCD

对严格管控类农用地地块，地方人民政府农业农村、林业草原主管部门应当采取下列风险管控措施：(1) 提出划定特定农产品禁止生产区域的建议，报本级人民政府批准后实施；(2) 按照规定开展土壤和农产品协同监测与评价；(3) 对农民、农民专业合作社及其他农业生产经营主体进行技术指导和培训；(4) 其他风险管控措施。各级人民政府及其有关部门应当鼓励对严格管控类农用地采取调整种植结构、退耕还林还草、退耕还湿、轮作休耕、轮牧休牧等风险管控措施，并给予相应的政策支持。

5. 答案：ABCD

《文物保护法》第 5 条规定，下列可移动文物，属于国家所有：(1) 中国境内出土的文物，国家另有规定的除外；(2) 国有文物收藏单位以及其他国家机关、部队和国有企业、事业组织等收藏、保管的文物；(3) 国家征集、购买的文物；(4) 公民、法人和其他组织捐赠给国家的文物；(5) 法律规定属于国家所有的其他文物。

6. 答案：ABCD

《可再生能源法》第 24 条规定，国家财政设立可再生能源发展专项资金，用于支持以下活动：(1) 可再生能源开发利用的科学技术研究、标准制定和示范工程；(2) 农村、牧区生活用能的可再生能源利用项目；(3) 偏远地区和海岛可再生能源独立电力系统建设；(4) 可再生能源的资源勘查、评价和相关信息系统建设；(5) 促进可再生能源开发利用设备的本地化生产。

7. 答案：ABCDE

《土壤污染防治法》第 16 条规定："地方人民政府农业农村、林业草原主管部门应当会同生态环境、自然资源主管部门对下列农用地地块进行重点监测：(一) 产出的农产品污染物含量超标的；(二) 作为或者曾作为污水灌溉区的；(三) 用于或者曾用于规模化养殖，固体废物堆放、填埋的；(四) 曾作为工矿用地或者发生过重大、特大污染事故的；(五) 有毒有害物质生产、贮存、利用、处置设施周边的；(六) 国务院农业农村、林业草原、生态环境、自然资源主管部门规定的其他情形。"

8. 答案：BCD

可以免除损害责任的主要有以下几种情形：(1) 不可抗力。包括自然的和社会的两种因素。自然因素指不可预见的自然灾害，如地震、泥石流等；社会因素包括战争、武器冲突、恐怖活动等，还包括因遵守政府的命令或法规而引起的责任。(2) 第三方的故意行为所造成的环境损害。(3) 损害归于受害人自身的过错。只要具备了上述三种情况中的任何一种，行为者就可以全部或部分免除责任。

9. 答案：ABCD

《环境信息公开办法（试行）》第 16 条规定，政府环境信息公开申请应当包括下列内容：（1）申请人的姓名或者名称、联系方式；（2）申请公开的政府环境信息内容的具体描述；（3）申请公开的政府环境信息的形式要求。

10. 答案：ABC

A 项《刑法》第 228 条非法转让、倒卖土地使用权罪，是指以牟利为目的，违反土地管理法规，非法转让、倒卖土地使用权，情节严重的行为。B 项《刑法》第 342 条非法占用农用地罪，是指违反土地管理法规，非法占用耕地改作他用，数量较大，造成耕地大量毁坏的行为。C 项《刑法》第 410 条非法批准征用、占用土地罪，是指国家机关工作人员徇私舞弊，违反土地管理法规，滥用职权，非法批准征用、占用土地，情节严重的行为。D 项没有此罪名。

（三）不定项选择题

1. 答案：A

环境影响评价制度为美国 1969 年《国家环境政策法》所首创。目前，有不少环境条约将该种制度作为一项重要的措施加以规定。第一个以环境影响评价制度为专门内容的国际环境法文件是 1985 年欧共体理事会《关于环境评价的指令》。

2. 答案：B

《土地管理法》第 38 条第 1 款规定："禁止任何单位和个人闲置、荒芜耕地。已经办理审批手续的非农业建设占用耕地，一年内不用而又可以耕种并收获的，应当由原耕种该幅耕地的集体或者个人恢复耕种，也可以由用地单位组织耕种；一年以上未动工建设的，应当按照省、自治区、直辖市的规定缴纳闲置费；连续二年未使用的，经原批准机关批准，由县级以上人民政府无偿收回用地单位的土地使用权；该幅土地原为农民集体所有的，应当交由原农村集体经济组织恢复耕种。"

3. 答案：C

《大气污染防治法》第 5 条规定："县级以上人民政府生态环境主管部门对大气污染防治实施统一监督管理。"

4. 答案：ACD

生物多样性保护的范围，1992 年《生物多样性公约》以目录的形式把保护的范围确定下来。主要表现为：（1）基因多样性；（2）物种多样性；（3）生态系统多样性。

5. 答案：ABCD

《矿产资源法》第 6 条规定："除按下列规定可以转让外，探矿权、采矿权不得转让：（一）探矿权人有权在划定的勘查作业区内进行规定的勘查作业，有权优先取得勘查作业区内矿产资源的采矿权。探矿权人在完成规定的最低勘查投入后，经依法批准，可以将探矿权转让他人。（二）已取得采矿权的矿山企业，因企业合并、分立，与他人合资、合作经营，或者因企业资产出售以及有其他变更企业资产产权的情形而需要变更采矿权主体的，经依法批准可以将采矿权转让他人采矿。前款规定的具体办法和实施步骤由国务院规定。禁止将探矿权、采矿权倒卖牟利。"

三、简答题

1. 共同但有区别的原则是关于如何应对全球性环境问题的责任分配原则。这一原则初步确立于 1992 年的联合国环境与发展大会。共同但有区别的责任原则包括两个互相关联的内容，即共同的责任和有区别的责任。共同责任是指每个国家在保护全球环境方面都有共同的责任和义务。要求各国承担共同的责任是以地球生态系统的完整性为前提的。有区别的责任是指在世界各国负有共同责任的基础上，承认不同国家的责任应有所不同。这里所说的不同国家，不是指大的国家和小的国家、东方国家和西方国家，而是发达国家和发展中国家。有区别的责任的实质是要求发达国家对全球环境保护和治理承担更多的责任。

2. 清洁生产的主要内容包括三方面的内容：(1) 自然资源的合理利用。要求以最小的投入获得最大的产出。包括最大限度的节约能源和原材料，利用可再生能源或者清洁能源，利用无毒害原材料，减少使用稀有原材料，循环利用物料等措施。(2) 经济效益最大化。通过节约资源、降低损耗、提高效能和产品质量，达到降低生产成本，提升企业竞争力的目的。(3) 环境危害最小化。通过最大限度地避免和减少使用有毒害物料，采用无废、少废技术，减少生产过程中的危险因素，注重废物回收和循环利用，采用可循环可降解材料完成产品生产和包装，改善产品功能等一系列环保措施，实现对人类健康和环境的危害最小化和“工业绿化”的目的。

四、案例分析题

(1) 人民法院的裁定不合法。《水污染防治法》(2017 年修正) 第 97 条规定：“因水污染引起的损害赔偿责任和赔偿金额的纠纷，可以根据当事人的请求，由环境保护主管部门或者海事管理机构、渔业主管部门按照职责分工调解处理；调解不成的，当事人可以向人民法院提起诉讼。当事人也可以直接向人民法院提起诉讼。”

(2) 食品有限公司不应当承担赔偿责任。《水污染防治法》(2017 年修正) 第 96 条规定：“因水污染受到损害的当事人，有权要求排污方排除危害和赔偿损失。由于不可抗力造成水污染损害的，排污方不承担赔偿责任；法律另有规定的除外。水污染损害是由受害人故意造成的，排污方不承担赔偿责任。”本案中因为污染损害是由郭某自己扒开食品有限公司的排污渠将废水引入养鱼池造成的，所以食品有限公司不承担责任。

五、论述题与深度思考题

区别	国际环境法	国内环境法
主体不同	国际环境法的主体与国际法的主体是一致的，主要包括国家、政府间国际组织和争取独立的民族	国内环境法是一个国家法律体系的一部分，其主体与其他国内法一样，主要是法人、公民和国家机关
立法方式不同	对国际环境法而言，不存在专门的立法机构。它是国家与国家之间或者国家与国际组织之间通过协商、谈判，签订条约、协定等形成约束力	某一主权国家的国内环境法是由该国行使立法权的立法机构制定的
表现形式不同	国际环境法的外部表现形式主要有条约（包括公约、协定、议定书等）、国际习惯、一般法律原则、司法判例、国际法学说、国际组织的决议等环境保护法律文件	国内环境法表现为一国的环境保护法律（联邦法律）、行政法规、部门规章、地方性法规（州法律）、政府规章以及环境标准等
实施途径不同	国际环境法没有一个公认的国际权威或国际强制力来保证它的实施	国内环境法可以通过国家强制力保证实施
适用范围不同	国际环境法对所有参加国家都有法律效力，但对非参与国不具有约束力	国内环境法仅在本国范围内适用，而不能要求其他国家遵守

参考文献：周珂．环境法．北京：中国人民大学出版社，2019.

图书在版编目（CIP）数据

环境法练习题集/梁文婷，周珂，史一舒编著．--2版．--北京：中国人民大学出版社，2019.10
21世纪法学系列教材配套辅导用书
ISBN 978-7-300-27561-1

Ⅰ.①环… Ⅱ.①梁… ②周… ③史… Ⅲ.①环境保护法-中国-高等学校-习题集
Ⅳ.①D922.6-44

中国版本图书馆CIP数据核字（2019）第226654号

21世纪法学系列教材配套辅导用书
环境法练习题集（第二版）
梁文婷 周 珂 史一舒 编著
Huanjingfa Lianxitiji

出版发行	中国人民大学出版社		
社　　址	北京中关村大街31号	**邮政编码**	100080
电　　话	010-62511242（总编室）		010-62511770（质管部）
	010-82501766（邮购部）		010-62514148（门市部）
	010-62515195（发行公司）		010-62515275（盗版举报）
网　　址	http://www.crup.com.cn		
经　　销	新华书店		
印　　刷	北京七色印务有限公司	**版　　次**	2009年5月第1版
开　　本	787 mm×1092 mm 1/16		2019年10月第2版
印　　张	13.25	**印　　次**	2025年1月第4次印刷
字　　数	342 000	**定　　价**	29.00元

《　　　　　　　》※任课教师调查问卷

为了能更好地为您提供优秀的教材及良好的服务，也为了进一步提高我社法学教材出版的质量，希望您能协助我们完成本次小问卷，完成后您可以在我社网站中选择与您教学相关的1本教材作为今后的备选教材，我们会及时为您邮寄送达！如果您不方便邮寄，也可以申请加入我社的**法学教师QQ群：436438859（申请时请注明法学教师）**，然后下载本问卷填写，并发往我们指定的邮箱（cruplaw@163.com）。

邮寄地址：北京市海淀区中关村大街甲59号文化大厦1202室收

邮　　编：100080

再次感谢您在百忙中抽出时间为我们填写这份调查问卷，您的举手之劳，将使我们获益匪浅！

基本信息及联系方式：※

姓名：__________ 性别：__________ 课程：__________

任教学校：__________ 院系（所）：__________

邮寄地址：__________ 邮编：__________

电话（办公）：__________ 手机：__________ 电子邮件：__________

调查问卷：※

1. 您认为图书的哪类特性对您选用教材最有影响力？（　　）（可多选，按重要性排序）

   A. 各级规划教材、获奖教材　　B. 知名作者教材

   C. 完善的配套资源　　D. 自编教材

   E. 行政命令

2. 在教材配套资源中，您最需要哪些？（　　）（可多选，按重要性排序）

   A. 电子教案　　B. 教学案例

   C. 教学视频　　D. 配套习题、模拟试卷

3. 您对于本书的评价如何？（　　）

   A. 该书目前仍符合教学要求，表现不错将继续采用

   B. 该书的配套资源需要改进，才会继续使用

   C. 该书需要在内容或实例更新再版后才能满足我的教学，才会继续使用

   D. 该书与同类教材差距很大，不准备继续采用了

4. 从您的教学出发，谈谈对本书的改进建议：__________

____

____

选题征集：如果您有好的选题或出版需求，欢迎您联系我们：

联系人：黄　强　联系电话：010-62515955

索取样书：书名：__________

书号：__________

备注：※ 为必填项。